央财精算科技智库丛书

互联网保险

——框架与实践

陈 辉 著

中国经济出版社
CHINA ECONOMIC PUBLISHING HOUSE
·北 京·

图书在版编目（CIP）数据

互联网保险：框架与实践 / 陈辉著 . -- 北京：中国经济出版社，2022.1

ISBN 978-7-5136-6768-5

Ⅰ . ①互… Ⅱ . ①陈… Ⅲ . ①互联网络 – 应用 – 保险业 – 研究 Ⅳ . ① F840.3-39

中国版本图书馆 CIP 数据核字（2021）第 259651 号

责任编辑 张梦初 陈宇慧

责任印制 巢新强

封面设计 任燕飞装帧设计工作室

出版发行 中国经济出版社

印 刷 者 北京艾普海德印刷有限公司

经 销 者 各地新华书店

开　　本 710mm × 1000mm 1/16

印　　张 17.5

字　　数 250 千字

版　　次 2022 年 1 月第 1 版

印　　次 2022 年 1 月第 1 次

定　　价 68.00 元

广告经营许可证 京西工商广字第 8179 号

中国经济出版社 **网址** www.economyph.com **社址** 北京市东城区安定门外大街 58 号 **邮编** 100011

本版图书如存在印装质量问题，请与本社销售中心联系调换（联系电话：010-57512564）

“央财精算科技书系”序言

精算：从更数理走向更技术

自2003年建院以来，中央财经大学中国精算研究院无论是在学术研究还是在学生培养上都取得了卓越的成绩，被教育部列入“人文社会科学重点研究基地”，被教育部、外专局列入“高等学校学科创新引智计划——保险风险分析与决策学科创新引智基地”，被北美精算师协会（SOA）授予“Centers of Actuarial Excellence”（CAE）认证，取得英国精算师协会和北美精算师协会精算职业考试免考认证等。学校颁布的《中央财经大学一流学科建设高校建设方案》中，更是对精算学科未来的发展寄予了厚望。

回忆过去，精算学科取得了优异的成绩；面向未来，面向业界，精算学科将走向何方？这是精算学科必须思考和解决的问题。只有发展面向未来和业界的精算技术，方能打造具有一流影响力、支持多学科发展的中国精算智库。

2019年，根据中央财经大学建设世界一流大学（学科）方案要求以及“打造具有一流影响力的中国财经高端智库”的宏伟蓝图，中国精算研究院规划了“面向未来和业界应用的精算科技研究与精算智库建设”一流学科建设项目，致力于把精算基础研究和应用研究、学术研究与智库服务紧密结合起来，构建面向未来和业界应用的精算技术体系，打造具有一流影响力、支持多学科发展的中国精算科技智库——央财精算科技智库。

为推动“面向未来和业界应用的精算科技研究与精算智库建设”项目

的落地，中国精算研究院在原中国精算研究院大数据中心、金融科技中心的基础上成立了中国精算科技实验室（CIAS Lab）[①]，为“央财精算科技智库”搭建了研究平台和服务平台。

为推动“央财精算科技智库”建设，中国精算科技实验室面向业界，坚持问题导向和需求导向，聚焦保险业未来之变局，科学谋划精算学科与科研的布局和发展，把精算基础研究和应用研究、学术研究与智库服务紧密地结合起来，构建了面向未来和业界应用的“央财精算科技书系”[②]。

“央财精算科技书系”将全面展示中央财经大学精算学科的特色，充分发挥中央财经大学精算学科的优势，努力走出一条具有鲜明学科特色的精算、保险智库建设之路，以期成为国内国际具有一流影响力的精算、保险思想库和智囊库。

中国精算科技实验室

2020年3月

① 中国精算科技实验室，是中央财经大学中国精算研究院下设的研究机构，在原中国精算研究院大数据中心、金融科技中心的基础上成立，是基于中央财经大学一流学科建设项目“面向未来和业界应用的精算科技研究与精算智库建设”搭建的研究平台和服务平台。

② “央财精算科技书系”编审委员会秘书处设在中央财经大学中国精算研究院（地点：中央财经大学沙河校区，邮箱：fintech@yangcai.org），由中国精算研究院联合央财国际研究院（www.yangcai.org）等团队策划统筹编辑，由中央财经大学“双一流”建设项目、高等学校学科创新引智计划（111计划B17050）等资助。

前言

我们今天的世界，到了一个三百年难得一遇的岔路口——可以选择金融路径的岔路口。走上新金融之路，就是时代赋予我们的选择。走上新金融之路的一个重要变革动力就是科技，这也是推动金融科技（包括保险科技、监管科技等）发展的力量。

社会在发展、经济在变迁，金融也在变化，从传统金融到新金融，二者交替变化，时而迁移，时而回归；特别是浮现中的未来星球（黑科技）、生活中的不确定性（引爆点）、思想中的未来旅程（大智慧）都进一步推动了金融的变革，这种变革的力量就是金融科技。变革中我们突然发现互联网保险的需求与供给开始模糊，相应地，互联网保险的风口、风向、风色、风暴也开始模糊，所有的一切都笼罩在迷雾中，而互联网保险正在慢慢吹散迷雾，见明月。夜明前，在《金融科技：框架与实践》《监管科技：框架与实践》基础上，我们根据“研究态、科技派、数据观、未来体”发现引爆点，构建连接线，打造智能面，描绘未来体，至此，互联网保险的主轴性诠释脉络基本形成。基于此，我们进一步论述、畅想互联网保险的风口、风向、风色、风暴；至此，本书关于互联网保险的框架与实践基本形成。

自诞生以来，互联网日益成为不断影响和改变社会、经济、文化等领域的一种重要的活跃力量，互联网技术在保险业的应用也在不断地体验和探索之中。与各种体验和探索相对应，社会各界对互联网保险的认知也在不断地变化和深化。正如我在《互联网保险新模式》一书序言中所言，“互联网+”与“保险+”的融合必将经历“道”的三个阶段，并将处于循环往复中：第一阶段（2014年以前），互联网保险是存在的，即传统保险的互联网化；第二阶段（2015年至2020年），互联网保险是变化的，除了传统保险的互联网化外，互联网保险新业态逐步形成；第三阶段（2021年至今），互联网保险在不断变化中也将逐渐消亡，进入一个“互联网+”与“保险+”融合的新阶段。

目前关于互联网保险前两个阶段的研究很多，但是关于“第三个阶段”我们还完全抓不住逻辑脉络和层次。本书将从研究态、科技派、数据观、未来体四个角度来研究互联网保险，以帮助我们更好地认识互联网保险的全面性及其全方位影响；构建互联网保险的思维框架，列出核心规则与可能的未来；提供一个靶子，刺激更多的研究者、实践者加入这项研究并不断完善互联网保险的框架与实践。

对于互联网保险的研究，我们似乎缺少一种不必完全正确但主轴性诠释脉络的思路，而在互联网保险的演进以及市场的自由选择中，我们可能会逐渐看出一些端倪。

在不断的探索中，我们找到了一个思路，就是在“研究态、科技派、数据观、未来体”角度下研究互联网保险，研究如何探索风口、洞悉风向、鉴观风色、掀起风暴。基于此，本书遵循“认知—假说—理论”探索了互联网保险新风口，顺着“科技—知识—文明”洞悉了互联网保险新风向，循着“引爆点—连接线—智能面”鉴观了互联网保险新风色，沿着“陷阱—突围—思考”掀起了互联网保险新风暴。重新审视我们的研究，尽管互联网保险仍笼罩在迷雾中，但其已经开始在我们脑海中浮现出整体的轮廓，这就是我选择写《互联网保险：框架与实践》的初衷，也是我选择写《互联网保险：框架与实践》的本意。

《互联网保险：框架与实践》已经写完，但是互联网保险的研究还没有结束，正如阿尔伯特·爱因斯坦所说的那样："科学绝不是也永远不会是一本写完了的书。每一项重大成就都会带来新的问题。随着时间的推移任何一个发展都会出现新的严重的困难。"

千万年来人类一路鲁莽地闯进未来，但心智社会时代是第一个需要人类先做好理论准备和能力准备才有机会安全面对的未来；而元界（Metaverse）是对未来的一种定义，这个概念将孕育出许多伟大的公司。同样，互联网保险也将走向保险互联网（InsurNet），成为面向未来金融网（FinNet）的"骨干网"，互联网保险的伟大公司将出现在科技、内容、人文、工程的四岔路口，眼下还是影影绰绰，等待点火升空。

本书由我撰写，央财国际研究院特约研究员王秀瑜（阳光农业相互保险公司总精算师）等参与了本书主要章节的资料整理工作，最后由我统一修改定稿。

本书在撰写过程中，参考了国际国内的相关著作、论文、报告和案例，特别是我撰写的《金融科技：框架与实践》《监管科技：框架与实践》，另外，还得到了中央财经大学中国精算研究院的多位专家学者提出的许多有益的修改意见，在此一并表示感谢。由于时间紧迫和笔者水平有限，书中疏漏、错误之处在所难免，敬请读者批评指正。

中央财经大学中国精算研究院

陈辉

2021 年 5 月于北京

目 录

第一篇　研究态：探索互联网保险新风口

第一章　互联网保险的认知 // 3

互联网保险的认知迭代 // 4

互联网保险的十年回顾 // 15

互联网保险的不确定性 // 22

第二章　互联网保险的假说 // 35

互联网保险的有趣争论 // 36

互联网保险的十大假说 // 38

互联网保险的十大关系 // 44

第三章　互联网保险的理论 // 51

互联网保险的逻辑体系 // 52

互联网保险的六大逻辑 // 60

互联网保险的科学理论 // 64

第二篇 科技派：洞悉互联网保险新风向

第四章 互联网保险的科技演变 // 77
互联网保险背后的十大新技术 // 78
十大新技术背后的十大理念变革 // 84
十大新技术背后的五大监管变革 // 88

第五章 互联网保险的知识进化 // 93
互联网保险的十大新知识 // 94
十大新知识背后的十大保险变局 // 100
十大新知识背后的十大保险重构 // 107

第六章 互联网保险的文明演化 // 115
互联网保险的十级文明进化思考 // 116
十级文明进化下的互联网保险五大文明 // 120
十级文明进化下的互联网保险五个层级 // 128

第三篇 数据观：鉴观互联网保险新风色

第七章 互联网保险的引爆点 // 135
互联网保险的十大创新点 // 136
场景给互联网保险带来无限想象空间 // 142
电话销售保险为互联网保险腾挪空间 // 147

第八章 互联网保险的连接线 // 154
互联网保险的十大连接线 // 155
互联网保险五年嬗变（88家产险公司） // 167
互联网保险五年蜕变（91家寿险公司） // 174

第九章 互联网保险的智能面 // 183
互联网保险的四大构造面 // 183
互联网保险的互联空间 // 186
互联网保险的十维空间 // 191

第四篇 未来体：掀起互联网保险新风暴

第十章 互联网保险的陷阱 // 199
保险的下沉市场与直播带货 // 208
数字人民币保险与去中心化保险 // 215

第十一章 互联网保险的突围 // 220
互联网保险的游戏规则 // 221
互联网保险的规则重塑 // 226
互联网保险突围的十条路径 // 232

第十二章　互联网保险的思考 // 236
互联网保险的科学艺术哲学断想 // 237
互联网保险发展的六大战略思考 // 251
互联网保险发展的六大趋势研判 // 260

参考文献考 // 266

第一篇

研究态：探索互联网保险新风口

路线图：认知—假说—理论

第一章 互联网保险的认知

在真理和认识方面，任何以权威者自居的人，必将在上帝的嬉笑中垮台！

——阿尔伯特·爱因斯坦

2021年是中国共产党建党100周年，也是“十四五”规划开局之年。党的十九届五中全会审议通过了《中共中央关于制定国民经济和社会发展第十四个五年规划和二〇三五年远景目标的建议》，为实现“十四五”规划和2035年远景目标指明了方向。第十三届全国人民代表大会第四次会议审查通过了《中华人民共和国国民经济和社会发展第十四个五年规划和2035年远景目标纲要》，明确了“十四五”时期经济社会发展的发展环境、指导方针和发展目标。

面对“十四五”规划和2035年远景目标，互联网还能给中国经济带来过去20年的“熊彼特式增长”吗？同样，互联网保险能给中国保险业的高质量和可持续发展增强“韧性”吗？

20年前，互联网像一个“屠龙少年”，开放，自由，平等，共享，协作，杀伐决断，所向披靡，试图斩杀一切“恶龙”，终结精英主义的旧世纪。然而，新世纪不过20年，屠龙少年似乎成了人们口中的那条“恶龙”。

10年前，互联网保险开始萌芽，作为一名互联网保险的践行者，笔者先后研发了“爱情保险”“摇号险”“求宝藏（保障）、送宝藏、埋宝藏、挖宝藏”“跌停险（股票指数波动保险）”“加班险”“跑步险”“堵车险”“出差险”“亚健康险”等所谓的互联网保险，涉及众筹式保险、场景化保险、游戏化保险、社交化保险、运动交互式保险等。在这个过程中，笔者关于互联网保险的认知却一直处于一种见明见暗、渐近渐远的状态。

如今，互联网保险显然已不再是“屠龙少年”，至于是否会成为“恶龙”，或是已经成为“恶龙”，值得我们深思；什么是互联网保险？互联网保险是怎样变化的？互联网保险将何去何从？中国互联网保险的征途是星辰大海吗？互联网保险对中国保险业来说意味着什么？这需要我们回答；互联网保险的认知周期迭代、不确定性市场、自适应均衡等，值得我们研究。

正如莎士比亚所言：“一千个人眼中有一千个哈姆雷特。”同样，一千个人眼中有一千个互联网保险，但属于当前时间线的互联网保险的未来只有一个——保险互联网（Internet of Insurance，InsurNet）。从互联网保险走向保险互联网的途中会经历一座陌生的迷雾森林，没有人是这里土生土长的向导。众人都试图极目远眺，寻找穹顶的北极星，并确定前进的方向。

互联网保险的认知迭代

一、互联网保险的认知周期

自诞生以来，互联网日益成为不断影响和改变社会、经济、文化等领域的一种重要的活跃力量，互联网技术在保险业的应用也在不断地体验和探索之中。与之相对应地，我们对互联网保险的认知也在不断地变化。

随着互联网技术的进步，保险业不断深化互联网在保险中的应用和尝试。应用于保险业的互联网技术从最初作为信息推送的营销手段，逐步变为由点成线、由线成面、由面成体的体系化认知技术。这个认知过程大体可以被分为初体验、再认知、持续深化、形成共识四个阶段，这四个阶段构成了互联网保险的第一个认知周期。目前，对互联网保险的认知开始步入第二个周期的第一个阶段，即形成共识之后的再认识阶段。

（一）Web 1.0：萌芽阶段

互联网在保险行业中最初的应用是作为一种营销手段，一种信息推送的媒介，这一阶段信息推送的模式还是以单向推送为主。Web1.0阶段，互联网的应用主要是保险公司、保险中介机构以及保险服务网站单向、简单地将产品信息通过互联网展示给消费者。保险业界认为保险营销属于顾问式营销，互联网保险不可能成为主流的销售方式。监管者对互联网保险的管理也局限于销售领域，原中国保监会发布的《保险代理、经纪公司互联网保险业务监管办法（试行）》，将监管重点局限在了保险销售领域。

（二）Web 2.0：发展阶段

随着互联网技术的发展，互联网互动性特点的增强，给互联网保险的发展注入了新的动力。2014年，各种社交网络服务（SNS）的互动性应用不断丰富，“开放、平等、协作和共享”的互联网精神影响力不断增强。有了互联网技术的升级与支持，保险业界才得以逐步实现有关宣传之外的售前咨询、产品报价、合同订立以及后续实务处理等环节的网络化，并通过互联网与客户在更广泛的互动沟通中实现更多的保险服务。与实践相对应，互联网保险的概念也从最初的新型销售渠道认知，扩大到保险信息咨询、保险计划书设计、投保、缴费、核保、承保、保单信息查询、保权变更、续期缴费、理赔和给付等保险全流程的网络化。在这个阶段，互联网保险电商开始出现，原中国保监会在《保险公司开业验收指引》的基础上发布了《关于专业网络保险公司开业验收有关问题的通知》，针对专业网络保险公司开业验收提出新的标准要求，随后又发布了《互联网保险业务监管暂行办法》。

（三）Web 3.0：移动互联阶段

随着移动互联、大数据、云计算等新兴信息技术融合发展，传统的经济形态乃至信息产业本身的运作模式正在被打破，竞争热点逐步从传统市场向移动互联市场转换，与互联网相关的商业模式创新风起云涌。发扬互联网精神，实践互联网思维，应用互联网技术，构建广阔、持续、快捷、简约、低廉、精准的网络服务平台，支持社会大众实现商务、社交等需求，成为移动互联时代成就大事业的基本特征。在移动互联时代，新型互联网电商迅速崛起，互联网金融成为创新热点，传统金融业受到互联网势力的冲击与影响，纷纷成立电商公司以主动应对复杂多变的挑战，加深对互联网的认识与理解，积累互联网业务的经验，努力抢抓发展机遇。作为金融业的重要组成部分，保险公司和监管机构高度重视互联网保险的发展，对互联网保险概念的认识不断深化。

（四）Web 4.0：多媒体移动互联阶段

在互联网移动化的基础上，随着4G的普及，多媒体技术得到了广泛应用。4G带宽大幅度扩充，为语音、视频等多媒体以及虚拟现实技术（Virtual Reality，VR）等纵深应用发展提供了基本条件；人与人网络沟通的即时性、便捷性、连续性、有效性得到实质跨越，更多复杂的金融服务通过移动互联网得以实现。互联网保险成为保险领域的主流趋势，互联网保险发展的技术条件更为坚实，保险价值链的实现方式通过多媒体移动互联技术得到了全方位创新升级。互联网保险与传统保险相互渗透，相互融合，逐步朝着一体化、趋同化方向发展。

（五）Web 5.0：多媒体立体融合阶段

从接入技术来看，随着5G网络日渐普及，互联网进入高带宽、低时延的时代。4G时代无法支持的物联网，到了5G时代成了重要的发展领域。互联网不再只是以流量为核心的电商生态，随着全球经济的数字化转型，它还在向着以信用为核心的保险互联网新生态转变。虽然《互联网保险业务监管办法》所定义的互联网保险还是指保险领域的各要素与互联网技术实现充分结合的一种新型发展方式，但我们也开始看到互联网保险正在向保险互联网转变。

展望未来，从互联网保险发展的五个阶段可以看出，互联网保险的发展与互联网技术的进步和发展是密不可分的，互联网技术发展的状况在很大程度上决定了互联网保险的发展方向和发展趋势。近几年，金融科技的迅猛发展，特别是以大数据、云计算、物联网、区块链、人工智能、神经元网络等技术为代表的新一轮信息技术革命为互联网保险赋予了新能力、新发展、新未来。可以预期，互联网保险即将步入基于5G技术的“万物节点、万物感知、互联智能、万物互联”阶段，互联网保险也将开始向保险互联网变迁。

二、互联网保险业务与互联网保险

（一）互联网保险业务概述

根据《互联网保险业务监管办法》（中国银行保险监督管理委员会令2020年第13号），互联网保险业务是指保险机构依托互联网订立保险合同、提供保险服务的保险经营活动。

互联网保险业务所称的保险机构包括：保险公司（含互联网保险机构和互联网保险公司）和保险中介机构；保险中介机构包括保险代理人（不含个人保险代理人）、保险经纪人、保险公估人；保险代理人（不含个人保险代理人）包括保险专业代理机构、银行类保险兼业代理机构和依法获得保险代理业务许可的互联网企业；保险专业中介机构包括保险专业代理机构、保险经纪人和保险公估人。

除了互联网保险业务之外，《互联网保险业务监管办法》规定“互联网保险产品，是指保险机构通过互联网销售的保险产品”；规定“非保险机构不得开展互联网保险业务，包括但不限于以下商业行为：①提供保险产品咨询服务。②比较保险产品、保费试算、报价比价。③为投保人设计投保方案。④代办投保手续。⑤代收保费”。

上述概念局限在对现有保险业务的改良上，所以称之为“互联网保险业务”（Online Insurance），而真正的“互联网保险”（Internet Insurance）不仅是保险业务的互联网化，而且是服务互联网生态的保险创新，是互联网与保险的深度融合。相比于互联网保险业务，互联网保险的内涵更丰富。

（二）互联网保险的定义

从互联网保险发展的五个阶段以及人们对互联网保险认识的发展脉络来看，互联网保险有别于传统保险，是在互联网技术快速发展的基础上诞生的新的业务模式。互联网保险的发展虽取决于互联网技术的发展，但更依赖于互联网精神及互联网思维。

互联网精神有别于金融精神，互联网精神就是“开放、平等、协作和共享”。金融业是精英化，神秘化，通过制造信息不对称，去摄取利润。互联网技术发展了20多年，目前以大数据、云计算、物联网、区块链、人工智能等为主要技术特征，并日益影响每个人生活的各个环节。互联网思维是在互联网技术对生活和作业影响力不断增强的大背景下，企业对用户、产品、营销和创新乃至整个价值链和生态系统进行重新审视的思维方式。互联网思维不是技术思维，也不是营销思维，更不是电商思维，而是以互联网精神作为灵魂的系统性的商业思维。它不是仅适用于互联网企业，而是适用于所有企业以及个人。

因此，互联网保险可以被定义为：在大数据、云计算、物联网、区块链、人工智能、神经元网络等技术不断发展的背景下，根据互联网思维，通过对保险价值链的重新审视和创新升级，所形成的以数字化、数据化、智能化为主要特征的新型保险模式。

（三）互联网保险的特征

互联网保险和传统保险相比，除了拥有保险的自然属性和社会属性之外，还有其自身所独有的、体现互联网属性的特点，主要体现为以下几点：

（1）虚拟性。互联网保险的商务活动主要在网络中进行。互联网保险机构的标志不是办公所在的建筑物，也不是地址，而是网址，其营业厅不是物理柜面而是主页画面。互联网保险的咨询、投保、承保等若干环节均在互联网中实现，保险活动的往来具有数字化的虚拟性特征，从而降低了保险机构的运作成本。同时，互联网突破了地域限制，大大降低了地理位置的重要性，为提高保险服务的速度和质量创新了技术条件。

（2）直接性。互联网使客户与保险公司间的互动更加直接，解除了传统条件下双方活动时间、空间的障碍，体现出更为明显的直接性特征。客户可以登录保险公司网站或者在相关商务活动中直接提出保险需求，办理保险事宜。随着互联网经济的普及与发展，保险价值链被拉直，保险中介所处的中间环节进一步减少，以复杂、迂回为特点的传统保险实务流程升级为以标准、简约、直接为特点的新一代互联网保险实务流程。

（3）便捷性。互联网的信息检索功能使客户获取保险资讯更加便捷，保险公司网站的在线客服也可以实时解答客户关于保险的业务问题，并可以指导客户通过网络直接投保。网络支付功能的应用，使得客户可以随时缴纳保险费而不用去柜台排队。互联网在保险业的广泛普及，使各种保险服务更加贴近客户、融入市场，其便捷性成为互联网保险的显著特征之一。此外，这种便捷性还呈现出不断强化的发展趋势。

（4）风险性。互联网本身具有的风险性，使得互联网保险体现出不同于传统保险的风险性特征。互联网发展进步的前提必须是安全性得到可靠的保障。客户信息安全、账户安全、交易安全以及系统运行安全等是互联网保险发展中必须慎重解决的重大问题。

（四）互联网保险的监管

2011年起，我国互联网保险走过了快速发展的10年。同时，我国互联网保险的监管体系也在逐步完善，大致的历程如下：

2011年9月，原中国保监会颁布《保险代理、经纪公司互联网保险业务监管办法（试行）》（保监发〔2011〕53号）。

2015年7月，原中国保监会颁布《互联网保险业务监管暂行办法》（保监发〔2015〕69号），规定有效期3年，到2018年9月30日，《保险代理、经纪公司互联网保险业务监管办法（试行）》同时废止。

2018年9月30日，中国银保监会下发通知，指出在新规定出台前，《互联网保险业务监管暂行办法》继续有效。

2018年10月，中国银保监会就《互联网保险业务监管办法（草稿）》征求行业意见。

2019年12月，中国银保监会再次就《互联网保险业务监管办法（草稿）》征求意见。

2020年6月，中国银保监会颁布《关于规范互联网保险销售行为可回溯管理的通知》（银保监发〔2020〕26号）。

2020年12月，中国银保监会颁布《互联网保险业务监管办法》（银行保险监督管理委员会令2020年第13号），已于2021年2月1日起施行。

2021年1月，中国银保监会下发《关于进一步规范互联网人身保险业务有关事项的通知（征求意见稿）》，拟就《互联网保险业务监管办法》未明确事项进行规定。

回顾我国互联网保险监管历程，出台的每一个文件都进一步厘清了互联网保险的业务和监管边界，完善了互联网保险监管措施。总体来看，互联网保险监管在细化保险线上销售规范的同时，也明确了未来金融科技的应用将成为互联网保险良性有序发展的重要支撑。因此，如何通过金融科技对互联网保险进行赋能，如何助力互联网保险业务创新与合规并行驱动，成为当下的焦点，更成为互联网保险发展的新方向。

三、互联网保险与保险互联网

（一）保险互联网的定义

保险互联网是指在新一代数字科技和智能科技支撑和引领下，以数据为关键要素，以价值释放为核心，以数据赋能为主线，对保险产业链上下游的全要素进行数字化升级、数据化转型和智能化再造的过程（见图 1-1）。

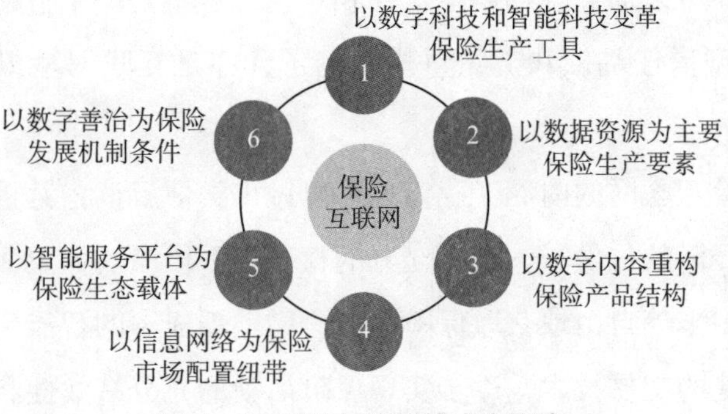

图 1-1　保险互联网的定义要素

互联网与保险相结合的保险互联网是未来金融网（Internet of Finance，FinNet）的一部分，又可以称之为新保险或未来保险。它不仅仅是传统保险的一次技术升级，更是一种新的参与形式。在这种参与形式的情况下，我们更需要关注交易结构、交易协议和内容的变化以及保险权力契约结构的改变，而不应只局限于交易技术的升级。

保险互联网不是简单的“互联网技术的保险”，而是“基于互联网思想的保险”。从行为主体和参与形式的角度来理解，甚至从保险权力去中心化的角度来思考和前瞻，保险互联网将具有更丰富的内涵，展现出更多的普惠保险、民主保险和可持续保险意义，远远超过技术的层面。

（二）保险互联网的内涵

互联网具有交互、关联、网络、渠道、选择等多重含义，其中的主体是人（互联网用户），而不是技术。技术直接服务于人的需求只是问题的一个方面，一项意义深远的技术（尤其是技术革命）给社会带来的巨大影响往往会上升到思想和契约层面，就像我们现在获取信息的方式正从统一的官方媒体和门户网站转变为自媒体和新媒体。

如今，每个人都在生产和分享内容，并通过作为透明的分享通道的媒体平台分享出去。在信息生产、分享和选择层面，每个人都是近乎平等的，相互之间可以通过互动产生信任和尊重。这就是一个借助互联网平等渠道形成新型信任基础和契约重构的例子，亦是互联网思想的一个典型体现。

对于保险互联网的内涵，我们也可以做出类似解读：其重点在于每个人作为社会经济的一份子，都有充分的权利和手段参与保险活动，在信息的相对对称中平等自由地获取保险服务，借助低成本的智能化决策技术和更加高效便捷的交易技术，逐步实现保险活动的充分有效性和民主化。也就是说，保险互联网很有可能表现出自下而上、去中心化、契约重构的特点。保险互联网活动将是点对点、网格化的共享互联，它会形成信息交互、资源共享、优劣互补和新型契约。每个人的保险需求和保险价值都会在这种点对点、网格化的共享互联中得到充分挖掘和满足。

保险互联网的这一内涵无疑更加贴合保险创新的时代要求，可为我们理解保险互联网提供更加广阔的视野。而互联网精神在保险互联网中也具有切实的指向，那就是理解保险的“点”“线”“面”“体”：“点”，研发有技术的产品；“线”，提供有价值的保险；“面”，搭建有内容的平台；“体”，打造有连接的生态。

（三）保险互联网的背景

为了理解互联网保险与保险互联网的变革以及保险互联网的特征，我们还需要把握消费互联网和产业互联网的概念，正是因为消费互联网向产业互联网变迁，才推动了互联网保险向保险互联网的变革。

消费互联网是过去20年中国互联网行业的发展成果，是为满足消费者在互联网端的消费需求而诞生的互联网类型。它主要有三个特点：一是以消费者为主体；二是具有媒体属性，即主要由提供资讯的门户网站和社交媒体组成；三是具有产业属性，即主要由为消费者提供生活服务类的电子商务组成。可以说它是产业互联网发展的早期形态。

产业互联网是服务于生产的互联网，主要以生产者为主体，实现所有行业、企业、生态链关系和企业迭代周期的互联网化。也就是说，产业互联网就如同人类的生产力从蒸汽时代迈入电气时代的发展，是生产力脱胎换骨的改变。在不久的将来，我们所能罗列的制造业、教育行业、农业、医疗行业、交通、运输以及市政管理甚至公务员行业都会被互联网化，随之而来的将是企业的生产方式、组织运营方式、产业边界和商业模式的巨变。

消费互联网与产业互联网的区别主要有两个：一是用户主体不同，消费互联网针对的是个人用户，产业互联网则针对各行各业的生产者；二是兴起动因不同，消费互联网的目的在于满足人们的某些生活体验和消费需求，产业互联网的目的在于通过生产、资源整合实现快速发展。

可以说，产业互联网是消费互联网的进一步发展和深化，将再一次改变人类社会的生活方式和发展历程，同时也会推动金融互联网和保险互联网的发展。

（四）保险互联网的特征

保险互联网是基于互联网技术和生态，对保险产业链和内部价值链进行重塑和改造，从而形成的保险互联网生态和形态。

保险互联网是一种新的经济形态，它利用信息技术与互联网平台，充分发挥互联网在保险要素配置中的优化和集成作用，实现互联网与传统保险深度融合，将互联网的创新应用成果深化于保险的各个环节，最终提升保险的韧性。

相比于互联网保险，保险互联网的特征更体现在其所具备的保险洞察、资源整合、生态赋能、技术实现和运营管理等核心能力上。

（1）保险洞察能力。保险互联网的关键是对保险和互联网的深层理解，包括对保险产业链上下游的痛点、价值诉求、利益诉求、运作规则的理解，从而可以有效地选择切入点。

（2）资源整合能力。资源整合能力是保险互联网异于互联网保险的关键。互联网产业中的龙头企业发展保险互联网更容易成功，因为其在互联网产业中的地位使其有更好的资源掌控和整合能力。

（3）生态赋能能力。保险互联网要对所有参与主体提供赋能，其核心就是让参与主体在这个生态上获得能力提升；而赋能的基础是保险大数据的沉淀、保险相关知识库的积累、保险价值链流程的优化再造、保险人才的培养等。

（4）技术实现能力。保险互联网的落地有赖于互联网技术的落地，因此，如何将互联网与保险进行深度的融合，是保险互联网技术实现的核心。

（5）运营管理能力。保险互联网实现了互联网与保险的深度融合，将更低的成本、更高的效率和更优的保障落实到了保险产业链上的产品品质保证、产品销售便捷、客户服务体验等环节。

综上，我们介绍了互联网保险业务、互联网保险和保险互联网。当前，互联网保险业务已经完成了向互联网保险的升级，但是向保险互联网的变迁还处于概念阶段。因此在本书中除特别说明之外，我们统称其为互联网保险，并将经营互联网保险的保险机构统称为互联网保险机构。

互联网保险的十年回顾

一、互联网保险机构

从互联网保险认知周期迭代可以看出，互联网保险的发展与互联网技术的发展是密不可分的，互联网技术发展的状况在很大程度上决定了互联网保险的发展方向和发展趋势。近几年，金融科技的迅猛发展，特别是以大数据、云计算、人工智能、区块链等技术为代表的新一轮信息技术革命，为互联网保险赋予了新能力、新发展、新未来。

表1-1、图1-2给出了2011—2020年经营互联网保险业务的保险公司数量，从中可以看出从2011年的28家增长到2020年的134家，其中产险73家，寿险61家。

表 1-1　2011—2020 年互联网保险市场参与情况　　单位：家

年份	保险公司数量			互联网保险参与数量		
	产险	寿险	合计	产险	寿险	合计
2011	60	62	122	12	16	28
2012	63	69	132	12	22	34
2013	65	70	135	16	44	60
2014	65	71	136	33	52	85
2015	73	75	148	49	61	110
2016	81	77	158	60	61	121
2017	85	86	171	70	61	131
2018	88	91	179	69	62	131
2019	88	91	179	71	62	133
2020	88	91	179	73	61	134

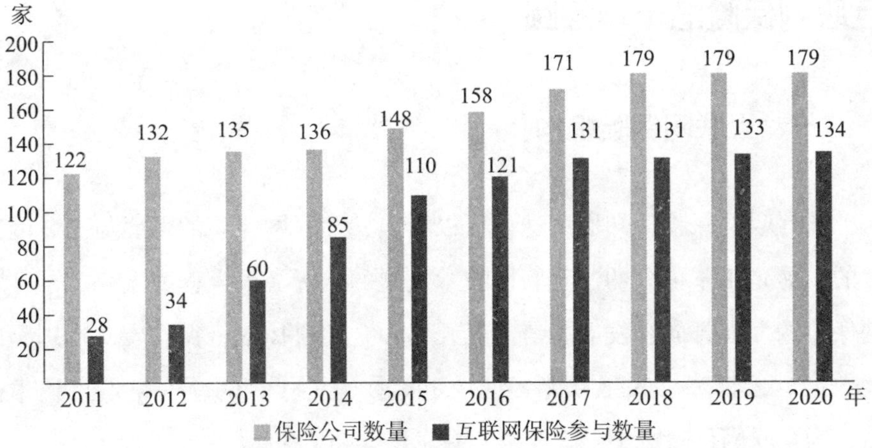

图 1-2　2011—2020 年互联网保险市场参与情况

注：如果保险公司没有加入中国保险行业协会或没有报送数据，则不包括在本书统计范围之内；下文中的数据采用相同统计口径，不再逐一说明。

数据来源：中国保险行业协会会员单位报送数据。

二、互联网保险规模

表1-2给出了2011—2020年互联网保险保费及增长情况，表1-3给出了同期保险市场保费及增长情况。2011—2020年，互联网保险市场实现高速增长，规模从2011年的32亿元增至2020年的2909亿元，年化增长率达65.1%；同期保险业保费年化增长率仅为13.6%。

表 1-2　2011—2020 年互联网保险保费及增长情况

年份	互联网保险保费收入 / 亿元			互联网保险保费增长率 /%		
	产险	寿险	合计	产险	寿险	合计
2011	22	10	32	1004.0	892.0	966.7
2012	101	10	111	357.5	0.7	246.9
2013	237	54	291	134.3	445.5	162.3
2014	506	353	859	113.7	548.1	195.0

续表

年份	互联网保险保费收入 / 亿元			互联网保险保费增长率 /%		
	产险	寿险	合计	产险	寿险	合计
2015	768	1466	2234	51.9	314.9	160.1
2016	502	1797	2299	–34.6	22.6	2.9
2017	493	1383	1876	–1.8	–23.0	–18.4
2018	695	1193	1888	40.9	–13.7	0.6
2019	839	1858	2697	20.6	55.7	42.8
2020	798	2111	2909	–4.8	13.6	7.9

表 1–3　2011—2020 年保险市场保费及增长情况

年份	保费收入 / 亿元			保费增长率 /%		
	产险	寿险	合计	产险	寿险	合计
2011	4618	9721	14339	–4.8	0.4	–1.3
2012	5331	10157	15488	15.4	4.5	8.0
2013	6212	11010	17222	16.5	8.4	11.2
2014	7544	12690	20234	21.4	15.3	17.5
2015	8423	15859	24282	11.6	25.0	20.0
2016	9266	21693	30959	10.0	36.8	27.5
2017	10541	26040	36581	13.8	20.0	18.2
2018	11756	26261	38017	11.5	0.9	3.9
2019	13016	29628	42644	10.7	12.8	12.2
2020	13584	31674	45258	4.4	6.9	6.1

图1–3给出了2011—2020年保险市场及互联网保险市场保费增长情况，可以看出互联网保险增长波动较大。

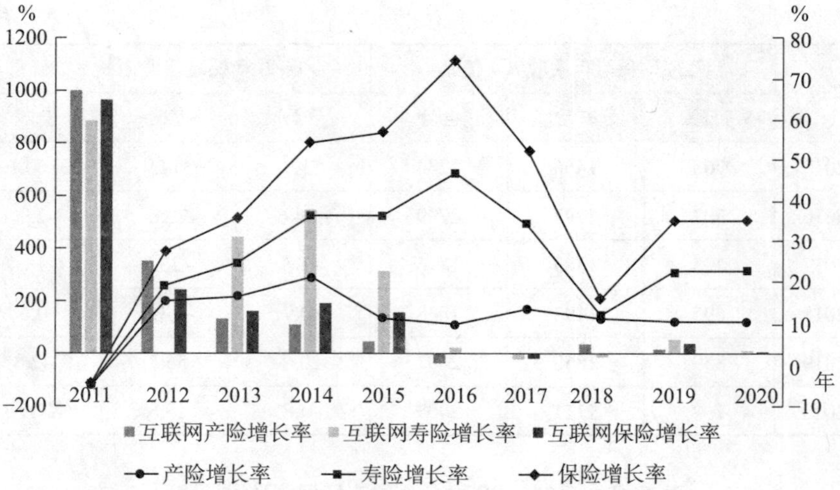

图 1-3　2011—2020 年保险市场及互联网保险市场保费增长情况

三、互联网保险结构

表1-4、图1-4给出了2011—2020年保险市场及互联网保险保费收入结构，可以看出，产险互联网化程度（互联网化程度=互联网保险市场占比/保险市场占比）逐年下降，寿险互联网化程度逐年提高，最近两年产险和寿险互联网化程度已基本持平。

表 1-4　2011—2020 年保险市场及互联网保险保费收入结构　　（%）

年份	保险市场保费收入结构		互联网保险保费收入结构		互联网化程度	
	产险	寿险	产险	寿险	产险	寿险
2011	32.2	67.8	69.0	31.0	2.14	0.46
2012	34.4	65.6	91.0	9.0	2.64	0.14
2013	36.1	63.9	81.3	18.7	2.25	0.29
2014	37.3	62.7	58.9	41.1	1.58	0.66
2015	34.7	65.3	34.4	65.6	0.99	1.00
2016	29.9	70.1	21.8	78.2	0.73	1.12

续表

年份	保险市场保费收入结构		互联网保险保费收入结构		互联网化程度	
	产险	寿险	产险	寿险	产险	寿险
2017	28.8	71.2	26.3	73.7	0.91	1.04
2018	30.9	69.1	36.8	63.2	1.19	0.91
2019	30.5	69.5	31.1	68.9	1.02	0.99
2020	30.0	70.0	27.4	72.6	0.91	1.04

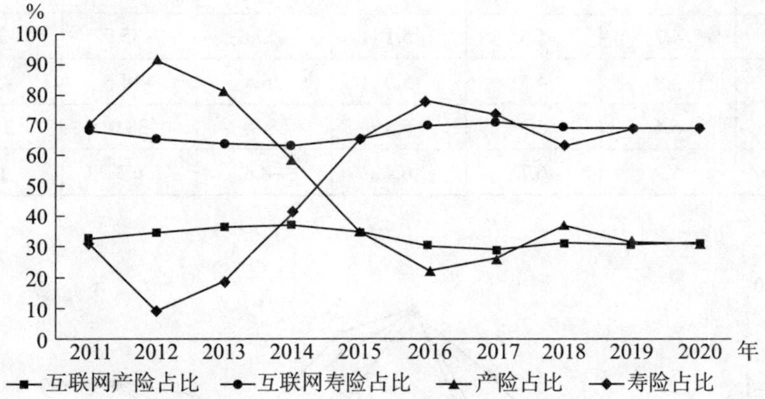

图 1-4　2011—2020 年保险市场及互联网保险保费收入结构

四、互联网保险渗透

表1-5、图1-5给出了2011—2020年互联网保险渗透率及增长情况（互联网保险渗透率=互联网保险保费/总保费），互联网保险渗透率也一路走高，从2011年的0.2%上升至2015年的9.2%，达到峰值；2016—2018年连续三年下降，2019年恢复增长，达到6.3%。互联网保险蓬勃发展的驱动因素之一是部分中小保险公司主要通过理财型保险的收益率优势抢占保险市场，随着监管引导保险回归保障本源，整体规模自2016年开始收缩回落。

表 1-5　2011—2020 年互联网保险渗透率及增长情况　（%）

年份	互联网保险渗透率			互联网保险渗透率的增长率		
	产险	寿险	合计	产险	寿险	合计
2011	0.5	0.1	0.2	52.3	-2.2	18.6
2012	1.9	0.1	0.7	296.3	-3.6	221.1
2013	3.8	0.5	1.7	101.1	403.3	135.9
2014	6.7	2.8	4.2	76.0	462.3	151.1
2015	9.1	9.2	9.2	36.1	232.0	116.7
2016	5.4	8.3	7.4	-40.6	-10.4	-19.3
2017	4.7	5.3	5.1	-13.6	-35.9	-30.9
2018	5.9	4.5	5.0	26.4	-14.5	-3.2
2019	6.4	6.3	6.3	8.9	38.0	27.3
2020	5.9	6.7	6.4	-8.8	6.3	1.7

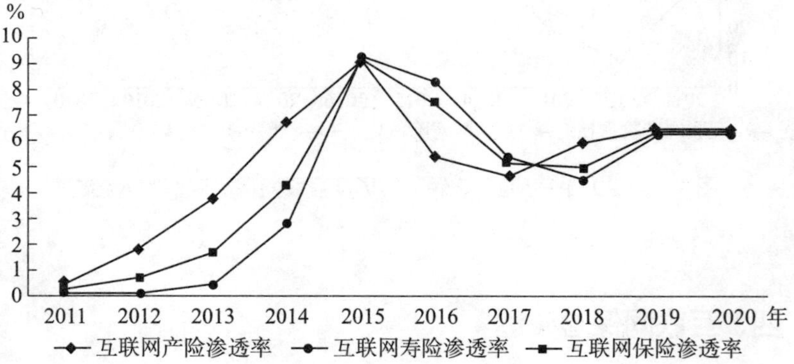

图 1-5　2011—2020 年互联网保险渗透率

五、互联网保险渠道

表1-6、表1-7、图1-6给出了2014—2020年互联网保险渠道分布情况，因为车险综合改革，产险自营占比 2020年大幅下降；寿险自营占比逐年提高。

表 1-6　2014—2020 年互联网保险渠道保费收入分布　　单位：亿元

年份	互联网产险		互联网寿险		互联网保险	
	自营	渠道	自营	渠道	自营	渠道
2014	96	410	7	346	104	755
2015	75	694	42	1424	117	2117
2016	340	162	87	1710	427	1872
2017	256	237	153	1230	410	1467
2018	310	386	201	992	511	1377
2019	363	476	238	1620	600	2096
2020	188	610	324	1787	512	2397

表 1-7　2014—2020 年互联网保险渠道保费占比分布　　（%）

年份	互联网产险		互联网寿险		互联网保险	
	自营	渠道	自营	渠道	自营	渠道
2014	19.0	81.0	2.1	97.9	12.1	87.9
2015	9.7	90.3	2.9	97.1	5.2	94.8
2016	67.8	32.2	4.8	95.2	18.6	81.4
2017	52.0	48.0	11.1	88.9	21.8	78.2
2018	44.6	55.4	16.9	83.1	27.1	72.9
2019	43.2	56.8	12.8	87.2	22.3	77.7
2020	23.5	76.5	15.3	84.7	17.6	82.4

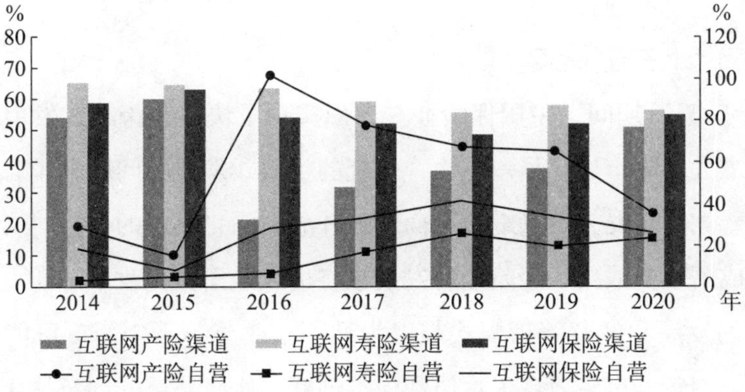

图 1-6　2014—2020 年互联网保险渠道分布

互联网保险的快速发展，是保险行业转型升级的核心动能之一，也是中国从保险大国向保险强国跨越的重要契机。纵观全球互联网保险发展进程，我国已走在世界前列。通过利用互联网和新技术，保险业不断丰富产品供给、提升服务能力、优化客户体验、提高运营效率，促进保险业服务经济社会发展的能力不断增强。

可以预见，保险业将会深入推进大数据、云计算、人工智能、物联网、区块链等新兴技术的行业应用，持续拓展行业的创新能力。如依托大数据和云计算技术，保险业可以实现对互联网海量数据高并发交易的支持；基于以人工智能为代表的创新技术，保险业能够发展出包括智能保顾在内的一系列产品应用，在优化客户产品体验的同时，释放更多的保险需求。数字经济时代的到来，不仅提出了新的发展要求，也为互联网保险的发展提供了新机遇。

互联网保险的不确定性

一、互联网保险所处的保险市场

（一）“十三五”回顾

“十三五”期间，中国保险业一方面实现了快速和跨越式发展，成为全球第二大保险市场；另一方面，传统的粗放式发展的问题和矛盾日益凸显。随着党的十九大明确继续全面对外开放和深化改革的目标，实现高质量发展成了重要战略，保险业的发展也将进入全面深化改革时期。这意味着过去的发展和经营管理模式难以为继，不改革、不创新就可能被时代所淘汰。创新，更多表现为本质和根本创新，修修补补的创新往往无济于事；改革，更加迫在眉睫，直接关系到公司的生死存亡，刻不容缓，时不我待。

同时，知识经济、数字经济和科技发展赋予了这个时代全新的内涵，使得发展模式出现全新的内涵和形态，挑战了传统的经营、管理和发展能力，呈现出迭代发展的特征。更重要的是，这种挑战不仅来自行业内部，而且来自行业外部，导致市场格局和竞争环境更加复杂。

面对社会、经济、思想和科技的变化，保险业要审时度势，重新思考保险的内涵和外延，思考保险的功能和定位，特别是要立足于“科技+制度+管理+服务”模式下发展新保险。同时，保险公司要思考在新发展时代下的新起点、新使命、新战略、新动力和新愿景。

（1）“十三五”发展目标。2016年8月，原中国保监会印发《中国保险业发展“十三五”规划纲要》，确定的发展目标为：到2020年，全国保险保费收入争取达到4.5万亿元左右，保险深度达到5%，保险密度达到3500元/人，保险业总资产争取达到25万亿元左右。从实际发展情况来看，2020年我国保险业各项经营数据的实际值与目标值相比存在一定偏差，除保费收入实现预期目标以外，其他指标与预期目标均有一定差距（见表1-8）。

表 1-8　保险业“十三五”发展规划回顾

项目	2020 年实际值	2020 年目标值	差异（实际 – 目标）	偏差率（差异 / 目标）
保费收入 / 万亿元	4.53	4.5	0.03	0.57%
保险深度	4.45%	5.00%	–0.55%	–10.91%
保险密度 /（元 / 人）	3233	3500	–267.45	–7.64%
保险业总资产 / 万亿元	23.30	25.00	–1.70	–6.81%

《中国保险业发展“十三五”规划纲要》的关键数据指标是保费收入、保险深度（保费收入/GDP）、保险密度（保费收入/总人口）、保险业

总资产，关于这四个指标我们可以放到更长的时间段进行考虑，以便对“十四五”期间的发展进行前瞻性预测。

（2）近20年保险业发展情况。回顾过去20年，我国保险业呈现快速发展的态势，已经成为全球第二大的保险市场。

首先，在保费规模上呈现持续和快速发展的态势（见图1–7）。2020年，保费收入为45257亿元，同比增长6.13%。

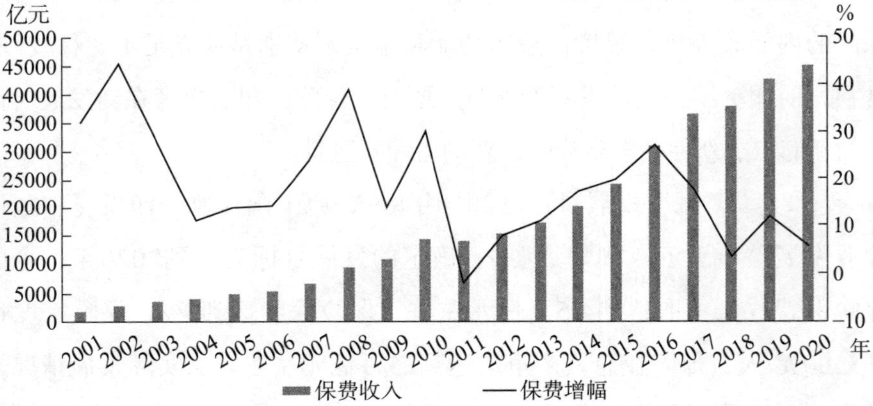

图 1–7　2001—2020 年中国保险业保费收入及增幅

其次，保险深度和密度持续提升（见图1–8）。2020年我国的保险深度达到4.45%，保险密度达到3233元/人。

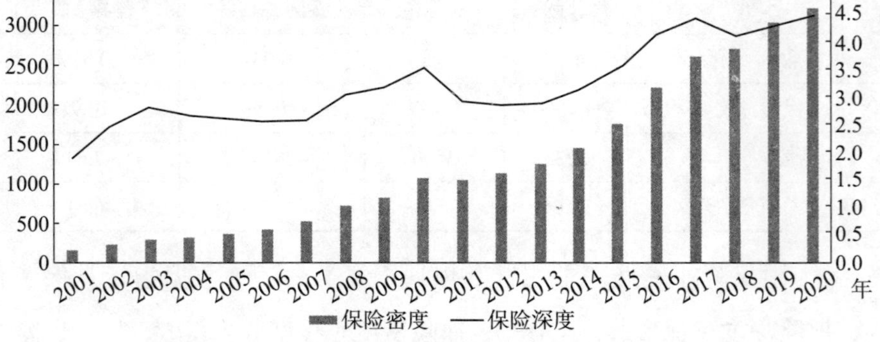

图 1–8　2001—2020 年中国保险业保险密度和保险深度

通过表1–9可以看出，与发达市场和国家相比，我国保险业的发展仍处于相对较低阶段，仍有较大的发展空间。从全球保险市场的情况看，2019年全球保费收入为4.55万亿美元，较2018年实现4.4%的增长，是过去四年来的最大增长幅度；2020年，受新冠肺炎疫情的影响，全球保险业务出现负增长，预计全球保险业的复苏还需要一段时间。

表 1–9 2019 年全球各主要经济体保险密度和保险深度情况

项目	保险深度 /%	保险密度 /（美元 / 人）
全球	6.13	649.8
发达市场	7.76	3516.7
新兴市场	3.34	165.6
新兴市场（除中国外）	2.62	104.8
经合组织	7.18	2752.6
G7	7.57	3629.5
欧元区	7.07	2613.5
欧盟	7.19	2429.1
欧盟 15 国	7.62	2953.4
北美自贸区	6.85	3089.3
东盟	3.63	155.6
美国	7.61	4481.0
中国	4.30	436.6

数据来源：瑞士再保险 Sigma。

最后，保险行业的总资产呈现快速增长的态势（见图1–9），但在整个金融行业的占比仍然相对较小。2020年末，保险业总资产为232984亿元，较年初增长13.3%。

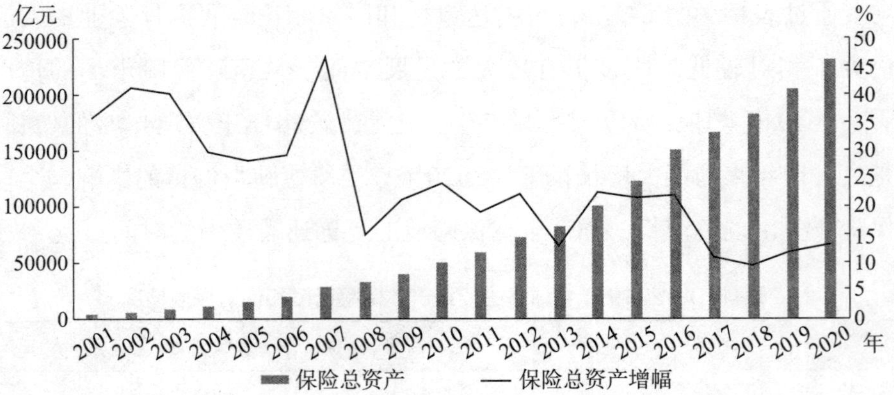

图 1-9　2001—2020 年中国保险业总资产及增幅

（二）“十四五”前瞻

“十四五”时期，是我国由全面建成小康社会向基本实现社会主义现代化迈进的关键时期。我们要深刻认识我国社会主要矛盾变化带来的新特征新要求，深刻认识错综复杂的国际环境带来的新矛盾新挑战，增强机遇意识和风险意识，立足社会主义初级阶段基本国情，保持战略定力，办好自己的事，认识和把握发展规律，发扬斗争精神，树立底线思维，准确识变、科学应变、主动求变，善于在危机中育先机、于变局中开新局，抓住机遇，应对挑战，趋利避害，奋勇前进。

“十四五”时期，我国发展仍然处于重要战略机遇期，保险业也处于发展的黄金时期。社会治理和社会保障体系的完善，为保险业的发展营造了良好的外部环境，科技和制度创新也成为保险业创新发展的新动能。与此同时，保险业将继续推动全面深化改革，在提升行业发展能力和质量的同时，推动行业深化转型。保险业将继续保持平稳发展的基本面，进一步提升保险深度和密度。由于市场竞争日趋激烈，竞争手段更趋多样化和专业化，竞争方式将进一步升级，保险增长将由外延式增长进一步向内涵式增长转变，逐步向高质量发展阶段转变。从市场主体看，大型保险企业的规模优势将进一步显现，尤其是在推动和实现创新发展方面，将不断改变市场格局。中小型保险公司将面临更大的挑战和压力，需要通过体制机制的创新，打造自身发展的独特优势，探索新的发展模式和路径。专业性保险公司将成为未来保险市场发展的一个重要形态，聚焦专业领域和客户，打造专业服务能力和竞争优势，实现专业化和差异化的发展。面向未来，中国保险市场将逐步形成主体多元化、竞争差异化、服务功能化、运行规范化的市场格局，并实现从简单追求规模的粗放式发展向更注重质量和效益的高质量发展的跨越。

当前，新冠肺炎疫情使国际社会许多长期存在和积累的问题和矛盾显露出来，改变了政治、社会和经济的格局及发展规律。同时，科技发展，特别是数字经济时代的到来，使得这种不确定性更加复杂，需要我们重新观察和思考环境变化趋势及其规律，分析、研判和确定保险行业的发展方向。

（三）“十四五”预测

当前，我国正处于“百年未有之大变局”的深度调整期和“百年未遇之大疫情”的持续影响期，处于“两个一百年”奋斗目标的历史交汇期，这三个百年大局相互影响、叠加和作用，共同塑造了新时期我国经济社会发展错综复杂的时代背景。这个历史背景的最大特点是“不确定”。因此，难以用一种技术、模型和知识对其进行预测和判断，需要以一种与时俱进的心态和能力，用一个思维框架，不断地分析、判断和把握，并以问题和效果为导向，实时进行调整和改变，力求做到“以不变应万变”。

“十四五”期间宏观环境的思维框架，可以简单概括为“1个原点、2大循环、3个背景、4个变革、5个动能、10大趋势”（见图1-10）。

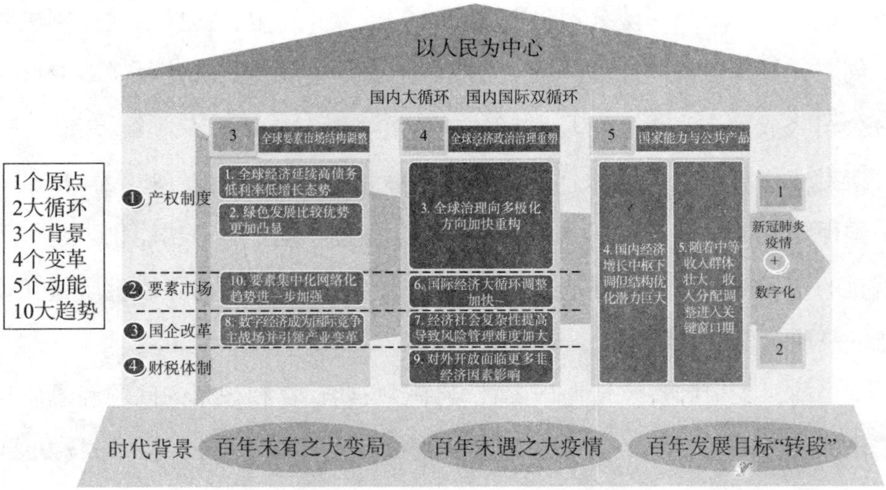

图 1–10　“十四五”期间宏观环境分析

“十四五”期间，我国将大概率进入高收入经济体行列。据测算，到2024年底我国人均国民收入可超过14000美元，将迈过高收入门槛线。新冠肺炎疫情加速了经济进入中速增长平台的进程，并带动增长中枢进一步下调。“十四五”时期预计GDP年均增速将下降至5.0%~5.5%。“十四五”末期，中美经济总量的差距将显著缩小，我国经济总量将更加接近美国并逐步实现赶超，且有望在2027年超过欧盟，在2032年超过美国。

“十四五”期间，我国劳动者报酬占GDP比重有望提高2 ~ 3个百分点，社会财富积累将不断增加，中等收入群体不断壮大。按照世界银行标准计算，2018年我国中等收入群体已超过4亿人，占比已超过30%。初步预计，到2025年我国中等收入群体规模将超过5.6亿人。可以预见，个人财富将向保险资产转移，促进保险行业的爆发式增长。

“十四五”期间，我国人口老龄化进入加速期，劳动力供给将继续下降。到2025年，预计我国60岁以上人口占比将达到20.5%，65岁以上人口占比将接近14.0%，劳动年龄人口将继续减少2000万人左右，比重下降至61.5%。与之伴随的是，居民消费倾向降低，劳动力成本上升，居民储蓄率降低，养老、医疗等社会保障费用负担加重。

总体来看，“十四五”期间，我国保险业仍有较大的成长空间，未来五年仍是中国保险业的黄金期。2019年，美国保险监督官协会（NAIC）公布的初步数据显示，财产险行业保费收入为7061亿美元，同比增长4.64%；人身险行业保费收入为9450亿美元，同比增长6.6%；总保费收入达到16511亿美元（约合人民币11.56万亿元），同比增长5.75%。2019年，我国作为全球第二大保险市场，保费收入为美国的36.90%。同期，我国作为全球第二大经济体，GDP为美国的65.23%；我国保险深度（4.30%）约为美国保险深度（7.61%）的56.56%。

保险业发展相对经济增长存在滞后性的特点。对比中国与日本，我国保险业在中国经济超越日本6年后才追上日本保险业，中国保险业超越美国可能需要更长时间。但是从相对静态的角度，根据过去20年保险业发展与GDP等指标的关系，表1–10预估了保险业“十四五”发展目标：到2025年，全国保险保费收入有望达到9.3万亿元，保险深度达到7.15%，保险密度达到6582元/人，保险业总资产有望突破50万亿元。

表 1–10　保险业“十四五”发展规划目标预测

项目	2020 年实际值	2025 年预测值
保费收入 / 万亿元	4.53	9.30
保险深度 /%	4.45	7.15
保险密度 /（元 / 人）	3233	6582
保险业总资产 / 万亿元	23.30	50.00

面向未来，我国保险市场总体将呈现转型与迭代发展的趋势；同时，不确定性将成为新常态。社会治理现代化、老龄化社会保障和人们生活水平的提高，均为保险业的发展营造了良好的环境，我国保险业将继续保持较快的发展速度，且高质量发展、可持续发展将成为迭代发展的重要特征和驱动因素。

二、互联网保险所处的互联网市场

根据中国互联网络信息中心发布的第47次《中国互联网络发展状况调查统计报告》，2020年，我国互联网行业在抵御新冠肺炎疫情和疫情常态化防控等方面发挥了积极作用，为我国成为全球唯一实现经济正增长的主要经济体，国内生产总值（GDP）首度突破百万亿元，圆满完成脱贫攻坚任务做出了重要贡献。

（1）互联网覆盖度进一步提升，互联网惠及全民。截至2020年12月，我国网民规模达9.89亿，互联网普及率达70.4%。

（2）“健康码”助9亿人通畅出行，互联网为抗疫赋能赋智。截至2020年12月，我国在线教育、在线医疗用户规模分别为3.42亿、2.15亿，占网民整体的34.6%、21.7%。未来，互联网将在促进经济复苏、保障社会运行、推动国际抗疫合作等方面进一步发挥重要作用。

（3）网络零售连续八年全球第一，有力推动消费双循环。2020年，我国网上零售额达到11.76万亿元，较2019年增长10.9%。其中，实物商品网上零售额达9.76万亿元，占社会消费品零售综合总量的24.9%。截至2020年12月，我国网络购物用户规模达7.82亿，占网民整体的79.1%。网络直播成为“线上引流+实体消费”的数字经济新模式，实现蓬勃发展。直播电商成为广受用户喜爱的购物方式，66.2%的直播电商用户购买过直播商品。

（4）网络支付使用率近九成，数字货币试点进程全球领先。截至2020年12月，我国网络支付用户规模达8.54亿，占网民整体的86.4%。未来，数字货币将进一步优化功能，覆盖更多消费场景，为网民提供更多数字化生活便利。

（5）短视频用户规模增长超1亿，节目质量飞跃提升。截至2020年12月，我国网络视频用户规模达9.27亿，占网民整体的93.7%。其中短视频用户规模为8.73亿，占网民整体的88.3%。

（6）高新技术不断突破，释放行业发展动能。2020年，我国在量子科技、区块链、人工智能等前沿技术领域不断取得突破，应用成果丰硕。

（7）上市企业市值再创新高，集群化发展态势明显。截至2020年12月，我国互联网上市企业在境内外的总市值达16.80万亿元，较2019年底增长51.2%，再创历史新高。我国网信独角兽企业总数为207家，较2019年底增加了20家。互联网企业集群化发展态势初步形成。从企业市值集中度看，排名前十的互联网企业市值占总体比重为86.9%，较2019年底增长2.3个百分点。

（8）数字政府建设扎实推进，在线服务水平全球领先。截至2020年12月，我国互联网政务服务用户规模达8.43亿，占网民整体的85.3%。数据显示，我国电子政务发展指数为0.7948，排名从2018年的第65位提升至第45位，取得历史新高，达到全球电子政务发展“非常高”的水平，其中在线服务指数由全球第34位跃升至第9位，迈入全球领先行列。

三、互联网保险市场的不确定性

（一）保险市场的不确定性

当前，新冠肺炎疫情还在全世界范围内不断蔓延，全球经济金融运行的不确定性进一步增强，中国宏微观经济运行面临的不确定性因素也在不断放大，金融市场动荡明显增强，这些都对中国金融（保险）安全产生了重大影响。疫情出现引发的蝴蝶效应，加速了许多事情的进程。

另外，现代社会是一个风险社会，包含自然风险和人为风险。技术发展和制度创新带来的巨大变革，使社会、经济、文化环境越来越复杂，主体间的交互关系越发紧密、多元，整个社会的不确定性急剧提升，新兴风险不断涌现，挑战着传统的风险管理体系。新兴风险除了具有传统风险的不确定性、复杂性和模糊性以外，还具有陌生性、系统性和极端性，对社会影响巨大。

随着我国经济由高速增长阶段转向高质量发展阶段，面临的风险和不确定性逐步上升。保险有助于增强各类市场主体的自我修复能力，缓解社会公众对疾病和养老的担忧。然而，保险业也同样面临着纷繁复杂的外部环境（见图1–11），不确定性正在自我进化，人们在解决不确定性的过程中，不确定性没有减缓反而在加剧……保险，作为解决不确定性的金融工具，需要变化（风险已经变化），需要简化（简化才能穿透风险），更需要进化（进化才能成长），这样才能更好地为大家提供保障。

客户	政治/经济	行业	科技	监管
● 客群行为差异明显，客群两极分化：中老年客群有较强的支付能力，行为上较为保守；年轻客群占比日益增加，他们的保险意识强，但购买力弱，行为上喜欢互联网等新兴渠道，重乐趣，喜欢分期支付等新玩法 ● 客户驱动保险公司变革：科技公司与互联网行业对客户的影响，改变了客户行为(如移动化、智能化、定制化等)，其压力传导到了保险公司，驱动保险公司开展变革	● 保险行业处于转型变革的重要窗口期：我国已经进入了GDP中高速增长阶段，考虑到保险行业增速相对GDP增速的滞后性，保险行业目前正处于转型的重要窗口期 ● 经济发展模式从要素驱动转向创新驱动：国家正处于产业升级的重要阶段，保险行业需要创新转型，更好地服务国家战略	● 保险行业重新定位：国家赋予保险行业的功能定位发生重大变化，强调其长期稳健风险管理和保障功能，弱化其金融属性 ● 从高速度到高质量：保险行业从高速度发展的阶段进入追求质量的阶段 ● 商业模式开始差异化：随着竞争的加剧，商业模式开始出现了差异化，如分客群专业运营、保险+科技，保险+生态等	● 科技地位上升：科技对保险公司商业模式和流程的影响程度越来越大，科技的重要性得到极大的提升 ● 科技力量前置：科技方面的资源越来越前置，与业务部门深度融合，破除部门壁垒，优化资源配置 ● 科技重塑运营：科技重塑价值链，总体呈现出流程数字化、体验智能化、内容定制化、渠道线上化四大趋势	● 监管趋严、监管下沉：整治市场乱象，两会合并，保险监管下沉到3/4级机构 ● 穿透式监管：对互联网金融、高现金价值业务、跨界业务等进行重点监管 ● 寿险业监管：引领行业回归保险本源 ● 产险业监管：规范市场行为 ● 保险中介监管：机构持牌、人员持证

图 1–11　保险业面临的纷繁复杂的外部环境

（二）互联网市场的不确定性

过去十余年来，我国互联网发展取得了举世瞩目的成绩，涌现了阿里巴巴、腾讯等一批世界知名企业。正如中国国际经济交流中心副理事长黄奇帆所言，在互联网蓬勃发展的过程中，出现了三个值得深思的问题：

第一，参与者之间的博弈往往是零和游戏。无论在什么行业领域、面对什么竞争对手，互联网竞争到最后往往是赢家独吞整个市场。因此，很多早期互联网企业不计成本融资烧钱扩展业务，意图打败对方。在形成垄断优势后，又对平台商户或消费者收取高昂的门槛费、服务费。这种商业模式在社会总体价值创造上贡献有限，因为其过度关注流量助长了假冒伪劣商品在网上的泛滥，甚至倒逼制造业出现“劣币驱逐良币”的现象。

第二，利用人性弱点设计各种产品。网络市场形成初期所倡导的自由理念，使得网络上失信的违约成本极低，于是出现很多企业利用人性的弱点设计各种产品来获取流量，罔顾消费者的长期利益和市场的良性发展。比如一些信息服务公司，通过各种打擦边球的图片、噱头标题吸引用户点击观看视频、新闻。这种利用人性弱点诱使用户使用产品的行为实际上是不正当的，甚至是触犯法律的。未来互联网经济的竞争，一定是在更公平、可信的环境下进行的。这些利用人性弱点设计产品的公司很难长期生存。

第三，企业数据采集没有底线。因为缺乏数据治理规范，很多互联网企业在用户使用产品的时候要求用户提供个人数据，但在这个过程中，有些平台采集的数据、要求的授权和提供的服务明显不对等。明明仅需要几个数据，却要求用户提供几十个数据；明明只需要一项权限，却让用户把权限全部打开，从而超范围收集个人数据。比如，有的公司获取了消费者手机麦克风使用权限，通过窃听客户交谈内容来获取用户习惯，看似聪明的做法实际上已经触犯了法律。随着互联网产业不断成熟、法律法规日趋完善，上述行为在未来将很难行得通，互联网企业在经营过程中必须要加以避免。

互联网经济的发展必须克服上述问题，才能在一个公平竞争的环境下，共同创造互联网经济的新规则，探索能够增加社会总体价值的互联网经济新路径。未来的互联网企业要尽量避免零和游戏，要从产业链、价值链入手，提升企业市场与社会价值创造能力。互联网企业在设计产品时要更好地利用大数据、云计算、人工智能、物联网、区块链等新技术手段，避免采取那些利用人性弱点的行为；在数据获取上，要遵守日益完善的关于数据资产的法律法规，合理、公开、公平地采集和使用数据。

（三）互联网保险市场的连锁效应

我们现在所处的是“超级不确定时代”，整个时代出现了“系统的不确定性”。我们应该认识到：“超级不确定时代”的特征是客观存在的不确定性，包括经济、政治、社会、科学技术在内的不确定性；包括有限理性在内的主观不确定性；执行、推进过程中发生的不确定性；还有博弈的不确定性。此外，这种不确定性可以自我进化。在解决不确定性的过程中，不确定性很可能没有减缓反而加剧……

保险作为一种应对不确定性的风险管理技术是否也在自我进化？中国互联网保险业正站在“自我进化”的十字路口，未来的发展正面临重大抉择。这不是在拷问不确定性，而是在反思中国互联网保险业以及中国保险业。

互联网保险如何应对超级不确定性？这个问题的提出旨在为我们提供一种全新的视角，帮助我们面对“黑天鹅”或“灰犀牛”的挑战，并且突破自我设限的保险思维框架以及互联网思维框架，重新审视当下互联网保险的境遇，化挑战为机遇。

第二章 互联网保险的假说

在科学思维中常常伴着诗的因素，真正的科学和真正的音乐要求同样的想象过程。

——阿尔伯特·爱因斯坦

科学的发展，首先从假说开始。假说是针对当时社会发展所遇到的问题，从科学的角度，提炼出来的一种解决方案。这些方案后来经过实践的检验，有的从科学假说演变成科学学说，有的被实践证明是不成立的或者说是错误的。但是，从科学发展的历史来考虑的话，这些不成立或错误的假说实际上却推动了科学历史车轮的前进。科学假说是对社会的一种积极思考。无论假说本身正确与否，假说的存在本身就提供了一种可参考的解决问题的方法或思路。互联网保险的每个发展阶段都有各种有趣的争论、惊人的假说和“科学的理论”。

互联网保险的有趣争论

一、互联网保险的三大争论

根据自然辩证法，任何科学研究都要经历“由问题而发现，从假说到理论”的过程。同样，互联网保险也必将经历从争论（问题）到假说再到理论的过程。

对于互联网保险的创新有三大争论：渠道与需求、技术与机制、组织与结构，每一种争论都在推动着互联网保险理论的形成。

（一）渠道与需求创新

保险产品的售卖由线下的实体性、接触性渠道转向线上的虚拟性、自助性渠道，这是互联网保险最原始的创新形态。它主要被用于改善传统销售渠道覆盖面窄、销售人员多、人均销售额低的现状，根本目的是降低销售成本。

销售渠道的创新简单、直接，是保险行业“触网”的第一步，除了降低销售成本、提高保险公司的利润，对于保险业务并无实质性影响。但是在渠道迁移过程中，保险机构获得了与大量保险用户进行低成本接触的机会，可以更加及时、密切地了解用户需求，为其提供更有针对性的产品。

但是，在考察互联网保险创新时，我们不应只着眼于其销售渠道的简单迁徙，而应关注两个基本事实：互联网带动了整个经济的线上化迁徙，迁徙产生的各类保险需求和用户体验、服务特质，是推动互联网保险创新的根本动力；互联网保险的线上化迁徙必然随着经济、生活的线上化迁徙而逐步深化，实现保险业务流程的线上化既是渠道创新的要求也是产品创新的要求。二者互为表里、互相促进，不能混为一谈，否则会陷入噱头营销的陷阱。

（二）技术与机制创新

随着互联网保险的发展，保险业务在销售线上化和需求线上化的牵引之下，正试图实现整个业务流程的线上化，这同时也涌现了大量的技术创新。这种创新并不局限于以大数据为代表的数据精算，而是保险业务各个环节的数字化、数据化、自助化、自动化、算法化、智能化，它们支撑整个业务流程的线上迁徙。

上述技术革新必然牵动保险机制创新，这种创新涵盖多个层面。例如在保险机构的内部资源分配机制上，技术类、专业类部门将获得更多重视，数据连接、数据拓展正在成为保险机构的新部门；在保险产品的设计机制上，交互设计部门、数据整合部门将获得更大发挥空间；在保险产品的服务机制上，人工服务逐渐淡化，客服机器人已经出现；在保险行业的监管机制上，需对数据合作机构的道德风险进行重点约束。部分人工依赖度低的保险产品已在互联网用户中产生影响力，获得了忠实用户，并带动其他产品走向全面互联网之路。

（三）组织与结构创新

技术成熟、机制革新之后，互联网保险行业的下一步演化，很可能导向产品结构与组织结构变革，这是基于互联网的社会经济属性以及其他互联网金融行业的发展所做出的一个判断。它的目的在于消除维护庞大保险机构所必须支出的高昂成本，让保险回归互助本质。

无论互联网保险最终走向上述何种组织与结构创新之路，均会促进保险业务回归本质。在平等权利和极低交易成本前提下，获得充分的、细粒度的、动态的市场竞争和自由选择空间，是所有互联网保险演化的共同目标。

二、三大争论背后的三个进阶

在新科技、新经济、新社会、新思想下，关于互联网保险“渠道与需求、技术与机制、组织与结构”的争论和演变，都不是简单模块的叠加，而是再造质变。因此，互联网保险的发展至少需要经历三个阶段：

第一个阶段，改造形态（产品与技术）。实现互联网保险产品的制度化、技术化、数据化，运营的互联网化、自动化、智能化，将互联网保险改造成金融工具、载体。

第二个阶段，改造模式（账户与服务）。调整互联网保险经营模式，利用互联网理念（如以用户为中心）改造自身体制，来适应互联网保险未来账户化、服务化经营的需要。

第三个阶段，改造价值（配置与连接）。互联网保险成为万物互联世界的一部分，在这个链条里进行资源配置，逐步实现保险产业链协同。在这个阶段，互联网保险可以围绕保险的配置和连接功能构建自己的生态，或者加入别的生态。

互联网保险的十大假说

一、互联网保险的十大假说

关于互联网保险“渠道与需求、技术与机制、组织与结构”的争论，以及“改造形态（产品与技术）、改造模式（账户与服务）、改造价值（配置与连接）”演变过程的持续，互联网保险的假说也在交替产生。

（一）产品说

“互联网+保险”，其本质还是保险，同时它又是矛盾的对立统一体。互联网要创新、活跃、开放，但保险要内敛、稳定、安全。要使二者稳定融合需要技巧，而且在保险层面需要包容。因此，基于互联网的保险更能体现出“多、快、好、省”四个方面的优势。

（二）技术说

保险技术说，是意大利商法学者费芳德（C.Vivante）提出的关于保险性质的学说；强调数理科学在保险经营中的重要性，试图调和其他学说在阐述财产保险和人身保险性质时碰到的是否以损失补偿为目的的矛盾。因为无论是财产保险还是人身保险都具有相同的技术基础（概率论）。费芳德主张，一定要通过特殊技术科学地建立保险基金，以使保险人实际支出的保险金额和被保险人交纳的净保险费总额相等。随着金融科技的发展，互联网保险的承保、理赔、精算等技术都会随之改变，从而帮助用户实现总投入与总支出的平衡，且在金融科技的支持下，互联网保险关于用户管理的技术也将革新，以实现用户间的权益均衡。

（三）账户说

在互联网时代下，保险不再是一个传统简单的业态，互联网带来的也不仅是一种技术手段，而是一系列用户自身账户的融合，包括其个人名下身份账户、资产账户、健康账户、情感账户、关系账户等的融合；同时，也是一个用户对账户管理进行重新认知的过程。

（四）服务说

互联网保险更多地体现在服务上，即为用户提供更强有力的风险管理保障：一是构建有利于用户的保险服务体系；二是构建帮助用户了解自身风险的咨询服务体系；三是构建适用于用户全生命周期的保险保障体系；四是构建专用于用户保险配置的服务体系。

（五）场景说

根据人们在特定活动场景（如网络购物、出行）中可能面临的风险制定的保险商品（如退货保险、航空延误险、航空意外险）即为场景保险。场景保险是基于当今社会大众互联网消费习惯而产生的。互联网商业模式存在着各种各样的风险场景，而在不同的场景下，风险转嫁的需求就应运而生了，场景保险能够以极低的成本满足海量用户的碎片化需求。

场景的产生和消亡是随着互联网的发展而动态发展的，所以最终还是应该关注互联网技术的发展。场景保险要继续发展，就要在人们日常生活的具体场景中找到刚需，一方面要进行场景定位，另一方面要确定场景定位下的客户需求。真正有保险稳定需求的场景才是被接受和认可的场景。

（六）配置说

互联网保险借助互联网为经济社会发展提供更多的保险服务，同时也为保险业发展提供广阔空间，为保险业注入强大动力。互联网保险能更准确地把握保险的本质和功能，找准行业职能定位，锚定“保障本位”。因此，互联网保险是保险业“跨状态配置”的发展之路。

（七）连接说

保险就是一个“入口”，这个“入口”可以起到一个连接的作用，连接供给和需求，连接人和风险；在连接人和风险的同时，怎样找到细分场景，打造自己垂直领域小的生态？这是未来互联网保险必须思考的一个持续性主题。对于互联网保险而言，其主要的连接价值如下：

（1）连接用户。此价值下连接的是用户的需求和承保能力。首先，通过保险的产品定制，去匹配千人千面；其次，结合不同用户的风险和需求，基于保险定制一套综合的增值服务，增加用户黏性和留存量。

（2）连接第三方。此价值下连接的是互联网保险机构的供给能力和承保能力，以更好地匹配用户的需求。连接价值主要体现在三个方面：一是产品研发，包括产品的灵活设计、快速迭代以及对风险的把控，核心在于快速对市场和用户需求做出反应；二是保险运营，通过连接第三方，帮助保险公司进行活动创意、策划和执行，提高互联网保险用户的活跃度和多次转化，提高用户体验；三是技术能力，它决定了产品迭代效率和整体业务运营的能力。

（3）连接账户。互联网保险可以作为一个支付方跟其他行业账户打通，这是第三个维度的连接。连接将是互联网保险永恒的主题，通过连接，实现跨界。跨界也将是未来互联网保险发展的趋势所在。

（八）体验说

用户体验，是用户在使用产品过程中建立起来的一种纯主观感受。用户体验国际标准（ISO 9241-210）将用户体验定义为“人们对于使用或期望使用的产品、系统或者服务的认知印象和回应”。通俗来讲就是“这个东西好不好用，用起来方不方便”。因此，用户体验是主观的，且其注重实际应用时产生的效果。

未来互联网保险将是服务别人能力的竞争，是体验的竞争。

（九）心流说

心流，在心理学中是指一种人们在专注进行某行为时所表现的心理状态。心智网，是连接用户心流、心智的网络，也称为心流网络。新技术带来更高效、直接、沉浸的心流内容，形成不可阻挡的代差势能，迫使心流网络产生迭代。更自然的心流连接，意味着更符合人的认知特点、更自然的内容和交互以及更低的心智成本。更高的感受与心智满足度，则意味着更多的感受维度，更高的感受强度，更深度的心智激活。

心智网的终极是一个能让人人都拥有独特且充分的沉浸体验的网络。所以，互联网保险的未来之争，一定是心流内容之争，是让消费者对于保险真正产生一种神驰与沉浸的状态。

（十）其他说

（1）免费说。互联网商业模式有一句话叫“羊毛出在狗身上，由猪买单”。如果只从羊和狗身上（前端保险市场），你看不到互联网保险的问题。问题出在猪这个环节（后端的保险市场）。之所以互联网保险搞大规模的价格补贴，想把线上线下的所有竞争对手打败，是因为互联网保险手握巨额的金融资本。为什么互联网保险有如此雄厚的金融资本？因为“羊毛还是出在羊身上”。

（2）小额说。小额保险是一种依据保险经营原理为低收入人群提供保险保障的机制；其保险金额较少，保费较低，保险期限较短，产品形态一般是风险保障型，投保和理赔手段比较简便，基本属于微利经营。小额保险的这些特点正好契合了互联网的特点，互联网保险大多是从小额保险做起。

（3）碎片说。目前互联网保险市场的一大发展趋势就是碎片化的保险产品。所谓碎片化，是指将保险产品指向特定人群，比如儿童、备孕女性或者糖尿病患者这样的单病种患者。碎片化是一种有违保险本质的做法，是主动将保险的风险集中化的做法。

（4）高频说。严格意义上说，互联网要求的高频在保险上是不存在的，保险是低频、复杂的，件均保费非常高。但是，随着互联网保险向保险互联网变革，高频将成为保险新常态。

（5）其他说。互联网保险在发展过程还出现了各种惊人假说，如游戏说、众筹说、社交说、内容说等，这些都是我们关于互联网保险的思考。

二、十大假说背后的十大逻辑

互联网保险在中国的发展，正在悄无声息地改变着每一个人的生活方式。作为一种保险秩序与运行的重构体，互联网保险具有十大“互联网逻辑”。

（1）开放。互联网保险不仅改变了保险业的形态和保险机构获取信息的方式，而且在潜移默化地改变保险的运行规则，从而以更有效的方式塑造出一种以个人决策为基础的、透明的、开放的保险形态，它使保险在良性的基础上进行边际的改善（即帕累托改善）。

（2）共享。互联网保险信息的传递和扩散更加便捷，信息的产生成本更为低廉，信息的利用渠道和方式也越来越多元化，从而更有可能实现信息的共享。

（3）合作。互联网保险促进了人与人之间的合作，降低了人们交流信息和寻找合作对象的成本，使人与人之间更容易实现合作。

（4）整合。互联网保险已经渗透到所有保险形态，正在以极快的速度推动不同保险业态间的融合、互补和整合。

（5）信任。随着互联网的发展和信任机制的不断完善，互联网保险有可能比传统保险更值得信任，从而降低道德风险。

（6）共同体。互联网的最大功能是创建了网络上的“共同体”，虚拟化的社区或共同体的构建是互联网保险焕发生机的社会结构基础。

（7）大数据。大数据是互联网时代最基本的象征符号，也是互联网保险的核心哲学。大数据已经解构了整个世界的运行秩序和方式，同时也在构建新的运行秩序和方式，成为人类发现世界和构建行为的基础。

（8）普惠。互联网保险的核心哲学之一是惠普，互联网保险的发展对于构建普惠金融体系是非常有益的，互联网保险使得普惠金融体系的构建具备了新的可能性和新的途径。

（9）解构。互联网保险的核心思想之一是通过互联网、大数据、人工智能、区块链等技术，对传统保险业的商业模式和运作机制进行重构或者解构。

（10）创新。互联网保险的核心特征是创新。可以说，在新时代，保险创新是全天候、全方位的。这种创新主要体现在互联网保险通过迅速地时空转换，实现保险产品创新、保险业务流程创新和保险机制创新。

互联网保险的十大关系

一、互联网保险的十大关系

新时代（新科技、新经济、新社会、新思想）背景下，为更好地沿着“新矛盾—新时代—新关系”内在逻辑的脉络去学习领会保险“新矛盾”以及“新时代”下“新要求”的丰富内涵和精神实质，我们梳理了互联网保险的十大逻辑关系，这将是互联网保险的“新思潮”。

（一）人境关系

人境关系，即人与自然环境的关系。通过保险能够建立环境有偿使用模式，强化环境成本意识，有效保护环境，实现可持续发展。例如，责任保险，特别是环境责任保险，不仅能够强化环境成本和补偿意识，同时，可以通过奖惩费率机制，强化外部干预与管理，加强社会监督，分担行政管理的职责。

（二）人际关系

人际关系，即人与人的关系，包括个体与群体的关系。和谐人际关系是保险主要职能，具体表现为互助。矛盾和冲突更多地体现在损失赔偿方面。保险是损失救济的制度安排，能够在很多民事案件中化解纷争，承担责任，促进社会公平。公平是人际关系的核心，而保险是实现公平的市场手段之一。

（三）代际关系

代际关系，即当代与后代，当期与后期的关系。养老保险和长期护理保险是典型的“自助型”跨期安排，能够有效弥补社会保障制度的不足，促进社会和谐与稳定。巨灾保险通过跨期积累，能够有效缓冲对当期（财政）的压力，有利于政府更好地行使管理职责，确保可持续发展。

（四）区际关系

区际关系，即地区之间的关系。区域发展不平衡的背后，存在着不公平，通过保险可以实现科学、公平与合理的区际关系。洪水流域保险模式能够实现不同地区之间风险与收益的平衡，实现社会公平。巨灾保险能够成为政府重建资金更加科学、高效和合理的分配平台。

（五）国际关系

国际关系（域际关系），即国家之间的关系。每个国家因为地理环境、发展阶段不同，所面临的保险风险也不同。因此，我们可以通过国际再保险，实现风险在全球范围内的分散。

（六）网际关系

网际关系，即人与网络空间的关系。通过保险能够助力网络空间命运共同体的建设。网络空间命运共同体思想从全人类共同福祉出发，立足和平与发展，突出互联网广泛联系特征和互联互通、共享共治的发展趋势。

（七）人机关系

人机关系，是人在使用物品时，物品与人产生的一种相互关系。人类在劳动过程中，不断地改造着自然和人类本身，并不可避免地要与劳动对象发生联系，这种联系被广义地称为人机关系。在设计中，所设计的产品都是从人的需求出发，为人服务的。因此人机关系也就成为设计过程中必须考虑的核心问题之一。

（八）机器关系

机器关系，是指机器与机器之间形成的相互关系。机器关系包括人将控制活动“委托”给机器后，人与机器交互或通过机器进行的交互、机器与机器的交互以及这一系列动作的可能后果。目前，机器已经能够使用人类的语言与人类交互，已经在体力上超越人类，也在一定程度上把人类从繁杂、重复的体力劳动中解放了出来。

（九）超人关系

超人关系，是指超人类之间形成的相互关系。随着生物技术、纳米技术、信息技术（大数据和互联网）、认知科学（人工智能和机器人）的发展，以及人机混合技术、3D打印技术（尤其在医学上）的广泛运用，人类正在经历一次前所未有的革命——超人类革命。医学的目的从治疗疾病转变为改善和增强人类健康，人类开始编辑基因、植入芯片……所谓长生不老再也不是神话或科幻。这场革命或将从政治、经济、法律、道德、伦理、宗教等方面影响人类社会。

（十）心智关系

心智关系，是指心智社会的人、超人、机器等形成的关系网络。所谓智能的“心智社会”，是由非智能的、不具备思维的微小部件组成的。在此过程中，每片思维都是由被称为“智能体”的更小的程序组成的。这些智能体本身只能做一些完全不需要思维或思考的、只需要低级智慧就可以做到的事情，但人类会以一些特别的方式把这些智能体汇聚到社群中产生真正的智能。人类思维的本质，正是研究人工智能、塑造高级的“心智社会”的关键所在。

二、十大关系背后的四大结构

新时代（新科技、新经济、新社会、新思想）背景下，沿着“新矛盾—新时代—新关系”内在逻辑的脉络去学习领会互联网保险“新需求”的丰富内涵和精神实质，可以从体制结构、机制结构、组织结构、权利结构、生活结构等逻辑关系的角度来梳理互联网保险的“新思维”。

（一）权利结构关系

基于互联网思想的发展和互联网技术的进步，权利结构（尤其是其中保险资源配置的权利）的变迁导致保险业发生了变化，使互联网保险呈现出三个发展层次：基于交易技术变革的互联网保险、基于交易结构变迁的互联网保险、基于权利契约重构的互联网保险。

从本质上理解，无论是交易技术的变革、交易结构的变迁还是权利契约的重构，都是市场主体的金融权利结构的变化。交易技术使得市场主体在时间和空间上都具有更大的自由度来配置自己的金融资源，比如过去很难随时随地进行支付，现在很容易做到；现在大多数人都还难以接受非政府法定货币，无法抗拒通胀的发生，但比特币等互联网货币提供了新的可能。这些都是互联网思想和技术导致的金融权利重构——市场主体配置自身金融资源的自由权力越来越大，而传统金融机构和政府原本支配其他市场主体的金融资源的权利在缩小，逐步让渡或者说还给了市场主体。

（二）生活结构关系

基于互联网思想的发展和互联网技术的进步，人们的生活结构发生了巨大变化。最浅显的是，越来越多的交易行为从线下搬到线上，电子商务大行其道，并基于此发展出了第一个层次（交易技术）的新金融。可以预见的是，人类生活将越来越依赖于互联网和人工智能，甚至有越来越多的虚拟生活，这些生活内容几乎只存在于互联网虚拟空间（比如游戏）而逐渐脱离线下的“实际生活”。这些虚拟生活中也将逐步产生资产、负债、经济权益，只是它的具体形态还不清晰，定价和交易模式还在形成中。基于这样的互联网生活，必将诞生全新的互联网保险服务。

（三）权利结构思维

基于权利结构关系逻辑，长尾、普惠与去中心化思想对于保险行业的巨大冲击，必将导致传统保险行业主动或被动地进入保险长尾市场。由此，保险机构与互联网企业将处于同一起跑线并互相融合。保险机构必须具备强大的互联网“基因”，方能在互联网保险领域占据一席之地。套用前面给出的互联网逻辑，这些基因（思维模式）包括：

（1）服务海量用户。保险机构的思维模式将由仅从少数客户身上赚取高额利润转变为兼从海量用户身上赚取微量服务利润，但由于客户规模优势，企业的总利润仍然能保持增长。

（2）关注个性化需求。海量用户意味着需求多样性大大超过从前，必须为用户的个性化需求提供相应的产品。这一目标可通过产品的参数化配置实现；也可以通过用户自助设定（即允许用户在一定范围内自行调节产品参数）实现；还可以通过细分长尾市场、逐段发掘共性需求（即以批发的方式做零售）实现。

（3）关注长尾市场。长尾问题的解决更加依赖企业的精细化经营和创新性思维。为此，保险机构需要进行组织架构的调整和业务流程的再造。

（4）重视创新。长尾市场的用户获取与服务成本较高，保险机构必须持续创新才能降低个性化服务的成本、成功吸引海量用户，实现可持续发展。否则，企业将在这一市场里无利可图，而离开这一市场则有可能在未来被边缘化。

（5）正视风险。海量用户的个性化需求并不容易把握，互联网思维下对速度的追求更容易导致保险产品的缺陷和失败，这就要求保险机构拥有足够的风险意识，具备顽强的抗风险能力。从内部制度上，保险机构也需要针对长尾市场制定新型的风险防范与考核指标。

（6）重视用户体验。小微客户的获取成本和一次性服务成本均相对偏高，必须依靠多次服务来摊低成本。良好的用户体验是获取用户的头道门槛，也是其高频访问的基础。对用户体验的优化有可能对互联网保险业务产生爆发性的影响，“惠民保”是一个典型案例。

（7）重视开放性。一家保险机构再强大，也难以拥有完全满足海量用户个性化需求的产品。建立或加入开放式平台，在产品和服务层面与其他机构形成互补局面，将有利于二者共同吸引用户。通过开放式、平台式的生态，联手为用户提供全方位的服务，将有利于企业在竞争中保持长久的优势地位。

（8）重视草根群体。草根群体是海量用户的基础，是用户的主体。对草根群体需求的满足将产生广泛的口碑效应，有利于打造良好的企业形象，也是吸引、服务海量用户的应有之义。

（9）重视社会化营销。社交网络的用户广泛，信息传播及时、迅速，爆发力强，亦是大量草根获取信息的主要场所。大量成功案例证明社会化营销是捕获海量用户的重要途径。

（四）生活结构思维

根据生活结构关系逻辑来看，互联网保险发展形态更多地基于技术进步和生活变迁，目前形态还不够清晰。当前，保险机构对于长尾市场的漠视，是人们平等参与保险活动的主要障碍。反之，对长尾市场的密切关注和有效利用将在很大程度上展现出普惠保险和民主保险的内涵。

从互联网企业应对长尾市场的经验来看，满足长尾需求的关键在于降低交易成本，给予用户充分（产品丰富、选择成本低）的自由（无强制契约、合法前提下的风险自负）选择（信息透明、评价充分）权利。而在保险领域，这一充分自由选择权利的获得，无法仅由某个机构或某项技术达成，它要求三个层面的革新：

（1）交易技术进步。以互联网、自动化、大数据等技术手段，优化保险交易的体验、降低保险交易的成本、提高保险交易的效率、扩大保险服务的覆盖范围，其核心在于为海量用户提供低价、高效的产品和服务，并支撑新型交易结构。

（2）交易结构变迁。借助新型的交易技术，形成多样化的交易结构（例如个人对个人、个人对保险、个人对企业、企业对企业等），丰富保险产品的供给类型和渠道，形成自由竞争格局，最大限度地满足用户海量、零散、个性化的保险需求。

（3）权利契约重构。借助新型的交易技术和多样化的交易结构，使保险市场的产品提供者获得平等竞争地位，使产品消费者获得更大的话语权和参与权。其意义在于保险权力去中心化，保障消费者的自由选择权和个性化定制权。

这些不同层面的革新意味着互联网保险难以一蹴而就，有大量的问题等待解决。例如：①理论问题。长尾市场能否逆向覆盖头部市场，使得个性需求和共性需求在同一个框架内得到解决，从而令长尾服务有占领主流市场的机会。②理念问题。保险机构能否认识到长尾市场的价值，是否愿意投入力量解决长尾问题，是否拥有解决长尾问题的思维与方法。③技术问题。如何利用组织和技术方法的革新，显著降低产品的定制/调整成本和用户获取成本。④手段问题。如何向海量用户推介自己的产品、如何凸显自身产品的优势。⑤风险问题。如何利用更加自动化的手段降低信评和风控成本，提高风控能力。⑥监管问题。如何对海量、高频、细小、多样的交易行为进行有效监管。

保险长尾市场包含大量“微不足道”的用户和需求。对该市场的关注意味着这些此前无法享受保险服务的人也开始拥有获取服务的潜在机会，这一转折可类比于电子商务对物流业、制造业的改造。未来，互联网保险对保险业最大的贡献或许就是它催生并促进了这一发展模式的转变。

第三章

互联网保险的理论

我们所创造的世界是我们思考过程的体现。要改变世界，必须改变我们的思维方式。

——阿尔伯特·爱因斯坦

最近20年，互联网给我们带来的变革是肉眼可见的“熊彼特式增长”。微信较之电话，微博较之出版，百度搜索较之人工检索，网络购物较之线下购物，网络支付较之实体银行，互联网保险（线上保险）较之传统保险（线下保险），效率更高，成本更低，行为更自由。

经济学可以用交易费用来解释互联网保险。互联网降低了交易费用（信息搜索、讨价还价等），增加竞争烈度和资源配置效率。用户在网上简单检索就可以获得大量信息，进而对传统公司的保险产品和创新公司的保险产品进行选择。

经济学对个体的合法竞争行为是没有任何价值判断的。“长险短做”也好，“短险月缴”也好，只要自由竞争、行为合法，都没有对错、好坏之分。这就是经济学的“价值无涉”，即只有逻辑判断，没有价值判断。

但从整体来看，中国互联网保险要思考如何增加人民的获得感、幸福感和安全感，要思考互联网保险的历史逻辑、理论逻辑和实践逻辑，要见识互联网保险的逻辑观点、梳理互联网保险的逻辑体系、漫谈互联网保险的逻辑重音，更要仰望互联网保险的“星辰大海”。

互联网保险的逻辑体系

一、见识互联网保险之保险逻辑

逻辑，是指思维的规律和规则。具体到互联网保险方面，主要包括互联网保险历史逻辑、理论逻辑和实践逻辑以及互联网保险的逻辑框架、逻辑内容和逻辑解析。

我们要理解互联网保险的精髓要义，就要按照历史和现实相贯通、国际和国内相关联、理论和实际相结合的宽广视角对这一重大理论和实践问题进行思考和把握，还需要深刻把握新时代下保险发展的逻辑。

（一）社会矛盾的变化

2017年10月18日，党的十九大报告指出，随着中国特色社会主义进入新时代，我国社会主要矛盾已经转化为人民日益增长的美好生活需要和不平衡不充分的发展之间的矛盾。这句话涉及了两方面的主体，一方面是“和”之前的“需要方”；另一方面是“和”之后的“供给方”。社会矛盾在本质上讲的是需要和供给之间的矛盾。从需求侧看，美好生活日益多样化，不仅包括物质方面的需求，而且包括民主、法治、公平、正义、安全、环境等非物质需求；从供给侧看，虽然落后的社会生产已经实现质的飞越，社会生产能力在很多方面进入世界前列，但仍然不能满足14.4亿人对不同产品结构和各种服务的需求。

新时代下的新需求问题，不仅包括人的全面发展、社会的全面进步、经济的健康发展、金融的健康稳定等，还包括满足服务的可持续性。要解决好这些新需求问题，就要坚持以人民为中心的发展思想，满足人民现实的物质文化生活需要、促进人民素质的提高、改善人民生活的社会环境，为人的全面发展创造良好的条件。

具体到保险，作为一种社会制度安排，其最重要的功能是基于时空的融通与平衡，其次是实现可持续生存与发展的目的。保险是实现和谐与平衡的现代社会管理的制度安排，其根本诉求、作用和价值要满足与服务于可持续。同时，居安思危，防患未然，以丰补歉，耕三余一，同舟共济，成人达己等保险思想，也体现了可持续发展理念。保险的"可持续逻辑"是沿着空间和时间展开的，前者表现为互助，即"他助"，后者表现为跨期安排，即"自助"。同时，保险作为现代社会市场化的风险管理与融资机制，为保障国民经济运行，个人（家庭）生活、企业生产保驾护航；能够通过经济手段，化解社会矛盾和纠纷，提升公共管理效率和水平，是保障和推动社会可持续发展的重要力量。

（二）保险供需的失衡

供给与需求的矛盾是市场经济中始终存在的一对基本矛盾。供给与需求的绝对平衡只是一种理想状态。没有供给与需求的矛盾，就没有市场经济。市场经济的发展是供给与需求矛盾存在和运动的结果。从这种意义上说，供给与需求矛盾的存在是市场经济发展的前提条件。保险是市场经济的产物，作为市场经济组成部分的保险市场，必然受到市场经济一般规律的支配和影响。保险供给与需求之间的矛盾，过去甚至将来也会是保险市场长期存在的一种现象。中国的保险供给与需求矛盾的特殊性在于：

首先，保险供求的"双不足"，即保险供给不足，保险需求也不足。中国保险市场经营主体面临双重压力，既要增加供给，又要激发需求。过往的中国保险市场，发展的引擎主要是增加保险供给，以此拉动保费收入总量的增加，实现保险规模的扩大。加之选择保险供给拉动发展的动机，不是满足社会的保险需求，而是扩大保险的市场规模，结果导致保险市场内部结构失衡，保险供给不足，保险需求也不足。

其次，保险发展的不平衡和不充分。保险发展不平衡表现为业务结构不平衡、区域结构不平衡、保险市场要素不平衡；保险发展不充分表现为保险服务水平不充分、保险服务能力不充分；风险管理能力不充分表现为保险经营中长期存在的低费率、高佣金、高返还、高手续费的“一低三高”现象，导致相当数量的保险公司出现经营亏损，已经形成不可小觑的保险经营风险。同时，还有保险经营的风险意识淡薄问题。部分保险公司在保险经营中表现的重业务、轻管理，重前端、轻后端，重投资、轻负债等市场行为，导致保险行业的风险大量累积，对保险业的健康发展造成威胁。

（三）保险的逻辑体系

“十四五”时期，我国将进入新的发展阶段，保险业要在服务国家经济社会发展大局中再定位，要在把握金融保险行业发展大趋势中再定位，要按照立足中国、借鉴国外，挖掘历史、把握当代，关怀人类、面向未来的思路，着力构建中国保险业“十四五”规划，在指导思想、学科体系、学术体系、话语体系等方面充分体现中国特色、中国风格、中国气派。

面向“十四五”，坚持以新时代中国特色社会主义思想为统领，结合中国独特的历史、文化、国情，立足中国共产党领导中国革命、建设、改革的伟大历程和辉煌成就，认真总结新中国成立以来、改革开放以来特别是党的十八大以来中国特色社会主义取得的实践经验，着眼用党的创新理论引领贯穿保险学知识体系，通过跨领域、跨学科、综合性研究和协同攻关，形成说明中国风险观和保险学的“说明书”、解释中国风险观与保险学的“解释学”、给世界提供研究中国风险观和保险学的基础知识和基本方法的“方法论”（见图3-1），具有重要的现实意义和深远的历史意义。

“十四五”时期，保险业要重新认识保险，顺应保险学科发展趋势，推动保险理论与实践的创新，促进保险业由“保险保障、资金融通和社会管理”的传统功能向“风险治理、价值创造和资源配置”的现代功能转变（见图3-2），推进保险业的变革与发展，使保险成为经济增长的“助推器”与社会发展的“稳定器”，成为国家经济社会高质量、强韧性、可持续发展的重要金融工具。

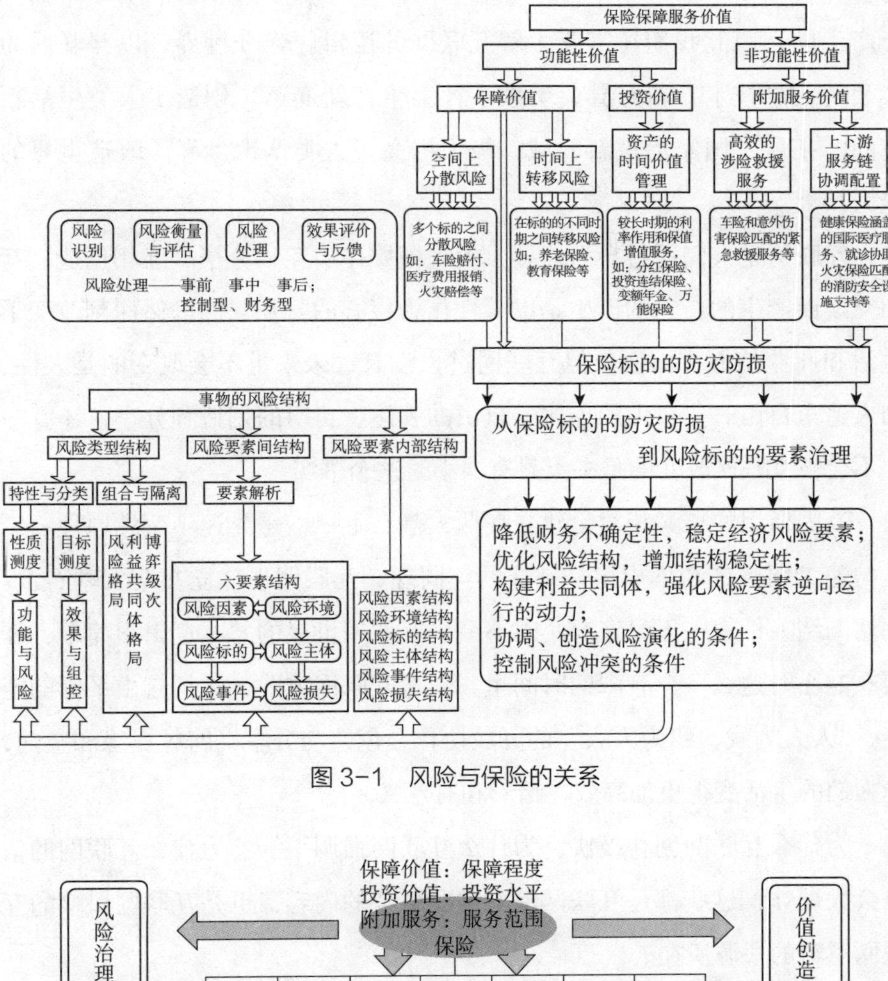

图 3-1　风险与保险的关系

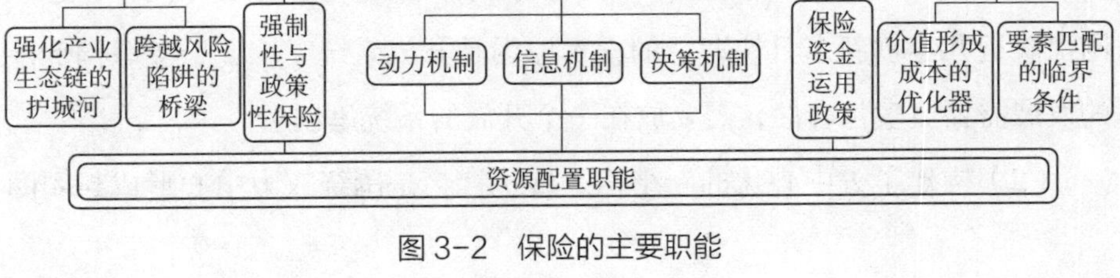

图 3-2　保险的主要职能

二、梳理互联网保险之互联网逻辑

互联网保险逻辑体系是在保险逻辑体系和互联网逻辑体系基础上融合产生的，因此我们还需要了解互联网的逻辑。当今世界，以互联网为代表的信息技术日新月异，引领了社会生产新变革，创造了人类生活新空间，拓展了国家治理新领域，极大提高了人类认识世界、改造世界的能力。

互联网是人们通过自由连接、大规模协作、互相分享、互相创造、互相交换而产生的。它的诞生是以人性作为核心的。互联网已然深刻改变了生活和商业的方方面面，但互联网过去没有，未来也不会改变的是人性，如人追求自由——自由的连接、自由的表达、自由的创造和分享，还有一个不会被互联网改变的是一天只有24小时这个事实。

爱因斯坦的狭义相对论建立在两大基石上：一是光速不变性原理；二是匀速参照系的物理规律是一样的。同理，互联网也建立在两大基石上：一切围绕人性；一天只有24小时不变。互联网世界的基本逻辑很简单：如何在24小时这么一个有限的时间里，通过互联网方式，包括自由平等的连接、“人人为我，我为人人”的开放协作，创造与分享，跨越血缘和空间，让人们的生活变得更加高效、精彩和有意义。

为什么互联网创新极快？为什么互联网强调平等？为什么互联网的信息会大爆炸？这些都是互联网保险需要思考的内容，也是互联网保险的互联网逻辑的根源所在。

（1）互联网是开放的系统，打破了传统的封闭结构。在开放系统中没有城墙保护，大家不得不时时面对自由竞争，甚至跨界融合。同理，互联网保险近几年创新多且快背后的根本原因是开放系统。因此，互联网保险的发展需要更多包容性，需要放在一个开放的系统里创新。

（2）构建了去中心化的新结构。传统社会是围绕权力中心形成封闭圈子运转的，网络世界却更平等开放。互联网通过去中心化的结构把几十亿人平等自由地连接在一起，信息高度发达透明，彻底颠覆了传统中心化的生活，给经济社会带来巨变。同理，互联网保险不能围绕传统保险形成封闭圈子，而是要通过“互联网+”“物联网+”“智能网+”“心智网+”等建立去中心化的新机构、新关系。互联网保险连接的不是保险，而是背后的消费者。互联网保险需要提供一个连接人人的开放、自由、充分尊重每一个体的平台。

（3）分享增值，打破了传统的零和游戏经济规律。传统世界的载体是土地、能源等有形的东西，而网络世界的载体是信息。传统社会和网络社会的分享不一样。传统社会是零和游戏，有形的东西分享多了就少了。而互联网更多的是分享思想等信息，是馈赠型经济，越分享越富有、越分享越快乐。所以大家热爱分享，网络信息自然就会大爆炸。近年来随着移动互联网的崛起，共享经济模式正在快速兴起，它模糊了服务提供方和使用方的界限，重构了社会关系结构，激活了大量的社会闲置资源，充分体现了互联网分享的威力和魅力！

过去的20来年里，互联网保险主要是作为工具或渠道。如今，互联网保险需要突破配角定位，升级为主角。作为一个主体一定要有自己的价值观。互联网带来去中心化、开放平等的新结构。在这个结构下，互联网保险要以人为中心，以自由为目的，以技术为工具，强调个性化的服务。综上，互联网保险的三大价值观是：自由化、个性化和去中心化。

三、漫谈互联网保险的逻辑重音

中国保险市场作为市场经济的产物，客观上遵循着一定的规律，比如周期性规律、波动性规律、超常规性规律等。用党的十九大报告提出的“新时代”“社会主要矛盾”“三个攻坚战”等论断思考保险行业出现的问题，不难发现，这些问题是新时代到来之前的一种必然表现，是社会基本矛盾在保险行业的具体体现，是三个攻坚战将要重点解决的突出问题。

首先，在政府转型与发挥保险作用结合方面。党的十八届三中全会提出，全面深化改革的总目标是完善和发展中国特色社会主义制度，推进国家治理体系和治理能力现代化，切实转变政府职能，深化行政体制改革，处理好政府与市场、政府与社会的关系，充分发挥市场在资源配置中的决定性作用，基本路径就是建立“花钱买机制”“养事不养人”“惠而不费”的社会管理体系。作为兼具社会性的市场化制度安排，保险将成为公共管理的助手和社会保障的抓手，在未来政府职能转变，特别是新社会治理体系中将发挥更加重要的作用。

其次，在保险型社会理论方面。保险型社会理论认为，保险构成了现代社会的真正核心。保险能够以经济契约关系重组社会间人与人原本较为孤立的相互关系，因而预示着“社会联结本质”发生根本性转变。这种变化的本质是使社会和公共管理服务从一种“后契约模式”发展为“前契约模式”，这不仅能够稳定纳税人的预期，而且能够提高社会治理和行政管理效率，实现社会公平。当保险从一种经济现象延伸为一种社会范畴，当社会契约成为一种类似保险合同的关系，即保险处于现代社会的核心时，社会就会迈进现代社会。

再次，在社会新治理和新理念方面。党的十九大报告提出了“加强和创新社会治理”和“打造共建共治共享的社会治理格局”的任务，在社会新治理的体系下，社会治理将利用新理念、运用新思维、建立新结构，实现治理系统的协同与高效。其治理体系的“新”将重点体现在以下几个方面：一是从单一结构（公）到融合结构（公私），积极运用市场化手段，充分发挥市场的积极作用；二是从单一视角到自治与共治思维，深化治理理念，调动社会多方参与治理积极性；三是从更制度化的平台到更技术化的平台，有效运用科技手段实现高效和科学治理；四是从直接提供服务到间接保障功能，不缺位，不越位，实行社会各方优势互补，有效提升服务效能；五是从后解决（政府）到前安排（保险），有效提升风险防范与治理能力，减轻政府压力与财政负担。

最后，在社会新治理与保险实践方面。保险行业积极践行社会新治理理念，不断提升专业能力与服务品质，主动融入社会治理，积极开拓创新，探索和开拓了诸多保险服务和参与社会治理的实践模式。

综上，我们可以看出，保险具有三大典型的功能特征：其一是社会性，保险是一种具有有限的非竞争性或有限的非排他性的公共产品，它介于纯公共产品和私人产品之间，具有典型的社会性特征；其二是市场性，作为一种市场化的制度安排，保险具有典型的正外部性特征，在利用市场化手段服务社会方面具有明显的“溢出效应”，能够积极服务社会治理；其三是技术性，通过保险的制度化和社会化管理，能够实现社会总体风险的暴露和损失的降低，打造减量管理模式，为社会创造福祉。

同时，保险业作为一个充满温度的行业，一方面，需要坚守，初心不改，诚意奉献；另一方面，人类在自然灾害风险和生命科学风险的认知上，也尚处在“必然王国”阶段，距离到达“自由王国”的境界，还有太长的路要走。

因此，未来中国保险业发展的成败，取决于人们对保险经营性质和风险管理规律的认知水平。如何将新时代所要求的“分享、协作、民主、普惠、自由、平等”“可持续性”与保险的“可持续”等特征有机并有效地结合起来，探索新经济的保险解法，将构成互联网保险的首要任务和历史使命。

互联网保险的六大逻辑

一、跨界与融合

目前，金融行业正向着混业经营的“大金融”方向发展，金融行业的融合与跨界趋势日趋显现，像银行、证券、保险、信托、基金等行业。同样，互联网保险也是“互联网+”与“保险+”的跨界与融合。

“互联网+”是把互联网的创新成果与经济社会各领域深度融合，推动技术进步、效率提升和组织变革，提升实体经济创新力和生产力，形成更广泛的以互联网为基础设施和创新要素的经济社会发展新形态。

“保险+”是把保险的风险管理、财富管理、社会治理等功能与经济社会各领域深度融合，形成更广泛的以保险为基础设施和管理要素的经济社会发展新形态。

“互联网+”与“保险+”的相互融合，首先是“互联网+”不断渗透传统保险行业，并极大地影响和改变了传统保险企业的组织经营方式，不断催生出新的商业机会和商业模式，甚至是颠覆性、革命性的变革；其次是“保险+”将借助“互联网+”为客户创造全新的生活方式和消费体验，并将逐步改良甚至完全重塑传统保险的经营模式，带动“以服务为核心、以保险为工具”的全新商业模式。这一切使保险原理和商业模式产生了颠覆性、革命性的变革。

“互联网+”与“保险+”的融合经历了三个阶段，并处于循环复始中。

（1）第一阶段（2000—2014年）：互联网保险业务。互联网保险是存在的，即我们所说的传统保险的互联网化。这个阶段保险还是保险，互联网还是互联网，此时二者的融合表现为保险的销售、承保、理赔、客服等环节的互联网化。

（2）第二阶段（2015—2020年）：互联网保险。互联网保险是变化的，除了传统保险的互联网化外，保险正整体转变成互联网保险。这个阶段保险是主体，互联网是载体、工具、通道。互联网创新正不断突破时间、地域、行业、组织、产品、价格、渠道的各种界限，激发社会消费的各种新兴保险需求，替代传统保险产品服务的提供方式，急速改变着传统的保险布局。

（3）第三阶段（2021年至今）：保险互联网。互联网保险在不断变化中也将消失灭亡，进入一个“保险+”的阶段。这个阶段保险是载体、工具、通道，互联网是主体。在前两个阶段互联网保险提供的是一种单向的服务；第三阶段用户服务应该是“需求+产品+服务”一体化，客户关心的不是“钱”，而是“服务”，所以真正的互联网保险应该以“标准产品（场景化、碎片化、标准化）+服务支持（管家式服务，私人管家、私人律师、私人医生、私人顾问等）=满足用户需求”的形式存在。

综上，我们可以看出互联网保险绝不仅仅是保险产品的互联网化，也不是互联网化的保险产品，而是对保险商业模式的全面颠覆，将从互联网保险业务演变为互联网保险，并将逐步进化为保险互联网。

二、线上与线下

保险业的本质决定其不会有严格的线上线下之分，而是应该全渠道、全盘打通、融合在一起。无论在线上还是线下，互联网保险所要思考的本质问题，不外乎是在什么样的场景下，给消费者提供什么样的保障服务。

传统的保险业务主要在线下进行，无论是消费者签订保单、办理保单变更，还是保险理赔等，都是通过线下的网点一对一进行。相应地，互联网保险要通过构建线上线下结合模式，提高企业线上线下结合能力，满足用户线上线下结合需求，解决用户线上线下结合痛点，最后优化用户关于保险服务的线上线下结合体验，同时助力企业完善线上线下结合布局。所以，互联网保险利用互联网技术将传统保险模式从线下搬到了线上，同时又实现了线上与线下的结合。

三、在线与连接

互联网保险通过与互联网、大数据、区块链、云计算等先进技术相结合，实现了7×24小时的在线和全天候服务。通过在线连接，保险机构不仅能够为消费者提供实时服务，还可以实现实时的运营监控。

互联网保险是具有双向特征的框架体系，其内涵是“互联网+”与“保险+”的融合，其路径是保险线上与线下的结合，其发展诱因包含消费者和金融机构的双向推动，其应用路径和应用范围涵盖了新金融领域和传统金融领域。因此，互联网保险实现了消费者与保险机构的连接、保险机构与监管机构的连接、新金融与传统金融的连接。

四、结构化与非结构性

保险的结构化对于改变消费者的保险认知具有重要作用。对于互联网保险市场而言，目前整个市场杂乱无章，到处充满着无序、零乱、繁杂的信息，市场中鱼龙混杂、良莠不齐，不要说普通的保险消费者，就是专业的保险业界人才也难以从中辨别真伪，无法获取真正有效的信息。这种情况下，整个互联网保险市场也便呈现出非结构化。互联网保险要实现可持续发展，就要对当前市场上杂乱无章的信息进行梳理，使之条理化、系统化、纲领化、层次化，使人一目了然，便于储存和使用。

五、高频与低频

20世纪90年代以前，人们对金融时间序列的研究都是针对日、周、月、季度或者年度数据进行的。这种金融数据由于在时间上跨度大、频率低，在金融计量学研究领域通常被称为低频数据。随着技术的发展，金融市场的数据不再像以前一样呈现出零散的状态，而是呈现出几乎不间断的连续性状态，出现了高频数据。高频数据是指以小时、分钟或秒为采集频率的数据。高频数据即日内数据，是指在开盘时间和收盘时间之间进行抽样获得的交易数据，主要是以小时、分钟甚至秒为抽样频率的时间序列。近年来，随着金融科技的发展，数据记录和存储的成本大大降低，使得对更高频率的金融数据进行研究成为可能。

保险本身是低频产品，互联网保险平台应如何运营以实现高频带动低频？互联网保险经营并不一定非要使用高频数据，但有三类经营活动可以使用高频数据来进行计量：一是对预测精度要求高的用户可以使用高频数据；二是短期测度时可以使用高频数据；三是对成本、时间需求弹性小的用户可以使用高频数据。

六、有序与无序

对互联网保险而言，单个互联网保险产品可能是有序的，但整个互联网保险市场却呈现出无序性。互联网保险，即要运用有序的技术来解决市场的无序竞争和无序行为，纠正整个市场存在的错乱行为，使其回到有序正确的轨道上来。

互联网保险的科学理论

一、保险说

（一）传统保险说

保险思想是人们在长期实践中形成的对应付风险的方式、制度等的认识及保险心理和主张。中国古代的荒政思想与仓储制度，是中国传统的保险思想的起源。在几千年的长期实践中，“养恤说”推动了民间互助共济的实施。在国际上，保险思想最早产生于古巴比伦和古希腊。自保险诞生之日起，逐步形成了保险损失说、保险二元说和保险非损失说。

（1）保险损失说，又称保险损害说，以损失补偿观点作为保险理论的核心来剖析保险补偿机制，主要包括保险损失赔偿说、保险损失分担说和保险风险转嫁说等。

（2）保险二元说，亦称择一说或不能统一说，强调财产保险和人身保险不能作统一的解释，而应分别给予不同的定义，主要包括保险人格说、保险非人格说、保险择一说等。

（3）保险非损失说，是指损失说不能全面概括保险的属性，应摆脱损失的概念，换个角度解释保险，主要包括保险技术说、保险欲望满足说、保险经济确保说、保险金融说等。

（二）有效市场假说

有效市场假说（Efficient Markets Hypothesis，EMH）是由尤金·法玛（Eugene Fama）于1970年提出并深化的。有效市场假说认为，在法律健全、功能良好、透明度高、竞争充分的股票市场，一切有价值的信息都已被及时、准确、充分地反映在股价走势当中，其中包括企业当前和未来的价值，除非存在市场操纵，否则投资者不可能通过分析以往价格获得高于市场平均水平的超额利润。

近年来，依托于大数据、云计算等现代技术，互联网保险呈现出加速发展的态势。互联网保险在创新机制与理念、促进保险市场公平效率等方面发挥了一定的积极作用。比如，进一步推动了普惠保险的发展等。但也要看到，网络技术漏洞、信息不对称以及监管难度升级等因素，也使互联网保险发展存在诸多风险。

根据有效市场假说，我国互联网保险市场目前处于弱式有效阶段，但还远未形成有效市场，效率并不高。互联网保险相较于传统保险具有一定的隐匿性，当行为主体在网络空间中面对“利他”与“利己”的选择时，极易陷入“经济人”与“道德人”的冲突。同时，技术复杂、模式多元、主体分散等因素，使得互联网保险活动的监管难度加大、风险管理复杂。

（三）分形市场假说

分形市场假说（Fractal Market Hypothesis，FMH）是由埃德加·E.彼得斯（Edgar E. Peters）于1991年提出并深化的。该假说从非线性的观点出发，提出了更符合实际的资本市场基本假设，它强调证券市场信息接受程度和投资时间尺度对投资者行为的影响，并认为所有稳定的市场都存在分形结构。

我国互联网保险市场需求具有分形与混沌的特征。基于2011—2020年的数据研究发现，一方面，赫斯特指数（Hurst Exponent）表明在相邻时点的互联网保险需求极有可能是正相关的，“记忆效应”明显，市场需求存在连续上升或者下降的情况，呈现出波动的群聚性，容易引发高风险。另一方面，互联网保险市场拥有维数较高的奇异吸引子（Strange Attractor），并且最大李亚普诺夫指数（Liapunov Exponent）大于零。最为重要的是，依靠已有的市场信息能够比较准确地预测未来5年的需求，但是如果超过这一时间范围，那么互联网保险市场的需求预测将会变得非常不可靠。

互联网保险具有显著的虚拟性，存在交易双方信息不对称等现象，而增进参与个体之间关系和谐稳定、交易公正平等，是促进互联网保险健康发展的重要手段之一，因此需在促进实现金融资源公平方面下功夫。同时，信用是互联网保险的基石，在互联网保险中，诚信准则主要表现为保险信用与道德信用。目前，部分互联网保险平台“长险短做”“短险月缴”“模糊公益与商业边界”等行为向消费者提供了虚假信息，破坏了互联网保险市场的公平有序，导致守信的保险主体利益受损，出现劣币驱逐良币的现象。

二、互联网说

在互联网保险中，个人用户既是出发点也是落脚点；智能终端、互联网、物联网是产业链中的科技基础设施和载体，连接着客户、保险主体和实体产业。互联网保险只是通过互联网技术开展相关保险经营活动的一种经营形式，其本质仍然是保险。首先，互联网保险的基本关系依然是保险公司和保险客户，即保险人与被保险人的关系，这种关系的核心是转移和承担风险；其次，在互联网保险经营中，保险中介参与其中，但是以“代理人”身份参与的；最后，不是所有的保险产品都适合互联网经营，发展互联网保险的关键是“有所为有所不为”。

（一）长尾效应理论

（1）长尾效应。2004年，长尾效应由《连线》总编辑克里斯·安德森提出，用来描述诸如亚马逊公司、Netflix等网站的商业和经济模式，主要指那些原来不受重视的销量小但种类多的产品或服务由于总量巨大，累积起来的总收益超过主流产品的现象。

在互联网领域，长尾效应尤为显著。长尾效应的根本就是强调个性化、客户力量和小利润大市场，也就是将市场细分到很细很小，然后就会发现这些细小市场的累积会带来明显的长尾效应。

长尾效应的提出是互联网发展过程中的一个重要里程碑事件。互联网技术可以打破传统经济学意义上的很多约束，这也为商家们提供了更为广泛的思路。长尾效应是一种理念，一种指导企业自身定位以及战略和战术行为的思维方式。对于如何抓住长尾市场，克里斯·安德森在《长尾理论》一书中提出了三项法则：一是让所有的东西都变得可以获得；二是将价格减半，让它更低；三是帮我找到它！

（2）互联网保险的长尾效应。在通信技术欠发达的年代，保险主要为同城、同社区、同职业的个体所采用，跨地区的保险计划并不常见。随着科技的进步，人类社会进入网络信息时代。互联网有相同保障需求的个体能够跨越地理、时空上的限制汇聚在一起，从而形成全体共识的互联网保险计划。那些原本冷门的、位于需求曲线中尾部的群体都有机会咸鱼翻身，成为被寄予厚望的新的用户增长点。

这是因为在互联网技术被应用于保险业之前，出于人力运营成本的考虑，保险机构倾向于将主要精力投向高净值客户。与高净值客户相比，长尾客户个体拥有及能够支配的资产规模较小，但这部分群体人数众多，资产总量相当可观。在“互联网+保险”模式架构下，保险机构的获客成本、运营成本大幅降低，使长尾客户也能够享受高效率的保险服务。

互联网保险长尾市场发展的主要方向在于互联网思维向互联网保险的渗透，以及随之而来的互联网保险服务理念和模式的巨变。当互联网技术将客户对象推至需求曲线的长尾后，针对长尾客户特性而出现的商业模式，正是互联网保险所要切入的市场。为此，互联网保险需要真正做到平民为王、用户体验至上、规模制胜。同时，由于保险服务也具有长尾的特征，因此互联网保险可以利用互联网技术大幅降低保险服务成本。这两点决定了长尾效应在互联网保险行业中有广泛的应用空间，并会带来深远影响。

（二）去中心化机制

（1）去中心化。去中心化是互联网发展过程中形成的社会关系形态和内容产生形态，是相对于中心化而言的新型网络内容生产过程。去中心化，不是不要中心，而是由节点来自由选择中心、自由决定中心。简单地说，中心化就是中心决定节点。节点必须依赖中心，节点离开了中心就无法生存。而在去中心化系统中，任何人都是一个节点，任何人也都可以成为一个中心。任何中心都不是永久的，而是阶段性的，任何中心对节点都不具有强制性。

（2）互联网保险的去中心化。长期以来，保险业都在以中心化为基础发展；并且随着保险业的发展，保险中介也得到了迅速扩张。实际上保险中介可以看作是一个小中心，它是依靠保险业这个大中心发展起来的。在保险业中，由于保险交易中存在信息不对等、交易费用、匹配效率、规模经济、风险管控等因素，所以保险中介有存在的必要。从互联网保险去中心化的角度来看，只有互联网保险中的各个用户成为互联网保险体系下的中心节点，并完成最终所有的决策、工作，互联网保险才算真正做到去中心化。

三、互联网保险说

互联网保险的精神或文化与互联网一脉相承，同时又遵循互联网和保险的创新规律。换言之，互联网保险的本质是保险，但是其渠道与技术、体制与机制、组织与权利正逐步互联网化。因此，纠缠互联网与保险孰轻孰重并无必要。就目前的情况而言，互联网保险创新多集中在互联网层面，更多的是遵循互联网的创新规律。不过值得注意的是，这种创新已日益触及保险的本质，并将逐步进化为保险互联网。

（一）边际成本理论

增加一单位的产量随即而产生的成本增量称为边际成本。互联网具有边际成本递减乃至趋向于零的特征。对于一个互联网产品来说，服务一个用户的硬件成本与服务两个用户（增加一单位的产量）几乎没有任何区别，因此互联网几乎具有无限制的用户服务能力，其成本主要在于初期投入。早期的互联网行业还存在着较高的初期投入门槛，如今随着云计算技术的普及，其初期投入也日益下降，同时仍然具有保持边际成本递减的能力。边际成本理论可解释以下几种典型的现象：

（1）用户数量优先。互联网这一特征与保险的经营原理有相似之处。保险经营以大数法则为根基，随着有同质风险需求的用户数量逐渐增多，所预测损失发生的概率也会逐渐接近于实际的损失发生率。所以，用户数量越多，互联网保险机构承担的风险就会越低。同时，每增加一个用户，互联网保险的边际成本就会降低一部分，经营也将更稳定一些。因此，用户数量是互联网保险经营的前提。

（2）用户交互优先。与互联网用户交互类似，用户是互联网保险的独特优势。传统保险业务的服务供给是单向的输出过程，从供给端到需求端，很少关注用户的产品与服务需求，缺乏一个逆向的反馈机制。而互联网保险的创新之处就在于用户与组织或用户彼此之间存在畅通的交互机制，当用户产生新的保险需求时，可以通过用户大会向组织反馈，从而使保险机构可以开发满足用户需求的保险产品。同时，用户之间通过组织内部的沟通机制，可以将不同地域的用户集中起来，形成不同的集合，便于互联网保险机构提供有针对性的风险管理服务。

（3）自助服务优先。互联网保险机构理想的“小而精、小而美、小而专”的特征，决定了其需要借助一定的信息技术手段来进行内部管理。互联网保险经营需要扁平化的组织结构，因为只有扁平化才能降低运营成本，如果仅仅依赖于人工，将无法实现互联网保险机构的精简。因此，随着人工智能、大数据、云计算等技术的开发与应用，自助、平等的用户关系将在互联网保险机构内部逐渐形成。从长期来看，运营效率也会有极大提高。

（4）UGC优先。用户原创内容（User Generated Content，UGC）是指用户自行创作的内容，它是用户之间互相服务的一种形式，贴吧、论坛、社交网站都是典型的UGC网站。UGC为互联网保险保持活力提供了条件。基于这个社交平台，一般用户可以不断地进行自我管理、为互联网保险的运行出谋划策、对互联网保险机构进行监督，更好地发挥互联网保险机构治理“民主性”的特征，源源不断地为互联网保险注入新鲜血液。

（5）长尾效应。长尾效应是互联网（包括互联网保险）普惠性的主要经济基础，互联网普惠性的另一经济基础是技术进步带来的核心业务（产品设计与生产）成本的降低。传统的生产模式适用于满足同质化用户需求，可较好地实现规模经济。对于每种个性化、边缘化需求，由于其用户数量偏低，利用传统渠道进行汇集和服务的成本过高，通常不具备可行性。互联网的边际成本递减提供了以低成本汇集大量用户个性化、边缘化需求的可能性，因此互联网经济具有显著的长尾效应，可为被忽视的80%的个性化需求提供相应服务并获得经济利益。长尾效应也是互联网保险业务可以作为弥补传统保险业务运营空白的理论基础。对于传统保险业务不愿涉及的领域，比如小额保险、普惠保险等，互联网保险可以以相对较低的费率满足这一类人群的特殊需求，这与互联网的长尾效应恰好吻合。

（6）场景效应。场景化是互联网保险需要重点关注的领域。保险市场上的场景效应主要是针对产品方面的创新。目前市场上出现了许多针对细分领域的创新型险种，包括手机碎屏险、宠物医疗险等，能够满足许多特定场景下的保险需求。这些保险产品可在对消费群体进行市场细分的基础上，满足某类用户的具体需求，使用户可以针对某一部分进行投保，以较低的费率获得所需的保障。

（二）专业分工理论

专业化分工促进了技术进步和生产效率的提高并产生报酬递增，是人类社会长久以来的普遍现象。制度变迁和组织创新对分工深化有着决定性的影响，而能否实现高水平分工则与交易效率有关。互联网作为一种低成本、大范围的交易渠道，已经被证明可极大地提高交易效率。它正在而且必将继续提高分工水平、深化分工程度，实现更细的分工粒度和更高的专业化水平并使新的分工组织出现。

保险机构本身便是专业化分工的产物。从世界保险的发展历程来看，起初经营风险的单位并不是正规的保险机构，仅仅是面临同质风险的个体组成的互助组织。随着社会化大生产和专业化分工的出现，专业保险机构（包括互联网保险机构）才逐渐出现了。

（三）交易费用理论

交易费用理论由经济学家罗纳德·科斯（Ronald Coase）于1937年在《企业的性质》一文中首次提出。该理论认为，企业和市场是两种可以相互替代的资源配置机制，如果通过市场进行交易的费用很低，人们将直接使用市场来配置资源；反之，如果企业组织劳动分工的交易费用低于市场交易费用，那么人们就会使用企业来配置资源。这里的交易费用是指企业用于寻找交易对象、订立合同、执行交易、洽谈交易、监督交易等方面的费用与支出，主要由搜索成本、谈判成本、签约成本与监督成本构成。

交易费用决定了企业的存在，企业采取不同组织方式的最终目的也是节约交易费用。

随着我国保险业的市场化发展，逐步形成了目前的保险市场格局，部分大型保险公司（集团）占据了绝大多数市场份额，使市场占据了垄断地位。对于公司内部来说，由于分公司、分支机构的大量铺设，人工成本和销售费用上升，造成了市场交易的不经济；同时，由于保险人和投保人之间信息不对称及广泛存在的道德风险，订立合同、执行交易、洽谈交易的成本和费用进一步上升。受市场配置资源的影响，可以提高交易效率、有效降低交易成本的组织形式便会出现，比如互联网保险机构。

（四）新型中介理论

分工细化和去中介化的结果，必然是互联网本身成为金融中介；金融机构的职责可能会转由互联网承担，部分金融服务、金融市场将迁移至互联网。互联网成为金融中介的实质是，由于金融服务的各个环节被拆分，不同的专业化机构承担同一流程或链条上的不同服务，这些服务可被互联网连接，形成丰富的、可快速配置的产品和服务体系。当用户需求被发现后，根据用户需求的特点，各个环节上最适合这一需求的服务将被快速组合，进而产生完整的、个性化的、最佳的产品方案，并将金融交易效率的最优化做到极致。

因此，作为保险中介的互联网，并不是传统保险机构在网络上的简单复制，而是相关服务与资源依据专业化分工和市场交换原则被解构，广泛分布于网络之上，再借助网络进行连接、调配和组合的动态过程，其目的在于着眼个性化需求，打破固定服务机构和单一服务链条导致的不经济，促进各个服务环节的充分市场竞争，从根本上提高保险交易的效率。互联网保险是依靠技术创新、以互联网为媒介，提供“线上+线下”保险服务的一种业态。

（五）数据资产理论

数据即资产的概念在互联网时代到来之前就已经萌芽，并由互联网为其提供真正的发展空间。数据的重要性在于，无论对个人还是企业，都可以根据历史行为对其进行刻画（建模），构建其结构和规律并进行验证，然后依据当前条件进行预测。历史行为的记录就是数据，数据作为资产的核心价值在于预测，成功的预测意味着精确的风险控制、精准的需求满足，将导致产品设计、生产和营销效率的大幅度提升。

高频、密集的线上交互不只是互联网保险降低营销成本的手段，更是其未来的经营之本。如何建立与用户之间的密切联系以便沉淀数据，是当前大部分互联网保险机构应重点考虑的一个创新方向。

四、保险互联网说

连接人与人、连接人与物、连接物与物、连接一切的背后是互联网、物联网、智能网、心智网（Mindnet）的联结。互联网保险就是在适应未来社会复杂性和群体多样性的基础上，构建面向未来的金融网——未来金融网，其中保险互联网将成为重要的“骨干网”。在这个过程中，互联网保险也将走向保险互联网。保险互联网（未来保险网、未来金融网）将出现科技、内容、人文、工程的四岔路口，同时将经历思想革命、精神革命和维度革命三个阶段。

（一）保险互联网1.0：思想革命

保险互联网1.0（未来保险网1.0或未来金融网1.0），是指基于智能网、心智网等技术构建的保险思想网。随着虚拟现实技术（VR、AR、MR）的发展，人类与心智网的关系从“上网”转变为“在线”，并将再进一步发展到“在场”，人们通过使用VR眼镜，可以让一切远在天边的环境都如同近在眼前。人们可以坐在自己家的客厅里，登入保险的VIP服务厅，并且躺在自己家客厅沙发上，体验思想所带来的价值，享受身临其境般的金融服务。到那时，也许这场因为心智网“在场”而兴起的保险场景革命，将在虚拟现实中达到保险思想的终局！

（二）保险互联网2.0：精神革命

保险互联网2.0，是指基于智能网、心智网等技术构建的保险精神网。心智网的核心技术就是超时空连接，超时空连接的技术要点可以被简要地归结为三项：一是思想意识连接；二是可塑造性；三是传播能力。心智网形成这三个技术要点之后，会达到一种精神状态，然后可在保险领域进行大规模应用，从而带领保险互联网进入第二阶段——从保险思想网进化到保险精神网。进入保险精神网阶段的保险互联网，可以让我们像方便、快捷、零成本、全天候、点对点的分发、存储、处理自己的思想一样，形成一种对事务的精神状态，最终在保险互联网上以保险的方式达成交易、完成保障服务等。

（三）保险互联网3.0：维度革命

保险互联网3.0，是指我们在保险思想网与保险精神网的基础上所探讨的保险的未来形态。在工业社会，我们更关注的是保险的时间价值维度；在心智社会，我们关注的是保险的空间价值维度。而随着心智社会的来临、数字化迁徙的完成、虚拟空间的实现、经济结构的比特化，保险的本质属性将在一定程度上被改变。保险互联网的意义并不在于对我们所熟悉的传统保险的优化，而是创造出从零到一的新疆土，即创造出我们目前还没有能力完整想象到的新保险维度。

保险互联网把一个更大的超维世界带给每个人、家庭和组织，并构建形成另外一个更大的、新的、超越人类本能的世界，这是一个走向未来的过程。

第二篇

科技派：洞悉互联网保险新风向

路线图：科技—知识—文明

第四章

互联网保险的科技演变

科学绝不是也永远不会是一本写完了的书。每一项重大成就都会带来新的问题。任何一个发展随着时间的推移都会出现新的严重的困难。

——阿尔伯特·爱因斯坦

人类社会进步唯一的动力就是新技术、新知识与新制度。在信息技术浪潮中，高效企业（或商业模式）对低效企业的替代是不可逆的、不以道德与意志为转移的。

站在新的历史起点上，我们有理由相信，“十四五”期间我国数字化发展将取得更大成就。一是新型基础设施建设将加速铺开，数字化进程将进一步加快，人工智能、量子信息、集成电路等前沿领域将实现新的突破，我国产业链、供应链现代化水平和自主可控性将显著提高；二是第五代移动通信技术（5G）、工业互联网、大数据中心等新兴产业将加速布局落地并同各产业深度融合，推动先进制造业集群深入发展，成为助推我国经济社会高质量发展的新增长引擎；三是互联网普惠力度将进一步加大，公共服务、社会治理等领域的数字化智能化水平将进一步提升，个人信息和国家数据安全将得到进一步保障。

当前，保险公司争相投入行业数字化、智能化的大浪潮之中。在趋势上，互联网保险正在从信息科技的“实验”、数据科技的“分析”走向智能科技的“计算”和心智科技的“心流”。可以看到，互联网保险的技术在演变、知识在进化、文明在演化。

互联网保险背后的十大新技术

一、互联网保险背后的十大新技术

互联网保险不但有先进的价值观，还有强大的武器来为价值观落地保驾护航。近年来，基于新技术的互联网保险业务价值重塑成为保险行业的重要主题。依托大数据、云计算、人工智能等新一代信息技术手段，互联网保险在产品、营销、核保、理赔、客户服务、风险控制等领域的创新优化与价值重塑方面均取得了明显的成效。

根据高德纳（Gartner）技术成熟度曲线（见图4-1）可以看出，技术类初创公司经过波折起伏的过程进行积累与迭代发展，发展成为拥有核心竞争力的有潜力的企业，并在行业大批倒闭的情况下能坚持下来。互联网保险的成功也在于能否抓住技术的变革，不断重塑功能模型。

《Gartner新兴技术成熟度曲线（2020）》显示，不再属于新兴技术炒作周期的技术包括3D感测摄像头、5G、人工智能云服务、AR云、增强智能、4级自动驾驶、5级自动驾驶、生物芯片、去中心化网络、数字运营、边缘人工智能、边缘分析、情绪人工智能、飞行自动驾驶交通工具、图片分析、沉浸式工作区、知识图、轻型货运无人机、低地球轨道卫星系统、拟人化、合成数据和转移学习。结合互联网保险的发展，对于互联网保险来说不再属于新兴技术炒作周期的十大技术如下：

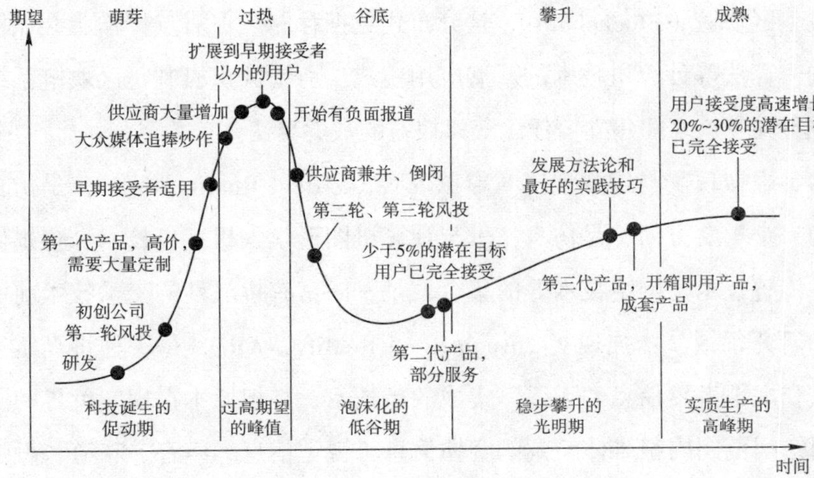

图 4-1　高德纳技术成熟度曲线

（1）大数据与小数据。大数据（Big Data），是指无法在一定时间范围内用常规软件工具进行捕捉、管理和处理的数据集合，是需要新处理模式才能具有更强的决策力、洞察发现力和流程优化能力的海量、高增长率和多样化的信息资产。小数据（Small Data）并不是指数据量小，而是围绕个体的全方位数据及其配套的收集、处理、分析和对外交互的综合系统。小数据又被称为“量化的自我”，目的与大数据相同，提供个体决策的依据。

（2）人工智能与脑科学。人工智能（Artificial Intelligence，AI），是一门融合了计算机科学、统计学、脑神经学和社会科学的前沿综合性学科。它的目标是希望计算机拥有像人一样的智力能力，可以替代人类实现识别、认知、分类和决策等功能。脑科学（Brain Science），狭义来讲就是神经科学，是为了了解神经系统内分子水平、细胞水平、细胞间的变化过程，以及这些过程在中枢功能控制系统内的整合作用而进行的研究。美国神经科学学会给出了一个广义定义，脑科学是研究脑的结构和功能的科学，包括认知神经科学等。

（3）物联网与区块链。物联网（Internet of Things，IoT），是物物相连的互联网，是新一代信息技术的重要组成部分，也是信息化时代的重要发展阶段。区块链（Blockchain），是分布式数据存储、点对点传输、共识机制、加密算法等计算机技术的新型应用模式。所谓共识机制是区块链系统中实现不同节点之间建立信任、获取权益的数学算法。

（4）虚拟现实与增强现实。虚拟现实（Virtual Reality，VR），是仿真技术的一个重要方向，是仿真技术与计算机图形学人机接口技术、多媒体技术、传感技术、网络技术等的集合，是一门富有挑战性的交叉技术前沿学科和研究领域。增强现实（Augmented Reality，AR），是一种将真实世界信息和虚拟世界信息“无缝”集成的新技术，是把原本在现实世界的一定时间空间范围内很难体验到的实体信息（视觉信息、声音、味道、触觉等），通过电脑等科学技术，模拟仿真后再叠加，将虚拟的信息应用到真实世界，被人类感官所感知，从而达到超越现实的感官体验。

（5）机器学习与深度学习。机器学习（Machine Learning，ML），是一门多领域交叉学科，涉及概率论、统计学、逼近论、凸分析、算法复杂度理论等。深度学习（Deep Learning，DL），其概念源于人工神经网络，是通过组合低层特征形成更加抽象的高层表示属性类别或特征，以发现数据的分布式特征表示。

（6）自然语言处理与知识图谱。自然语言处理（Natural Language Processing，NLP），是一门融语言学、计算机科学、数学于一体的科学，主要应用于机器翻译、舆情监测、自动摘要、观点提取、文本分类、问题回答、文本语义对比、语音识别、中文OCR等方面。知识图谱（Knowledge Graph/Vault），又称为科学知识图谱，在图书情报界称为知识领域可视化或知识领域映射地图，是显示知识发展进程与结构关系的一系列各种不同的图形，用可视化技术描述知识资源及其载体，挖掘、分析、构建、绘制和显示知识及它们之间的相互联系。

（7）移动计算与云计算。移动计算（Mobile Computing），是随着移动通信、互联网、数据库、分布式计算等技术的发展而兴起的新技术。移动计算技术将使计算机或其他信息智能终端设备在无线环境下实现数据传输及资源共享。云计算（Cloud Computing），是分布式计算的一种，是通过网络云将巨大的数据计算处理程序分解成无数个小程序，然后通过多部服务器组成的系统处理和分析这些小程序得到结果并返回给用户。

（8）量子信息与量子计算。量子信息（Quantum Information），是量子力学中关于量子系统状态所带有的物理信息。量子系统的各种相干特性（如量子并行、量子纠缠和量子不可克隆等），进行计算、编码和信息传输的全新信息方式。量子计算（Quantum Computation），是一种遵循量子力学规律，调控量子信息单元进行计算的新型计算模式。

（9）密码学技术与生物识别技术。密码学（Cryptology），是研究编制密码和破译密码的技术科学。其中，研究密码变化的客观规律，并应用于编制密码以保守通信秘密的，称为编码学；应用于破译密码以获取通信情报的，称为破译学，总称密码学。生物识别技术（Biometric Technique），就是通过计算机与光学、声学、生物传感器和生物统计学原理等高科技手段密切结合，利用人体固有的生理特性（如指纹、脸像、虹膜等）和行为特征（如笔迹、声音、步态等）来进行个人身份的鉴定。

（10）其他相关技术。应用程序接口（API），又称为应用编程接口，就是软件系统不同组成部分衔接的约定，促进了与其他系统的信息和数据交互。API允许互操作性，确保不同的软件程序可以相互通信。自动驾驶汽车（Autonomous Vehicles；Self-driving Automobile），又称无人驾驶汽车、电脑驾驶汽车或轮式移动机器人，是一种通过电脑系统实现无人驾驶的智能汽车。

二、重新构建互联网保险功能模型

随着技术的发展，互联网保险要基于漏斗模型（是指呈现的是一种由上至下逐渐减少趋势的模型，模型的关键是漏斗的特性，不在于

"收"，而在于"漏"）重新打造新的功能模型，以应对技术变革对互联网保险的影响，强化技术创新在互联网保险价值创造中的作用，如图4-2所示。

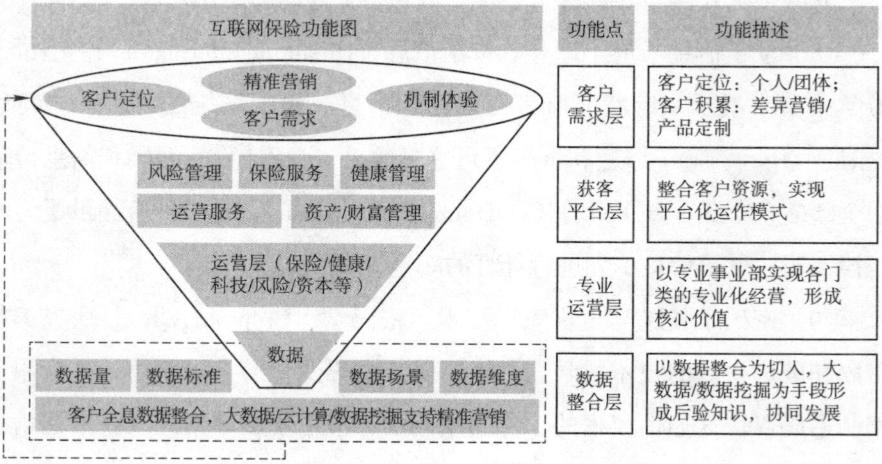

图4-2　互联网保险的新功能模型（框架）

通过图4-2~图4-6可以看出，该功能模型包含四个层面，分别是客户需求层、获客平台层、专业运营层、数据整合层。具体到每一个层面，也是一个新功能模型，这些都是为了搭建互联网保险面向新技术所需要的生态环境。

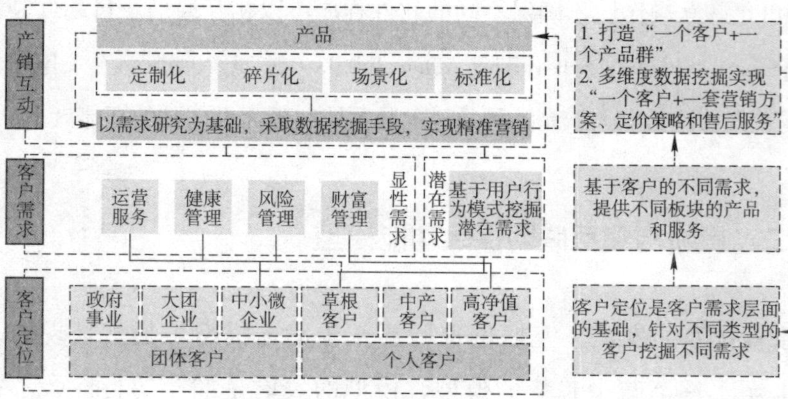

图4-3　互联网保险的新功能模型（客户需求层）

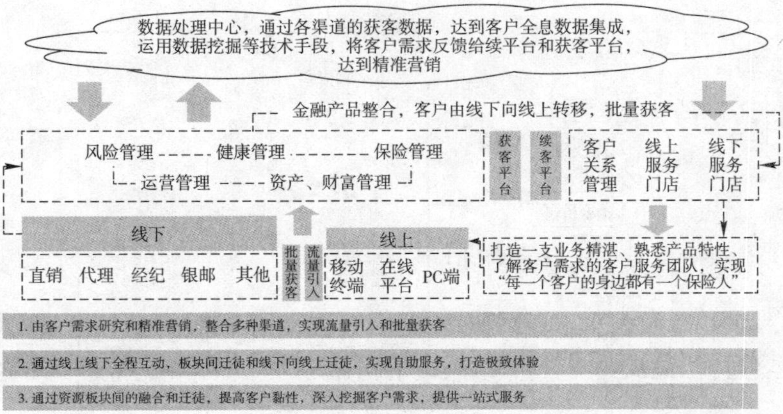

图 4-4　互联网保险的新功能模型（获客平台层）

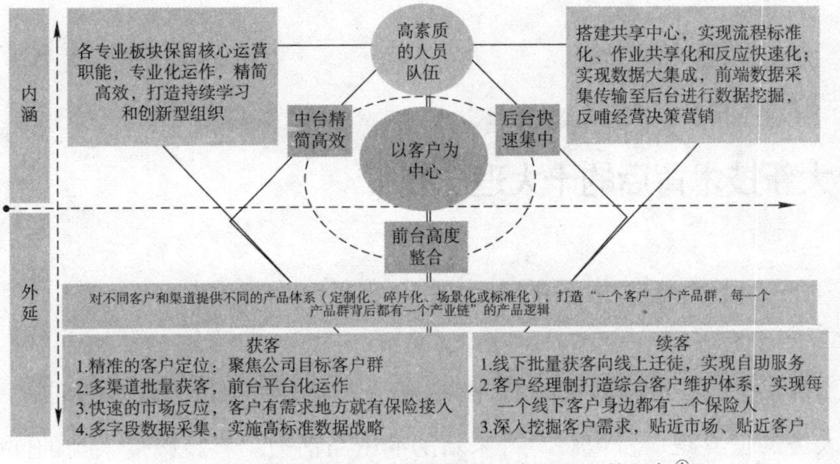

图 4-5　互联网保险的新功能模型（专业运营层）[①]

技术每天都在发生变化，互联网保险所需要的功能模型也发生了变化，如果我们不能正视这个问题，其本质就是理念的过时。所以，十大新技术反应在互联网保险新功能模型上，其背后实际上是互联网保险理念的变革。

① 参照奥纬咨询、众安保险发布的《科技彰显价值，保险未来已来》整理。

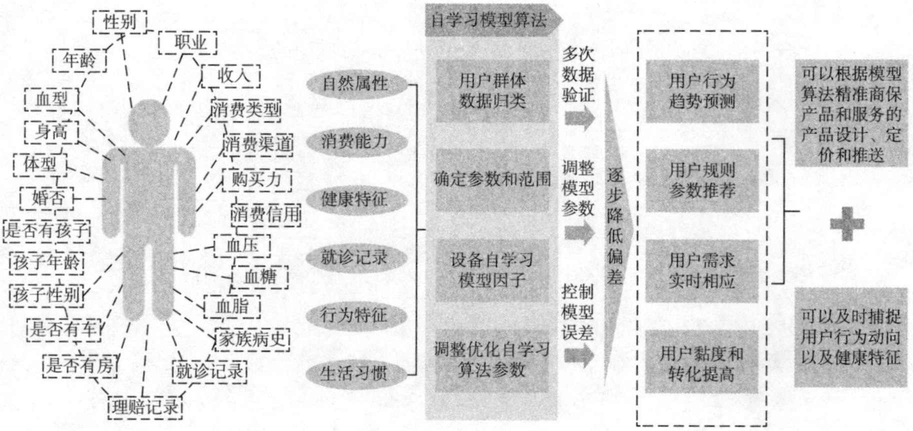

图 4-6　互联网保险的新功能模型（数据整合层）

十大新技术背后的十大理念变革

一、十大新技术下的十大理念变革

现代科技在潜移默化的发展中，给人类社会带来巨大进步的同时，也给人类的世界观、价值观等带来新的冲击与活力。科技改变人类的同时，人类也在改变着科技，二者相辅相成，相互促进，相互发展。当前科技已经渗透到经济社会各个领域，极大提升了人类认识和改造世界的能力。

新科技下的新理念，是人类对新科技自身及其与经济社会各领域各方面相互关系的理性思考和规律认识，大致可分为三个层面：工具层面，立足新科技的功能，主要是如何运用、管理、发展新科技，通过新科技获得更多经济和社会效益等；结构层面，立足新科技的影响，主要是如何推动新科技与其他事物关联、互动、融合，从而调整和优化政治经济社会格局等；价值层面，立足新科技的本质，主要是考察新科技发展的价值取向及其对人类思想和人类文明的影响等。

科技的进步改变了当前的社会发展结构，使其呈现信息化、智能化。科技和人类的关系就像鱼和水的关系，相互促进，谁也离不开谁。没有单方面的影响，只有相互合作的双赢，科技是人类发展的产物，人类是科技发展的载体。如鱼得水，如虎添翼，是当前和未来人类和科技之间最和谐的关系。由于信息是人类社会的一类重要属性，我们对信息传递、呈现和处理方式的改造使得一切可被捕获、使用的信息源源不断地涌向互联网。互联网企业在处理、利用这些信息，实现自身商业价值的同时，打造了独特的商业模式，形成了互联网商业逻辑。这个逻辑包括：

（1）关注海量用户。相比较而言，互联网应用普遍收费低廉，用户数量是互联网企业取得高额营收的关键，也是支撑绝大部分互联网商业模式的基础。

（2）关注个性化需求。信息创建和传播成本的降低、产品供应的丰富，使得用户享有充分的选择权，甚至变得更加挑剔，唯有符合用户个性化需求的服务方能得到用户的认可。

（3）关注长尾市场。“海量用户+个性化需求”构成了长尾市场，大量的互联网企业事实上都在长尾市场中服务用户、发掘自身的商业价值。对长尾市场问题的创造性解决，是互联网企业对于经济和商业的一大贡献。

（4）重视创新。相对于工业时代重点关注的头部市场，长尾市场的用户获取与服务成本较高，企业必须通过持续创新才能降低个性化服务的成本、成功吸引海量用户，实现可持续发展。

（5）不惧风险。由于海量用户的个性化需求并不容易把握，互联网企业随时存在失败的危险，这就需要相关从业人员具备顽强的抗风险能力，资本市场也为此做出特别设计，即以天使投资、孵化器、风险投资等形式鼓励人们进行开拓性尝试。

（6）重视用户体验。海量用户的高频访问，是互联网企业获取高额营收的关键，良好的用户体验有利于用户的持续、重复访问，是互联网应用获取用户的头道门槛。

（7）重视市场潜力。高风险必然要求高回报，互联网企业一般不重视初期收益，而更关注市场容量和市场潜力，不惜投入巨大成本以创造并占领爆发性增长的市场。

（8）重视新增市场即蓝海市场。长尾市场大都处于重视二八法则的传统企业视线之外，互联网企业普遍通过新增市场的开发捕获海量用户，然后携海量用户的口碑逆袭头部市场，实现对传统行业的颠覆。

（9）重视开放性。如前所述，这是Web 1.0至Web 4.0带来的一条新思维。大大小小的互联网企业都已经认识到，要满足海量用户的个性化需求，单靠一己之力远远不够。而打造一个平台式生态，多方合力共同把市场做大，既能更好地服务用户，也能形成稳固的利益共同体，在竞争中保持优势地位。

（10）关注草根群体。对用户数和市场爆发潜力的重视使得许多互联网企业能够对所有用户一视同仁，甚至把自己的商业模式构建于兼济天下的心态之上，这是互联网精神的一个典型体现。

新理念与传统经济的结合，诞生了电子商务、新媒体、网络娱乐、在线教育、共享经济、直播带货等诸多新兴行业，这些新行业携技术与理念的双重优势，正持续侵蚀乃至颠覆传统行业，已在很大程度上改变了全球经济的风貌，也渐变着互联网保险的业态和运行模式。

二、重新打造互联网保险运营模型

随着新科技的发展，特别是数字化进程的深入和信息化时代的降临，互联网由电子信息交换网络升级为全民交流与社会经济活动的纽带，新型技术和应用在互联网上涌现，Web 4.0、云计算、大数据、人工智能、区块链、移动互联网等是其中的典型代表。这些技术简化了互联网的使用门槛，强化了整个社会与互联网的连接与融合。同时，这些新技术和新理念将推动互联网保险的数字化进程，重新打造互联网保险的运营模型。

随着数字化时代的到来，传统风险点已经开始发生变化，网络安全、数据安全等成为新兴的风险源，互联网保险除了理解数字化时代未来的风险点之外，还要抓住数字化机遇在互联网保险价值链中的涌现。数字化已经成为互联网保险的主流。互联网保险需要在数字化领域中进行探索，如图4–7所示。

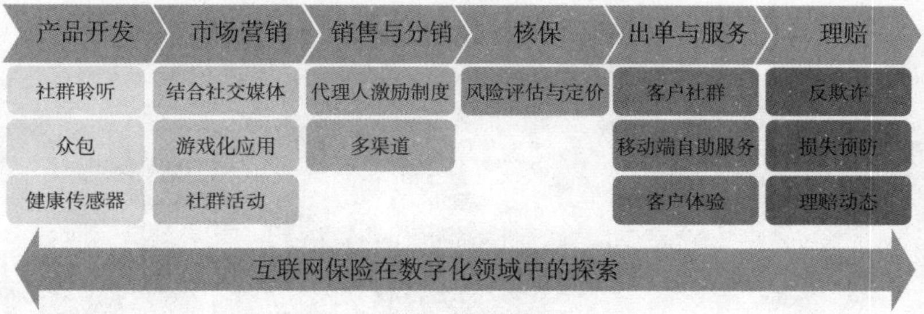

图 4–7　互联网保险的新运营模型（价值链）

根据图4–7可以看出，互联网保险在数字化领域的探索要抓住互联网用户需求对保险价值链的重塑：关键能力要求主要体现在优质客户体验、完善的风险控制和高效、便利的系统/工具（见图4–8）；好的体验需要在承保环节减少客户的沟通成本，快速完成作业（见图4–9）；还需要在理赔端满足客户对方便快捷及服务的诉求（见图4–10）。

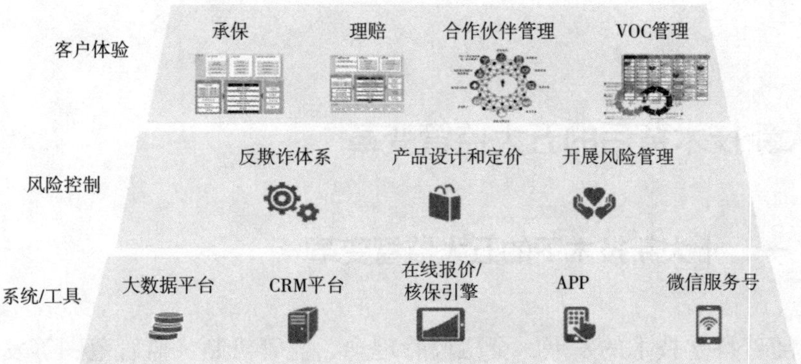

图 4–8　互联网保险的新运营模型（模型框架）

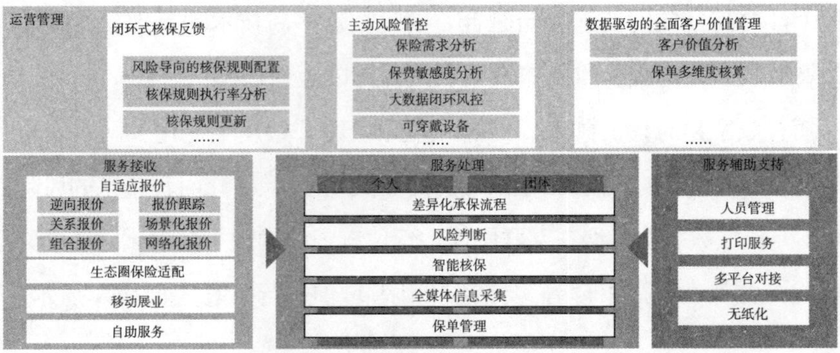

图 4-9　互联网保险的新运营模型（承保端）

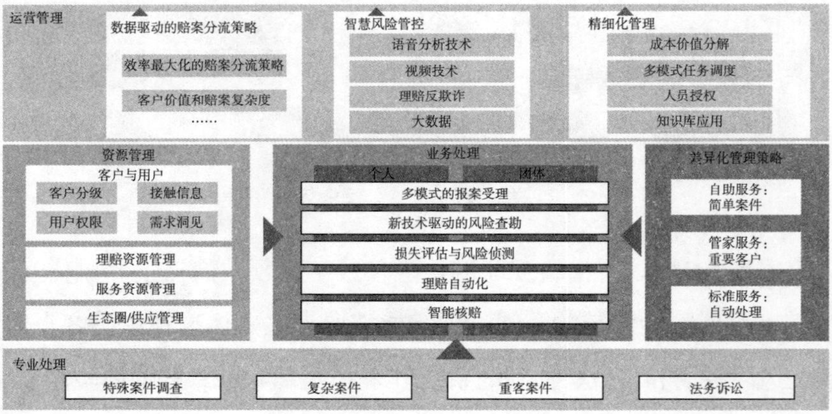

图 4-10　互联网保险的新运营模型（理赔端）

十大新技术背后的五大监管变革

一、十大新技术下的五大监管变革

随着科学技术的发展，金融监管理念、监管机制、监管范围等发生很大变化，呈现出多元化和技术导向趋势。相应的互联网保险的监管方式也在发生变化，大致的变革路径经历了报告法、实验法、几何法、分析法和计算法。

（一）报告法（工业技术时代）

在计算机技术尚不发达的工业技术时代，监管机构对金融机构的监管可以统称为报告法，即政府不直接监督金融业的经营，而是只规定各金融企业必须依照政府金融监管规定的格式及内容定期将经营结果呈报政府主管机关予以公告，至于金融业的组织形式、金融企业的规范、金融资金的运用，都由金融企业自我管理，政府不对其多加干预。

报告法监管的内容包括公告财务报表、最低资本金与保证金规定、偿付能力标准规定等。在报告法监管下，金融机构经营的好坏由其自身及一般大众自行判断，这种将政府和大众结合起来的监管方式，有利于金融机构在较为宽松的市场环境中自由发展。但是，这种监管方式过于宽松，无法发挥监管对于金融市场发展的重要规范作用；而且由于信息不对称，公众很难评判金融机构经营的优劣，对金融机构的不正当经营也无能为力。

（二）实验法（信息技术时代）

步入信息时代后，出现了一系列激励相容的监管新方案，我们统称为实验法。主要监管内容：监管当局设定一个测试期，金融主体在测试初期向监管当局承诺其资本水平，为该期间内可能出现的损失做准备；在整个期间内，只要累积损失超过承诺水平，监管当局就对其进行惩罚，如交纳额外资本费给监管机构。

（三）几何法（数据科技时代）

到了数据科技时代，无论是被监管机构还是监管机构对数据的依赖程度都在不断加强，监管机构为各项监管指标设定了阈值；同时，对金融机构的数据处理能力也提出了新要求。比如，巴塞尔银行监管委员会（BCBS）提出了有效风险数据聚合和风险报告原则（BCBS 239），规定全球系统重要性银行（G-SIBs）的风险数据需要满足精确性、完整性、实时性和适合性等要求。

（四）分析法（智能科技时代）

在智能科技时代，人工智能的应用将达到空前发达的程度。人们掌握了可以获得并处理大量交易信息、客户信息等高维数据的能力，从而使监管也更加精准。同时，高度依赖于大量数据的获取。与数据科技时代不同的是，由客户身份识别（KYC）、市场行为监控等构成的分析法监管科技，其对信息的处理分析均可在人的监督之下，由智能机器代为完成，因而信息利用程度大大提升，时间大大缩短，成本大大缩小。

（五）计算法（心智科技时代）

生产力的发展推动了时代的向前发展，而科技水平的进步决定了金融监管方法越来越由定性转为定量，由静态转向动态以及新监管方式的诞生。按照金融的定义，金融监管必须以市场法则为依据，以市场激励的方式来确立市场秩序。一个有效的金融监管体系应当是与时代相贴合的，随着一个国家的要素禀赋结构、法律环境、企业规模、资金需求等金融环境不断变化而变化，依据金融系统中存在的问题对症下药。

总而言之，无论时代如何，监管方法如何演变，监管的中心思想不会变。一是准确确定由市场失灵造成的问题和风险，区分重大市场失灵和潜在市场失灵，分别用不同的方式予以解决；二是不断发展选择性的方法替代命令式的监管方法，金融监管不应是经济主体的枷锁和桎梏，而是实现社会利益最大化的工具。

二、重新规划互联网保险合规模型

互联网保险合规模型（监管科技，RegTech）是在保险与科技更加紧密结合的背景下，以数据为核心驱动，以云计算、人工智能、区块链等新技术为依托，以更高效的合规和更有效的监管为价值导向的解决方案。在具体表现形态上，互联网保险合规模型（监管科技）有两大分支：运用于监管端的监管科技（SupTech）和运用于互联网保险机构合规端的监管科技（CompTech）。

（1）互联网保险合规模型在监管端的运用可以分为数据收集和数据分析等两大方面（见图4-11）。数据收集过程中可以形成报告（自动化报告、实时检测报告），进行数据管理（数据整合、数据确认、数据可视化、云计算大数据），以及通过虚拟助手采集消费者、被监管机构相关信息并进行交流。数据分析具体运用于四个方面，包括实时市场监管、不端行为检测分析、微观审慎监管和宏观审慎监管。

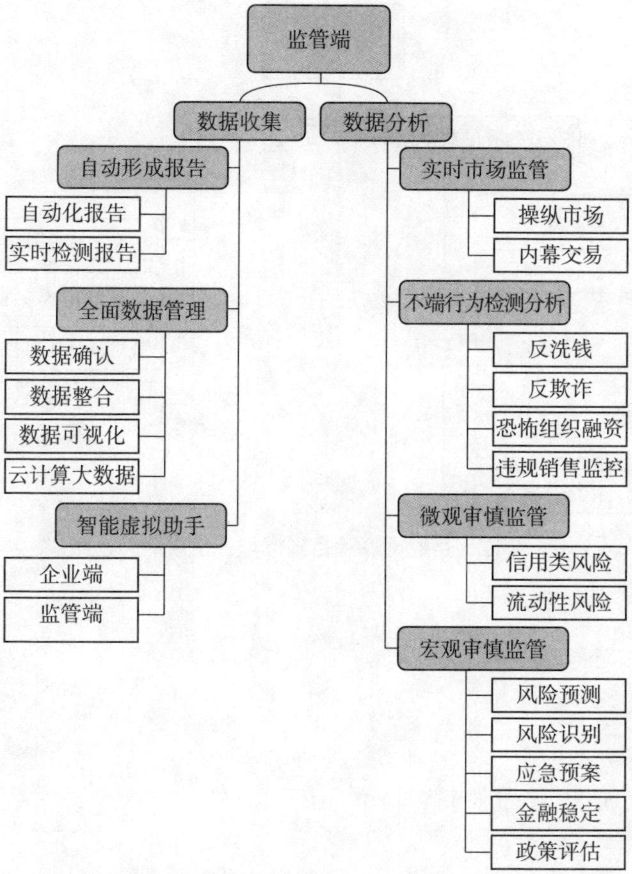

图 4-11　互联网保险合规模型在监管端的运用

（2）互联网保险合规模型在合规端的科技运用可以分为监管内容的数字化、数据识别与分析应用、数据加密和传输技术等三个方面（见图4-12）。CompTech的基本路径是，金融机构端与监管端以数字化的方式互相连通；机构端可以从监管端获取数字化的监管要求并准确转化为内部约束，确保机构和业务实时合规；机构端能够实时向监管端传输数据，动态形成各种合规报告，减少人工干预，提高准确度。要实现上述意图，合规科技的主要着力点包括数字化、数据的识别与分析运用和数据加密与传输技术。

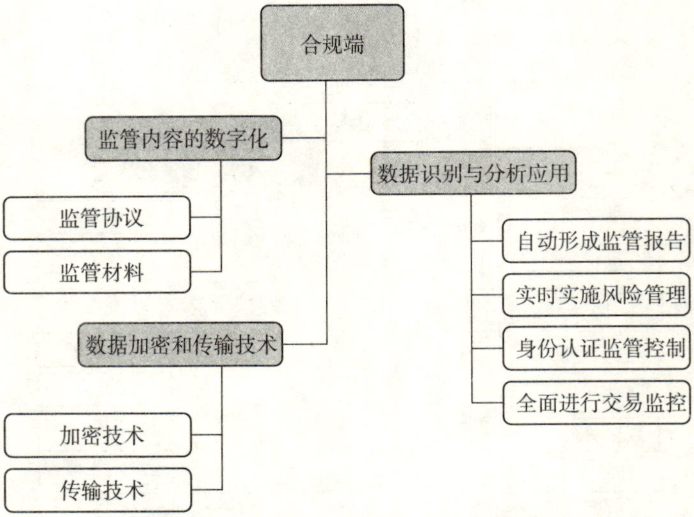

图4-12　互联网保险合规模型在合规端的运用

第五章
互联网保险的知识进化

过去、现在和未来的区别只是执着的幻觉。

——阿尔伯特·爱因斯坦

“就在此时此刻，东西方意识形态的对立使全世界陷入了恐慌，地球上每一个角落的人们都背负着各自的历史积怨……即使这无穷尽的对抗中有一些似乎的确是基于现实的利益冲突，我们仍怀疑，大部分对抗是幻想中的恐惧的产物。然而，虚构的恐惧能够造成真实的痛苦。”现代个性心理学创始人高尔顿·威拉德·奥尔波特（Gordon Willard Allport）教授以这段话开启了他的著作《偏见的本质》。这本书诞生于意识形态激烈对抗的20世纪50年代。70年过去了，人们的偏见与对抗更少了吗？

互联网曾给我们制造了一个信息海洋，但如今的算法却编织了一个个“信息茧房”。在自己的“信息茧房”中，每个人看自己想看的，听自己想听的，宛如“回音壁”一样不断地重复那些悦耳的声音。然而，长期沉溺于这种舒适状态终将付出沉重的代价：偏见、撕裂与群氓。

互联网巨头是大数据时代的恶龙，大数据媒体制造了一个个信息茧房。每个人都生活在自己的回音壁中，不断地强化自己的意识形态。头条、抖音、B站甚至网易、新浪都采用流量分发模式，都通过算法识别用户的喜好并根据这些来推送文章。简单来说，你看到的信息是你想看到的，也是恶龙想给你看的。结果，你我都在刷头条，两人却生活在不同的平行世界：愈加封闭，愈加自我，愈加偏执，愈加无知，愈加群氓。

外滩演讲之前，马云一直被互联网媒体捧在神坛之上，马氏鸡汤流传于江湖。这就是阿里对互联网媒体的掌控力。那次演讲后，风云突变，马云被教育了："没有所谓的马云时代，只有时代中的马云。"

同样，没有所谓的互联网保险，只有互联网中的保险和保险中的互联网。面对爆炸的互联网新经济，我们迎来的却是纠结的互联网新保险，原因在于我们对互联网保险新风口（保险互联网）的未知。

互联网保险的十大新知识

一、互联网知识的进化

万维网（World Wide Web，Web），可以说是互联网的代名词，也是互联网的核心部分，因为人们正是通过Web网站来进行社会互联的。目前为止，万维网经历了Web 1.0到Web 4.0的发展，可以预见它将走向Web 5.0和Web 6.0，从最初的商业用途（把企业信息搬上网络）、综合信息搜索到博客平台的自我展示、互动发展，整个历程可谓欣欣向荣，一步一个台阶。

（1）Web 1.0：信息共享。Web1.0时代是一个群雄并起、逐鹿网络的时代，虽然各个网站采用的手段和方法不同，但第一代互联网有诸多共同的特征，表现在技术创新主导模式、基于点击流量的盈利共通点、门户合流、明晰的主营兼营产业结构、动态网站等方面。

（2）Web 2.0：信息共建。Web 2.0是相对于Web 1.0的新时代，是指一个利用Web的平台，一个由用户主导而生成的内容互联网产品模式，为了区别于传统的由网站雇员主导生成的内容而将其定义为Web 2.0。Web 2.0是一个新的时代。抛开纷繁芜杂的Web 2.0现象，将其放到科技发展与社会变革的大视野下来看，可以说它是信息技术发展引发网络革命所带来的面向未来、以人为本的创新Web 2.0模式在互联网领域的典型体现，是对由专业人员织网到所有用户参与织网的创新民主化进程的生动诠释。

（3）Web 3.0：知识传承。计算机是人类的意识外化，其每一点进步，都必然聚合更多人的智慧。集聚人类智慧为人类共享，是计算机科学技术的内在本质。在Web 3.0里，我们不仅要消灭陷阱病毒，剔除垃圾信息，更要有序化、系统化整个Web世界，以全Web资源为基础建设出一座“Web图书馆”，实现人类自身的“知识传承”。Web知识界系统产品，就是这样一个实现人类自身知识传承的Web 3.0系统。即时性是其主要特性，这里的即时性是指学堂里老师教学生的即时性，因此即时通信（IM）系统是知识界的技术平台。

（4）Web 4.0：知识分配。在Web 3.0里，人类可以随心所欲地获取各种知识，当然这些知识都是先贤们即时贡献出来的。但人们并不知道自己应该获取怎样的知识，即自己适合学习哪些知识。比如一个10岁的孩子想在20岁的时候成为核物理学家，那么他应该怎样学习知识呢？这些问题就是Web 4.0的核心——知识分配系统所要解决的问题。Web 4.0就是人人平等的网络时代，同时将实现自由人的自由联合。

（5）Web 5.0：知识工程。Web 5.0也被称为语用网（Pragmatic Web），每一台计算设备里都有一个语用单元典，记录着其可以支持的软件模块及其协作的消息，表明了其可以理解的语用范围。Web 5.0将是一个新的互联网王国，这个王国不再以地域和疆界进行划分，而是以兴趣、语言、主题、职业、专业进行聚集和管理。

（6）Web 6.0：知识革命。Web 6.0，本质上不是单纯的互联网技术或衍生思想，而是在互联网、物联网、智能网基础上发展形成的心智网（Mindnet），这是一种全新模式，是一种即将改变世界的新的物理模式。在Web 6.0里每个人都有调动自己感官的无限权力，可以用自己的五官去重新发现世界，从而改变世界。

二、互联网保险的十大新知识

（1）长尾效应，是互联网（包括互联网保险）普惠性的主要经济基础，它的另一经济基础是技术进步带来的核心业务（产品设计与生产）成本的降低。传统的生产模式适用于满足同质化用户需求，可较好地实现规模经济。对于每种个性化、边缘化需求，其用户数量偏低，利用传统渠道进行汇集和服务的成本过高，通常不具备可行性。互联网的边际成本递减提供了以低成本汇集大量用户个性化、边缘化需求的可能性，因此互联网经济具有显著的长尾效应，可为被忽视的80%的个性化需求提供服务并获得经济利益。

（2）墨菲定律（Murphy's Law），是指如果有两种或两种以上的方式去做某件事情，而其中一种选择方式将导致灾难，则必定有人会做出这种选择。也就是说，坏的结果必定会发生。墨菲定律、帕金森定律（Parkinson's Law）、彼得原理（The Peter Principle）被并称为20世纪西方文化中最杰出的三大发现。

（3）马太效应（Matthew Effect），是指强者愈强、弱者愈弱，好的愈好、坏的愈坏，多的愈多、少的愈少的现象。这一原理被广泛应用于社会心理学、教育、金融以及科学等众多领域。

（4）羊群效应（Herd Effect），是指人们经常受到多数人影响，从而跟从大众的思想或行为，也被称为从众效应。人们会追随大众所同意的，默认否定自己的意见，且不会主动思考事件的意义。

（5）鲇鱼效应（The Catfish Effect）。鲇鱼在搅动小鱼生存环境的同时，也激活了小鱼的求生能力。鲇鱼效应是指采取一种手段或措施，刺激一些企业活跃起来投入市场中积极参与竞争，从而激活市场中的同行业企业。

（6）沸水理论（Boiling Water Theory）。水煮沸后，看上去热气腾腾，但水的总量不会增加，而且需要供热成本。为了维持一个看上去热腾腾的活跃度，需要不断添柴、加火，这些供暖成本很高，而由此产生的热气却无法增加额外的水量，那么还要煮沸它做什么呢？在网络上，很多人不择手段地去追求用户的活跃度，却不考虑活跃度到底能带来什么收益。当我们看到一群人的活跃度是个漂亮数字的时候，应该去看看每个人活跃的背后到底意味着什么价值。

（7）蝴蝶效应（Butterfly Effect），是指在一个动力系统中，初始条件下微小的变化能带动整个系统的长期的巨大的连锁反应，这是一种混沌现象。任何事物发展均存在定数与变数，事物在发展过程中的发展轨迹有规律可循，同时也存在不可测的变数，往往还会适得其反。一个微小的变化也能影响事物的发展，说明事物的发展具有复杂性。

（8）霍桑效应（Hawthorne Effect），指那些意识到自己正在被别人观察的个人具有改变自己行为的倾向；在行为田野实验（Field Experiment）中，表现为研究对象意识到自己正在被研究，而表现出方法上的人为效应。这种意识导致他们对于数据收集过程这一社会条件做出反应，而不是对研究者试图研究的实验处理做出反应。

（9）鳄鱼效应（Alligator Principle），这是经济学交易技术法则之一，也叫鳄鱼法则。假定一只鳄鱼咬住你的脚，如果你用手去试图挣脱你的脚，鳄鱼便会同时咬住你的脚与手。你越挣扎，被咬住得就越多。所以，万一鳄鱼咬住你的脚，你唯一的办法就是牺牲一只脚。

（10）其他知识。除了前面介绍的一些效应理论之外，我们还要关注一些新知识。

囚徒困境（Prisoner's Dilemma），是指两个被捕的囚徒之间的一种特殊博弈，说明为什么甚至在合作对双方都有利时，保持合作也是困难的；囚徒困境是博弈论的非零和博弈中具代表性的例子，反映个人最佳选择并非团体最佳选择。

社交蒸发冷却效应（Evaporative Cooling of Group Beliefs），是指在社交团体中，成员的价值跟液体的温度类似，当温度最高的液体蒸发变成气体时（价值最高的成员离开社团），剩下的液体的平均温度就会下降（社团的平均价值会进一步降低）。

幸存者偏差（Survivorship Bias），驳斥的是一种常见的逻辑谬误（是谬误而不是偏差），这个被驳斥的逻辑谬误是指只能看到经过某种筛选而产生的结果，而没有意识到筛选的过程，因此忽略了被筛选掉的关键信息，又被称为沉默的数据等。

媒介时间（Media Time），以媒介作为技术手段和内容呈现两方面对时间进行考量，它包含双层含义：一是对于时间判断的媒介化，即媒介化时间；二是媒介对于时间资源的开发与利用，即时间化媒介。互联网不仅使得人们的时间感知与时间观发生了变化，也从时间维度促成了人们的行为变化。移动互联网应用更是加剧了这些变化。以往媒体所塑造的统一的时间轴以及时间使用的统一模式正在被打破，人们开始在媒介空间建构自己的时间轴，媒介时间使用也更为个性化。时间在不同的空间中投射出不同的时间轴，人们在多种时间坐标的交叠中感知着多重时间，因此，人们的时间策略、行为与记忆也变得更为错杂。

视频化生存（Video Living），直接取材于现实生活，即使缺乏文字表达能力的普通人，也容易凭借视频产生存在感。视频让人们现身的机会大大增加，使虚拟的ID变成了活生生的人，令存在感来得快速直接，让人们有更多机会被他人看见、关注，进入他人的生活，甚至对他人产生影响。视频化生存，不仅意味着人们以视频这样一种符号方式存在与互动，也意味着人们日常生活的媒介化。视频成为一种粘连生活与媒介的界面，同时影响着人们的现实生存与媒介表达。现实生活和视频化生活也在相互影响、相向流动，它们之间的界限不断模糊。视频化互动带来的陪伴，也是视频化生存的一种重要方式。对于视频直播的使用者来说，直播也是典型的视频化生存，甚至造就了个人的媒介事件。对于一些用户来说，视频化生存还将进阶为艺术创作。

社群经济（Community Economy），是指互联网时代，一群有共同兴趣、认知、价值观的用户抱成团，发生群蜂效应，在一起互动、交流、协作、感染，对产品品牌本身产生反哺的价值关系。这是一种建立在产品与粉丝群体之间的“情感信任+价值反哺”，共同作用形成的自运转、自循环的范围经济系统。产品与消费者之间不再是单纯功能上的连接。消费者开始依附产品功能之外的灵魂性的东西，诸如口碑、文化、格调、魅力人格等，从而建立情感上的无缝信任。

信息茧房（Information Cocoons），是指人们关注的信息领域会习惯性地被自己的兴趣所引导，从而将自己的生活桎梏于像蚕茧一般的茧房中的现象。信息茧房问题虽然因个性化推荐算法等技术的发展而日益成为研究热点，但它所指向的人们的选择性心理带来的信息视野狭窄以及观点、立场固化等，并非新的现象。从新媒体传播来看，人们的视野与其获取信息的途径以及相关的信息过滤机制相关，社交网络、平台、算法等都有可能在一定程度上固化人们的信息获取途径、强化人们的选择性心理。信息茧房的形成，是多种因素共同作用的结果。

网络圈层化（Network Layering）。近年来，人们越来越关注网络带来的人群分化，圈层化这一提法也开始出现。但圈与层是两种不同的分化方向，有着不同的分化逻辑。网络中的圈子既包括以社会资本维系的关系圈子，也包括文化、技术等动因带来的新型圈子。网络中大大小小、各种类型的圈子，常会形成相对封闭、自主的小世界，有些亚文化圈子甚至有文化上的壁垒，人们轻易不会出圈。抱团取暖、内外有别的特质，也会带来圈子之间的某些隔阂甚至摩擦。网络中的圈子往往是人们主动谋求的一种社会关系，但层级的形成，则具有一定的被动性。层级这个词意味着，不同人群间不仅有差异与区隔，更有高低落差。网络中的“层”，既来源于现实的社会阶层，又与网络中的各种因素相关。不同的网络层级间，也存在利益诉求、经济资本、社会资本、文化资本、话语权等方面的差异，不同层级间有时也存在着对抗、竞争等关系。

互联网知识在不断进化，每天都在出现新知识，如人机协同、知识付费、虚拟偶像、文化折扣、内容科技、情感体验等，本书不再一一列举。

十大新知识背后的十大保险变局

一、互联网保险与金融变局

保险是一种舶来品。尽管文献记载的中国保险有200多年的历史，但其真正作为国家经济社会中的一种损失补偿机制，成为人生过程中的生、老、病、死、残的一种健康管理方式，则是改革开放后的事情，实践经验的时间为40多年。

保险市场发展初期，西方的商业保险理论为我们打开视野，使我们懂得一些保险的基本知识和基本技能，但鉴于中国国情的特殊性，这样的保险理论和知识无法满足建立国家保险制度的需要。随着党的十九大明确了继续全面对外开放和深化改革的目标，实现高质量发展成为重要战略，保险业的发展也将进入全面深化改革时期，这意味着过去的发展和经营管理模式难以为继，不改革，不创新就可能被时代淘汰。创新，更多表现为本质和根本创新，修修补补的创新往往无济于事；改革，更加迫在眉睫，直接关系到公司的生死存亡，刻不容缓，时不我待。

同时，知识经济、数字经济和科技发展赋予了这个时代以全新的内涵，使得互联网保险发展模式出现全新的内涵和形态，挑战了传统保险的经营、管理和发展能力，出现迭代发展的特征，更重要的是这种挑战不仅来自行业内部，更来自行业外部，使市场格局和竞争更加复杂。

面对社会、经济、思想和科技的变化，保险业要审时度势，重新思考保险的内涵和外延，思考保险的功能和定位，特别是要立足于“科技+制度+管理+服务”模式下的互联网保险。同时，保险公司要思考在新发展时代下的新起点、新使命、新战略、新动力和新愿景。

二、重新认识保险的十大问题

（一）保险的国情问题

保险的国情问题，是指保险与中国传统文明融合并完善自身结构的问题。《周易》里讲，“孤阳不生，孤阴不长”，一条腿走路总是不稳，只有阴阳平衡、物质与精神齐头并进，才是长久之道，企业及从业人员才能走得久，行得远。习近平总书记强调，一个国家的治理体系和治理能力是与这个国家的历史传承和文化传统密切相关的，解决中国的问题只能在中国大地上探寻适合自己的道路和办法。对于保险业，就要从传统中淬炼精华，以滋养保险文化，形成保险业的软实力，最大限度发挥保险业“守信用、担风险、重服务、合规范”的核心价值。

传统文化是中华民族源远流长的文化根基，生命力极强，中华优秀传统文化确实可以为保险文化提供源源不断的养分。面对人生之险，仅有硬保险（物质方面的保险）是不够的，还要有软保险（精神方面的保险），也就是文化，包括哲学和宗教。我们需要传统文化为我们提供心灵保险，以“文”化成人心，以合宜的文化，教育人、熏陶人、凝聚人、升华人。

（二）保险的使命问题

保险的使命问题，是保险与经济社会发展演进和时代变革中风险管理的主要矛盾相契合与协调发展的关系问题。作为金融行业，保险业自身发展与支持国家经济社会发展的力度息息相关。近年来保险业能够快速发展，是其在服务经济社会大局中聚集了能量，在分享国家政策红利中增厚了积累。

《关于促进社会服务领域商业保险发展的意见》指出，商业保险通过完善社会服务风险分担机制、提供长期资金支持等，有力促进了社会服务领域消费发展，但同时也存在支撑作用不够充分、保障功能和资金支持力度有待提升等问题。因此，面向“十四五”和“二〇三五”，要深化保险供给侧结构性改革，充分发挥商业保险在保障民生、促进消费和拉动内需等方面的重要作用。

（三）保险的立场问题

保险的立场问题，是保险与人民立场和社会立场的关系问题。为了谁、依靠谁，是一个根本问题。保险作为防范化解重大风险的重要制度，必须有鲜明的立场。它是一个风向标、指挥棒，决定了我们为谁保、保什么、怎么保。

（1）为谁保。防范化解重大风险与广大人民群众切身利益息息相关，正所谓民之所系，重于泰山。习近平总书记指出：“我们党来自人民、扎根人民、造福人民，全心全意为人民服务是党的根本宗旨，必须以最广大人民根本利益为我们一切工作的根本出发点和落脚点，坚持把人民拥护不拥护、赞成不赞成、高兴不高兴作为制定政策的依据。”我们必须站稳人民立场，坚持以人民为中心，在全心全意为人民服务的过程中提升政治站位、提高工作能力。有了这样的立场和站位，我们在工作中才能更加积极主动，才能有强烈的责任意识和担当精神，才能勇于涉险滩、破坚冰、攻堡垒、拔城池，才能真正把通过保险防范化解重大风险工作落到实处、取得实效。

（2）保什么。为人民而保，就要围绕影响、威胁人民利益的风险展开保险工作。要下大气力解决好人民群众切身利益问题，做好就业、教育、社会保障、医药卫生、食品安全、安全生产、社会治安、住房市场调控等方面的保险工作，不断增加人民群众的获得感、幸福感、安全感。要统筹推进稳增长、促改革、调结构、惠民生、防风险工作，以稳定促发展，以发展保稳定，把体现人民利益、反映人民愿望、维护人民权益、增进人民福祉落实到保险发展的全过程。

（3）怎么保。习近平总书记在2019年春节团拜会上的讲话中指出："人民是我们执政的最大底气。党和国家事业发展的一切成就，归功于人民。只要我们紧紧依靠人民，就没有战胜不了的艰难险阻，就没有成就不了的宏图大业。"人民是我们战胜一切困难，防范化解重大风险的最可靠的后盾、最深厚的力量源泉。我们务必始终坚持把依靠人民的理念落实到保险具体工作中，着力增强人民群众保险意识，教育和引导群众提高保险保障水平，使通过保险防风险成为一种自觉，成为一种习惯，甚至成为一种生活方式；着力激发群众通过保险防风险的积极性、主动性、创造性，使人民群众成为保险的主体；着力做好组织群众的工作，整合各方力量、科学排兵布阵，群策群力、群防群治，构建防范风险的强大社会网络；着力弘扬密切联系群众的优良作风，总结人民经验、汲取人民智慧，坚持走群众路线，到群众中团结群众，在防范中学习防范，为保险发展提供智力支撑。

（四）保险的异化问题

保险的异化问题，是由于城乡二元结构下形成的农村和城市对风险的区划标准不同，导致风险治理和保险服务的需求分裂问题，以及区域差异、阶层差异下的保险需求分裂和政策多元的挑战问题。随着中国工业化、城镇化进程的不断加快，社会多元化趋势的继续发展，人民群众保险需求日趋多样，国内保险市场容量持续扩大，中国保险业得到稳步快速发展。然而，在保险业快速发展的同时，也不可避免地积累了一些矛盾和问题，其中比较严重的便是保险业区域间存在较大差异，而差异过大不利于有效的市场竞争格局的形成，很容易导致区域间发展的不均衡，对中国保险业持续、健康、快速发展产生不利影响。在这样的背景下，面向“十四五”，需要深入研究中国保险业区域发展的现状及影响因素，这对实现中国保险业区域均衡发展，进而实现社会全面、协调和可持续发展具有重要的理论和现实意义。

（五）保险的进化问题

保险的进化问题，是科技进步带来的风险变异、服务异化与保险产业升级的理论与实践创新准则等问题。信息技术正悄然改变着世界，随之相伴的是风险在变异中演进。作为风险管理行业，保险业与新科技的融合、更新走在了时代的前端。作为与信息、数据有着天然联系的保险业，技术的发展颠覆了风险的诸多规律，给保险业带来了巨大的影响，其中至关重要的是经济社会诸要素的高维化与风险变异。

科技时代给世界带来重大变化，也让保险业这个既传统又现代的行业积蓄着新的力量。这种蕴含了数字时代的力量正以一种前所未有的速度突破着人们的想象，其趋势也越来越被人们所认识，所认可，所推动，成为一种必然。新技术发展中，风险发生重大变异，同时，科技服务本身异化凸显，而全球精英体系和资本世界格局的巨变不期而至。巨变前夜，原有风险管理工具随之异化。科技丛林法则风口上，中国保险业需要重构风险管理逻辑，需要重新思考保险的逻辑。

（六）保险的治理问题

保险的治理问题，是经济社会风险演化中的保险伦理、博弈优化与道德治理等问题。在风险无处不在的当今世界，保险公司、保险中介和投保人构成一个集群，共同治理面临的各种风险，在群内进行专业分工合作与适度竞争，获取合作优势，共同实现保险的风险治理、价值创造和资源配置职能。任何一项服务要形成需求，是需要一定的临界条件的，但由于临界条件的复杂性在适应性方面面临很大的挑战，我们且不说新常态经济转型、结构调整所带来的影响，仅从我们本身地大人多，经济发展不平衡这两点来考虑就体现在两个方面：一方面是同样的风险事故一旦发生，因为千差万别的社会公众和地区的影响是不同的，同样的风险造成的影响也是不一样的；另一方面，对风险管理和风险治理的成本承受能力也是不同的。在这种情况下，风险的治理要分层，必须要依靠保险公司、保险中介和消费者（投保人）共同合作。

（七）保险的融合问题

保险的融合问题，是保险学科、学术、话语等发展与保险业乃至国民经济发展融合的关系问题。中国保险业要聚焦当前世界形势和热点问题，加快构建中国特色保险学学科的学术体系和话语体系，推动国际学术理论中国化、中国发展经验学理化、中国保险学话语国际化，努力产出“中国特色、世界水准”的原创性科研成果，以服务新时代经济建设。

（八）保险的包容问题

保险的包容问题，是保险发展的时代共性与个性的关系问题。共性指不同事物的普遍性质；个性指某一事物区别于其他事物的特殊性质。共性和个性是一切事物固有的本性，每一事物既有共性又有个性。共性决定事物的基本性质；个性揭示事物之间的差异性。个性体现并丰富着共性。共性是绝对的、无条件的，个性是相对的、有条件的。共性只能在个性中存在。任何共性只能大致包括个性，任何个性不能完全被包括在共性之中。共性和个性在一定条件下会相互转化。当前中国保险业发展面临的问题有共性更有个性。所以要对症下药，遵循共性，抓住个性，中国保险的改革发展才能达到预期的效果。

（九）保险的创新问题

保险的创新问题，是保险发展传承与自主原创的关系问题。根据中国保险业的独特国情，需要我们思考保险经济学的范式创新，使保险域观经济学得以建立和发展。而且，中国所面临的需要解决的保险发展问题，也对保险经济学范式创新提出了紧迫性需要。中国保险经济学的升华可以有两个主要的突破方向：攀登保险经济学的高地山巅（实际上，在40多年里读懂500年的保险历史，看透500年的保险真谛，是一件颇有难度的事情）和开拓保险经济学范式变革的创新蓝海，都是中国保险经济学发展需要努力的方向。而对于中国保险业的互助共济使命而言，后一个努力方向恐怕更具现实紧迫性和更可能做出重大学术贡献。

（十）保险的理论问题

保险的理论问题，是中国话语与融合、创新和丰富世界保险理论体系的关系与发展路径问题。党的十八大以来，习近平总书记高度重视中国话语体系建设，围绕新时代中国话语是什么、为什么、怎么样、怎么建，提出了一系列具有原创性、开创性、时代性的重大思想观点，形成了逻辑严密、内涵丰富的一整套重要论述。

中国是一个社会主义大国，中国保险话语建构必须站稳马克思主义立场、社会主义立场，建构以马克思主义为指导的话语体系。习近平总书记指出："一个国家、一个民族不能没有灵魂，作为精神事业，文化文艺、哲学社会科学当然就是一个灵魂的创作，一是不能没有，一是不能混乱。"我们要建构的中国保险学和中国保险话语体系"特"在哪里呢？"特"就"特"在坚守马克思主义立场，"特"就"特"在是以马克思主义为指导的学科体系、学术体系、话语体系，正是这一条把中国话语体系与西方话语体系区别开来。

中国保险业理论创新要置于"中国特色社会主义理论引领贯穿中国保险学学科的知识体系研究"这个话题中来思考；从中国保险学学科体系、学术体系、话语体系、发展体系和市场体系等方面来思考中国保险的变革与发展；关键在于形成说明中国风险观和保险学的“说明书”，建立解释中国风险观与保险学的“解释学”，给世界提供研究中国风险观和保险学的基础知识和方法的“方法论”，让世界认识中国保险业和保险市场的创新与发展的“实践课”。

千磨万击还坚劲，任尔东西南北风。进入新时代，对于中国保险业来说，要居安思危、增强忧患意识，要清醒地看到日趋激烈的国际竞争带来的挑战更加严峻，要清醒地看到前进道路上的困难和风险更加复杂。要坚持用习近平新时代中国特色社会主义思想武装头脑，要增强“四个意识”、坚定“四个自信”、做到“两个维护”、经受“四大考验”、防范“四种危险”，不为任何风险所惧，不被任何干扰所惑，使中国保险业道路越走越宽广，使中国保险业制度越来越完善。

十大新知识背后的十大保险重构

一、知识经济智能进化时代下的保险

（一）知识经济智能进化时代

当今，人类社会已经进入知识经济时代；伴随着人工智能时代的到来，特别是自然语言处理和知识图谱技术的发展，知识进化开始走向智能进化，相应的“知识经济时代”开始走向“知识经济智能进化时代”。

互联网的不断发展，引领着新一轮的全球信息技术革命，使新技术的触手不断深入经济社会发展的各个领域。随着全球互联网进入中速发展阶段，全球互联网行业整体出现两大特点：一方面，用户规模、网络流量持续保持增长，互联网服务覆盖面显著提高；另一方面，全球移动互联网的极速扩张浪潮开始退却，互联网增长引擎开始由“人人互联”向“物物互联”方向转变。这种倾向，对保险的“互联网化”产生了巨大的影响。

互联网在进化，同时我们看到知识也在进化。Web 1.0时代，是信息共享；Web 2.0时代，是信息共建；Web 3.0时代，是知识传承；Web 4.0时代，是知识分配，更是知识进化。Web 4.0与人工智能的叠加，将导致知识进化的智能化，即知识经济智能进化时代的到来。Web 3.0时代，我们看到互联网凸显的三大功能：信息共享、网络传播和电子商务，这三大功能恰恰涉及人类生活三大基本面；随着Web 4.0时代的来临，其所带来的知识传承、知识进化开始显现，保险已非“保险概念”这么简单。

知识是人类全部认识结果的总和。人类的知识进化与智慧进化是同步进行的，智慧进化是知识进化的前提，当人类的智慧进化到某种程度时，才有了认识世界的能力。原始的“保险概念经验知识”形成之后，消费者自然而然地需要更为精确的“保险专业理论知识”。知识经济智能进化时代的到来，注定消费者不再满足于对“保险概念经验知识”的认知，需要进化到对“保险专业理论知识”的认知，这正是保险的专业价值所在。正如珍·P.摩尔所言：“知识的进化巧妙地解释了为什么和怎么样使有良好基础的知识理论促进组织行为。事实上，没有这种智慧我们不可能获得成功。”

（二）保险知识的进化

保险，作为一门应用经济学科，其知识进化方向一定是获得内容上更高的真理性和形式上更高的简单性，短时间内我们不能提出全新的保险概念和风险管理科学知识体系，因此保险知识的进化过程如下：综合统一已有的保险知识，批判地继承并发展已有的保险知识，彻底抛弃误导性（诱导性、欺骗性）的保险知识，让保险从“保险概念”回归到“保险专业”。保险知识进化主要表现出下面三种外部表征：

（1）内容方面的进化。保险知识内容的增长和进化有着非常广泛的含义，例如：保险知识体系的精确度或逼真度提高，解释力更强，发现更多的检验保险知识正确性的新事实等。这正是“保险课程”“保险自媒体”正在努力的方向。

（2）形式方面的进化。保险知识形式的内核和表征正在发生变化，例如用更加先进、“方便”而“经济”的语言及其他精致符号，来系统地表述人类的保险认知和思维成果；保险理论体系在结构上更加精致、完备；保险理论所包含的逻辑矛盾更少。这正是保险服务的专业化、无缝化耦合的表现，通过“无缝衔接”实现了保险知识形式方面的进化。

（3）工具方面的进化。工具方面的进化指创造保险知识的方法和技术中介、手段的进步与完善，也包括新方法的发现、新的认识手段的获得等。这正是专业保险中介未来努力的方向，在保险知识内容进化、形式进化之后，一定要实现保险知识工具进化。

保险知识的进化和互联网趋势的变化必将导致未来一段时间内互联网保险是“线上线下/网电结合”的形式，所以保险业的增长市场也注定要发生变化，即从“线下”向“线上线下/网电结合”演变。

（三）保险知识进化利润

谈到知识进化，我们好像看不到希望，因为人类走过了知识时代的漫长历程，从石器文化到铜器文化，从文字语言文化到信息程序文化，从工业经济知识到知识经济的知识进化。但是，知识进化的过程也是知识进化利润产生的过程，即知识价值的形成过程。知识进化利润，是指在知识进化之后，知识生产、交易等过程中所产生的盈利。

知识经济智能进化时代，保险知识的进化导致陈旧的“保险概念”传播理念终结。保险知识进化正是利用互联网技术和保险专业理论知识，不断提炼出具有保险专业价值的思想与观念，并以最迅速的方式，将其转化为产品，即刻推向市场，从而产生保险知识进化利润。这方面的保险知识进化包括：

（1）一级进化。产生具有保险专业价值的思想与观念的进化，助力消费者完成保险知识的进化，从“保险概念”向“保险专业”进化。

（2）二级进化。创造保险产品过程的进化，保险“互联网化”的发展，帮助消费者优化“保险组合”的过程并使其得到简化。

（3）三级进化。保险经营、销售和服务的进化，保险销售、核保、理赔的互联网化，通过“线上线下/网电结合”推动了保险销售和服务的人性化。

知识经济智能进化时代，通过保险知识的内容进化、形式进化、工具进化，实现了保险知识的一级进化、二级进化、三级进化，进而产生了知识进化利润。“数字化时代需要我们从改变认知开始，因为沿着旧地图，找不到新大陆。”对于互联网保险业而言，只有认知“知识经济智能进化时代”的到来，才能找到中国互联网保险的新大陆。

二、知识经济智能进化时代的十大保险重构

在知识经济智能进化时代，我们需要更多地关注保险理论的重构，包括风险认知、保险定义、可保利益、最大诚信、补偿原则、市场模式、定价技术、成本理论，乃至更基础和理论层面的问题，这正是仁和研究院院长王和所提出的重新认识保险的问题。

（一）风险认知问题

风险的本质是一种损失的可能性，一种不确定性。而不确定往往源于信息不对称，反映为感知和认识的能力。用互联网和大数据等新科技的视角去看风险，尤其是在对时间和空间的重新认识、定义和利用的基础上，看风险、风险因素、风险性质、风险事故与损失的定义与分类，看“可测定（量化）”和“不可测定（量化）”，看风险处理的方式，看风险的可变性，看可保风险与管理等问题。新的社会条件下，环境和能力均发生了巨大的变化，这种变化不仅体现在“量”的提升，更带来了“质”的跨越。因此，需要重新定义风险以及相关理论。

（二）保险定义问题

在科技赋能的背景下，保险的定义、性质、职能和作用均发生了变化，尤其是职能问题。保险的本质和形式也需要再定义。例如，在互联网和区块链技术推动下，集合的效率和信用的建立将被重新定义，并构建保险存在的新逻辑和新基础。同时，传统保险是基于“等量管理”，而当今时代科技给了保险“减量管理”以想象与可能，并将从根本上改变保险经营的逻辑基础。此外，面向未来，“保险+”将成为保险发展的重要模式和路径，势必将重新定义保险的内涵与外延。

（三）可保利益问题

可保利益是保险经营理论的一个重要基石。首先，经济关系的日益多元和复杂，特别是在经济全球化背景下，个体和局部损失的“传染”效应不断扩大，使得可保利益的主体不再清晰和简单。其次，对合法、经济和确定的界定也需要重新认识和思考，随之而来的是道德风险、逆选择与制度公平问题。此外，可测定、可度量和可确定也面临挑战。在科技赋能的背景下，将重新定义可能。因此，在传统的可保风险与不可保风险中，会出现一个灰色（模糊）地带。利用科技手段，可以不断改变这个地带的灰度。保险就可以在这个地带开疆拓土，创新发展。

（四）最大诚信问题

诚信是所有社会活动的基础，而保险对于当事人诚信的要求更高，即最大诚信原则。这种制度安排的逻辑基础是：投保人对自身的风险信息和认知处于相对优势的地位，为了确保制度的社会效率，需要通过告知和保证等手段，实现一种责任分配的制度安排。但随着互联网和大数据时代的到来，信息民主和技术平等成为常态，将重新定义不同主体的信息地位与能力。因此，要认识并思考最大诚信原则制度的环境变化问题，重新理解保险制度的社会公平和效率问题，实现责任的再分配，继而重新思考最大的合理性与必要性。

（五）补偿原则问题

补偿是保险的最基本职能，是保险的出发点和归宿点。同时，保险具有射幸合同的特征，因此，补偿原则是确保其不被恶意利用，防止不当得利的重要理论基础。补偿原则基本思想是恢复原状，不可以通过保险获利，以防范出现道德风险。所以，损失的定义与确定就成了关键。在传统的条件下，由于保险公司确定损失的能力相对有限，因此，更多的是采用相对保守的做法，这也是许多被保险人抱怨“十赔九不足”的一个重要制度原因。科技的发展给了确定损失、实现合理和充分补偿以更大的可能，因此，需要重新定义和理解不可获利原则，提高保险补偿程度，既为社会提供更加充分的保障，也为保险业营造更大的发展空间。同时，需要结合对可保利益的反思，重新梳理损失补偿对象问题，即潜在的损失主体。此外，在确定损失和补偿过程中，还面临一个保险经营的重要因素：近因原则。就历史环境而言，无论是理论，还是技术，均面临诸多挑战，但在科技赋能的背景下，需要重新认识近因的问题，包括定义与确定。

（六）市场模式问题

科技，特别是互联网经济的兴起，将重新定义市场经济的许多基础问题。因此，我们也需要重新思考保险的形态与模式问题，包括形态与类型、需求与供给、规模与效率等，还包括产业结构和产品结构问题，以及市场机制、市场模式和市场组织等问题。在科技的发展和推动下，许多传统的保险形态需要被重新定义，包括社会保险与商业保险、法定保险与商业保险、商业保险与相互保险、财产保险与责任保险、自保与共保、健康保险与健康管理、养老保险与养老信托等。如果是在区块链，包括智能合约的背景下，相互保险和再保险将面临再定义与再存在的问题。此外，党的十九大报告中提出了全要素生产力的概念。那么，保险和保险市场的全要素是什么？如何从制度层面提升保险业全要素生产力？这些也是保险理论亟待解决的问题。

（七）定价技术问题

保险是典型的数据行业。精算是保险行业，尤其是定价的核心技术。在大数据时代，数据能力将被重新定义。它不仅是数据获取能力，还包括了数据处理能力。这一切均对传统精算提出了前所未有的挑战。传统的保险精算，将关注点更多地放在关注保险行业和企业自身的数据，而未来则需要更多地关注外部数据。过去以使用历史数据为主，而未来则需要更多地利用实时和动态数据。过去的数据处理能力，面对的更多的是结构数据，未来则需要更多地处理非结构数据以及语义能力。算力，不仅代表能力，更意味着权力。同时，科技发展的一个重要突破领域是认知科学，保险精算也属于认知科学范畴。所以，当预测不断向预知靠近时，认知科学将从根本上挑战保险经营的重要基础：定价与准备。因此，保险理论需要解决的问题是如何从“前定价”逐步过渡到“后定价”和“中定价”，乃至“自定价”模式。

（八）成本理论问题

保险成本理论是构建在保险基金理论基础上的，是保险社会性的缘起与依据，更是保险经营管理合理性的逻辑基础。科技将重新定义并丰富保险基金概念，包括性质、特征、范围与结构。在传统理论下，保险成本结构和属性是清晰和确定的。但在科技赋能和社会进步的环境下，保险商业模式的进化已经成了必然。减量管理和“保险+”成为未来保险发展和经营的重要形态。与此同时，传统的保险经营理论也受到了挑战，尤其是成本理论。在管理型保险的背景下，风险管理和服务的成本将成为保险经营成本的主要构成。这种成本，既不属于传统意义上的费用，也不属于赔款。如何依法合规地界定与列支？如何有效地管控？更重要的是如何解释税收关系？这些都成了难以回避的问题，并直接影响到保险行业的转型发展。因此，需要对保险成本的结构和属性进行再确定，而这种再确定需要理论支撑。

（九）基础理论问题

这个时代，科技发展与进步的最大特点是带来了许多基础理论层面的发展、创新、迭代乃至颠覆，保险理论也不例外。对于科技重构保险理论的话题，需要在一个更宏大的背景下思考，探究那些更根本和更基础的问题。例如，如何理解人类命运共同体与保险的关系，保险无疑是人类命运共同体的最早实践。那么，在新时代保险将如何被发扬光大？再如，如何理解可持续发展与保险的关系？保险的根本诉求就是解决不确定性，确保可持续，那么，面向未来，保险如何更好、更深入地融入全社会的可持续发展过程中，让生活更美好？此外，从发达国家的保险发展理论与实践看，保险城市、保险国家和保险型社会等概念已不断普及和深入，人们已对其开展了积极探索与实践，这种模式的理论基础也需要进一步清晰和夯实。

（十）广义保险理论问题

另外，作为广义保险理论，还包括了保险哲学、保险社会学、保险心理学、保险经济学、保险发展学、保险法学、保险会计、保险税法、保险投资、保险监管等领域，这些领域同样面临着重构问题。所有相关领域的理论重构，将形成一种相互依存、相互制衡、相互影响和相互促进的态势，需要予以高度关注以及进行更多的系统性思考，并形成一个相对完整的保险理论新体系。

第六章 互联网保险的文明演化

我害怕有一天，科技会取代人与人之间的交流，我们的世界将会充斥着一群白痴。

——阿尔伯特·爱因斯坦

新冠肺炎疫情在全球蔓延引起了社会各界对世界经济格局的重新思考。工业社会在近两百年里为人类社会创造了巨大的财富，并建立了全球水平分工的经济体系。但是，疫情的到来打破了这种看似高效率的体系，全球供应链被疫情阻断、分割，导致大量地区的经济近乎停摆。在此情景下，互联网经济因为其非接触的特性受到的冲击相对较小，从而展现出巨大的发展潜力，是疫情中全球经济所看到的希望。

同时，我们也看到互联网面临一个非正当竞争问题，那就是对私人数据的无偿侵占。数据本是用户的一项私人资源，数据所有权也是一项私人权力。但是，互联网巨头没有采用分布式系统，私人数据被中心化的数据库垄断。所以，互联网巨头的市场支配地位，其实是对私人数据的支配优势。在算法时代，私人数据正在被互联网巨头以“大数据”之名滥用。

互联网巨头侵占私人数据后，利用算法实施“三级价格歧视”（大数据杀熟），可以最大限度地榨取消费者剩余（三级价格歧视、大数据杀熟）。

互联网保险，也未能免俗，开始借助这些新技术榨取消费者剩余。问题来了，这是互联网保险的本义吗？朦胧的保险新技术、浮现的保险新模式、互联网保险新起点，这些正在推进互联网保险新文明的演化。

互联网保险的十级文明进化思考

一、互联网保险所处的黄金时代

目前，社会正在经历第四次工业革命。第一次工业革命始于1775年瓦特改造蒸汽机，第二次始于19世纪末的电气化革命，第三次始于20世纪50年代的计算机革命。而改变世界发展进程、助力全人类发展目标、席卷世界的第四次工业革命如海啸一般席卷而来了。

这一次工业革命不再局限于某一特定领域。无论是移动网络和传感器，还是纳米技术、大脑研究、3D打印技术、材料科学、量子信息处理……甚至它们之间的相互作用和辅助效用均受此次工业革命的影响，而这样的组合势必产生强大的联动力量。此外，此次工业革命不再是某一个产品或服务的革新，它是整个系统的创新。这场革命将给社会、经济、金融甚至是个人带来巨大的影响。

纵观前三次工业革命，可以发现它们对世界发展的共同影响有：①都大大促进了社会生产力的发展，带来了工业布局的新变化。②都引起了社会关系的重大变革，第一次，导致近代社会两大对立的阶级即工业无产阶级和资产阶级产生，并开始了城市化进程；第二次，垄断组织产生，并与国家政权结合，自由资本主义过渡到垄断资本主义；第三次，国家垄断资本主义强化，使第三产业比重上升。③都对世界格局产生巨大影响，第一次，确立了资本主义对世界的统治，殖民扩张造成东方从属于西方；第二次，资本主义世界体系、殖民体系最终形成，世界成为一个密不可分的整体；第三次，推动了国际经济结构的调整，世界各国经济相互依存，联系日益紧密。

从农耕时代到工业时代再到信息时代，技术力量不断推动人类创造新的世界。互联网正以改变一切的力量，在全球范围掀起一场影响人类所有层面的深刻变革，人类正站在一个新的时代到来的前沿。中国于1994年入网，从时间上看没有落后太多，经过多年的封闭发展，反而以人口红利令世界羡慕。近几年来，互联网的发展对各行各业都产生了深刻的意义。第四次工业革命是否会改变世界经济格局？日新月异的新技术将以何种方式革新社会、经济、金融模式？社会在变革，经济在变迁，新社会和新经济正在向我们走来。

二、互联网保险的十级文明进化

《原则》一书中有一句话非常精彩："要么进化，要么去死；进化是宇宙中最强大的力量；它是唯一永恒的事情，它驱动着所有的一切。"互联网保险在自我进化，但是我们发现互联网所处的保险市场却没有自我进化，这是当前互联网保险面向未来需要思考并作出抉择的重要问题。基于互联网保险所处的黄金时代，依据其内在逻辑、发展历史和现状以及对未来影响的重要程度，本书识别出互联网保险的十级文明。

（1）保险定位之进化。从国家层面，保险已经上升到"国家现代治理体系""国家安全网"之定位，我们需要认真思考新保险之内涵。新冠肺炎的"黑天鹅"，保险到底做了什么？信贷风险的"灰犀牛"，保险如何助力金融体系安全？自然灾害的"黑天鹅"，面对巨灾保险能做什么？

面向未来，互联网保险不是简单的"互联网+保险"，也不是简单的"保险科技赋能的保险"，而是"基于'新科技+新经济+新社会+新思想'的保险"。

（2）保险研究之进化。谈到保险研究，200年来我们最大的研究范式就是"西学中用"，唯独缺少中国特色的保险研究范式。

面向未来，我们需要重新思考中国保险业的研究范式并进行总结：一是中国保险业的哲学范式或元范式，即中国保险业的信念或者说形而上学思辨；二是中国保险业的社会学范式，即中国保险业的科学习惯、学术传统、科学成就等；三是中国保险业的人工范式或构造范式，即中国保险业依靠本身成功示范的工具、解疑难的方法等。

（3）保险改革之进化。任泽平在《不要放过任何一次危机》一文中提到，近年中国在整顿吏治、治理雾霾、金融去杠杆、精准扶贫、对外开放等方面踏石留印，久久为功，政绩卓著。同时，经济社会领域“疫情”频发，经济持续10年下行，先后遭遇2015年股灾、2018年中美贸易摩擦、2019年民营经济离场论、2019年猪价大涨、2020年新冠肺炎疫情等重大挑战，暴露出一些政策一刀切层层加码、误伤民企中小企业、部分领域改革进程缓慢、民生投入不足、科技创新短板、舆论监督缺位、社会治理无序等问题。这些问题具体到保险层面，同样值得深思。保险业深层次体制机制改革的紧迫性提升，以避免到处救火。

面向未来，只有进一步深化保险业改革开放，才能通过市场活力来缓冲这些冲击，通过新的利益链接来消化这些“黑天鹅”或“灰犀牛”。

（4）保险发展之进化。人们在解决不确定性的过程中，不确定性很可能不是减缓而是加剧……这句话同样适用于保险发展。大多数发展政策都是为了应对保险活动的不确定性，不可避免地会出现加剧不确定性进化的因素，其中包括环境的变化、政策的局限性、监管的博弈等。

面向未来，保险是作为一种风险管理技术存在的。黑格尔认为，宇宙的本源是绝对精神，它自在地具备着一切，然后外化出自然界、人类社会、精神科学，最后在更高的层次上回归自身。因此，凡是在这个发展轨迹上的就是合乎理性的，也就是必然会出现的、是现实的。

（5）寿险市场之进化。对于寿险业，无论是资产驱动还是负债驱动，说白了背后都是人口驱动（保险密度）和财富驱动（保险深度）。进入

2021年我们发现人口驱动的动能正在变向，财富驱动的动能正在衰减。

人口驱动的动能，因为人口老龄化（超过65岁的人口到2035年预计将超过3亿)、长寿风险（每三年中国居民平均寿命增加一岁）以及城市化进程和西式的生活方式（慢性病发病率上升）等正在发生变向。

财富驱动的动能，因为GDP增幅的放缓（人均可支配收入增幅放缓)、资产价格回归理性（资产缩水）以及社会养老医疗体制的变革等正在发生衰减。

面向未来，寿险业的发展路径大概分为三步：第一步，从人口驱动保险迈向保险驱动健康；第二步，从财富驱动保险迈向保险驱动财富；第三步，借助创新驱动降低人口驱动的风险和财富驱动的波动。

（6）产险市场之进化。寂静的产险，是因为我们过度依赖车险，导致产险生态体系已经破坏，最终给产险公司带来不堪重负的灾难。我们用费用来驱动车险的发展，用遏制费用来驱动车险的发展，这无异于饮鸩止渴。

面向未来，对于产险市场而言，找到自己的生存法则，找到属于自己的溢价点，或许是提前结束这个冬天的最好的办法。所谓溢价点，就是头部占位或山头效应。大山头大增长，小山头小增长，无山头不增长。

（7）中介市场之进化。保险知识经济智能进化时代，我们不能替代消费者进行思考。如果我们思考得太多，难免变成了虚伪，甚至变成了动机不纯。我们替消费者思考太多的历史，导致保险演变成了保险概念，保险急需回归保险专业。

面向未来，不妨重新读读笔者写的《知识经济智能进化时代的保险》，随着消费者保险认知的进化，保险中介业要保持持续不断的成长，唯有自我进化。

（8）健康险市场之进化。健康险是最好的时代，注定也是最坏的时代！健康险，因为二八定律注定对于一些公司是最坏的时代；同时，我们也看到健康险的“长尾效应”，注定对于一些公司是“最好的时代”。

面向未来，2025年健康险年化保费2万亿元的市场是机遇更是挑战，因为我们面对的是健康风险的不确定性。

（9）养老险市场之进化。养老险成为整个社会养老产业链的一个节点，在这个链条里进行资源的配置，逐步实现养老产业链协同。在这个阶段，养老险可以围绕养老产业的配置和连接功能构建自己的生态，并让自己的生态融入整个中国养老的大生态中。

面向未来，2025年为参保人积累6万亿元养老保险责任准备金的市场是机遇更是挑战，因为我们面对的是保险投资和长寿风险的不确定性。

（10）保险投资之进化。2020年是中国资本市场的30周年，迎战2021年资本市场，我们要思考“经济变好了吗？没有；拼命印钱了吗？不好说；经济转型升级顺利吗？被打乱；外部形势友好吗？一言难尽……”虽然最近几年中央经济工作会议都是定调——稳，却飞出了新冠肺炎疫情这只“黑天鹅”，可能还不止这一只。

在过去的10年，城市化加上过度举债，使得实物资产尤其房地产成为中国资产配置的最大赢家。未来无论是都市圈的发展还是适度储蓄的回归，都意味着房价或从全面上涨转入结构性行情。新经济或将继续取代旧经济，居民或将减少举债增加储蓄，而金融资产或将优于实物资产。

十级文明进化下的互联网保险五大文明

一、互联网保险的“五新”

互联网保险的发展正面临新科技、新经济、新社会、新思想和新文明的交替，这直接决定了互联网保险未来的进化方向。

（一）新科技

突破光速、跨越时空是不少科幻作品的主题，人们认为它不可能实现。当科技文明发展至某个阶段，技术发展将发生极大而接近无限的进步。此时旧有的世界将一去不复返，而未来的世界将是现在的我们完全无法理解的，就像金鱼无法理解人类文明一样。但实际上，现在人类的认知，还处在几个世纪以来科学给我们塑造的框架中。可以说，这个认知正处在一个革命的前夜。一旦科技突破了关键的几个坎，人类将面临巨大的自我质疑与认知混乱，甚至时空已不再是人类所能触及的极限。

科技可以成为人类器官的延伸，从而扩大人类的认知和活动范围，释放巨大的能力，创造巨大的财富。它也可以替代人类本身，将人类的认知和活动缩减到基础水平，而利用科技自身去感知更高层次的维度。人与科技的关系从来都不是单向的。人们往往只注意到人对科技的利用，却忽视了科技对人的改造。如果把科技比作一种生命体，那么它与人类应是一种共生关系，二者在交互影响中不断演进，最终实现碳基生命和硅基生命的融合，创造出全新的文明。

当前，随着科学研究的日益深化，奠基在当代科学之上的技术在内在结构上呈现出一种不断虚化的趋势。对于传统技术，无论是其结构还是功能，它们在人们的日常生活中都是可经验、可感知和可体验的；而现代技术，如信息技术、生物技术，它们强调的是技术的功能或意向，技术的结构完全服务于其功能，这样既能方便使用，又能节约制造成本。从金、银到纸币再到信用卡，从现场到电视再到互联网，现代技术的由实入虚，也导致了人们的生活一步步地走向虚拟化。这种虚拟化的世界，是利用科技手段从物理元素中分离流量的一种方式。当人类生活进入虚拟世界时，其实人类就已经进入了另一个时空。从这个角度讲，科技让人类跨越了时空。

（二）新经济

新社会与新经济，产生了新的生产力与生产关系。新经济是以技术进步为主要动力，在制度创新、需求升级、资源要素条件改变等因素驱动下，以大量新产品、新服务、新模式、新业态、新产业蓬勃涌现为显著特征，以信息经济、生物经济、绿色经济、数字经济、共享经济、智慧经济等为主要发展方向的新经济形态。纵观历史，每当人类社会发生重大技术变革进而形成新的生产力时，就会出现新的生产关系与之相适应，新的技术经济范式即新经济概念随之产生。可见，新经济的本质是先进生产力及与其相适应的新的生产关系的组合。新经济背后是新的基础设施、新的生产要素和新的分工体系。

新经济是与新社会相匹配的一种经济形态，是一种动态的并处于进程中的经济形态，其经历了供需的模糊、供需的均衡两大阶段；新经济的主要趋势，一是经济的全球化，二是第四次工业革命（信息技术革命）。同以往的任何一次工业革命不同，信息技术革命改变的不是人类对自然资源的利用方式。虽然其影响所及必然导致人类对自然资源利用率的提高，但它是通过改变人类信息的传输、储存方式来实现的。长久以来，信息的不充分对于人类经济活动的制约作用被忽略了，自工业革命以来的数次革命，大大提高了人类的生产力，也逐渐拓展扩宽了信息瓶颈。20世纪最有影响力的哲学家卡尔·波普尔以超前的眼光，先将信息从现实世界中分离出来，作为与物质和意识并列的世界构成的第三要素，因而从哲学的高度证实了信息技术革命所具有的深远而重大的影响。

综上，新经济是依托经济全球化和信息技术革命形成的一种新型经济，这种新型经济以高科技产业为支柱，以智力资源为主要依托，是人类经济发展史中前所未有的科技型、创新型、知识型、数字型、智能型、可持续型经济。

（三）新社会

社会变革，时代更迭，目前人类正处于第四次工业革命时期。事实上，我们现在所处的不确定时代，已经是超级不确定时代，整个时代出现了系统的不确定性；我们现在处在一个变革时代，即所谓的第四次工业革命的大趋势、大机遇、大挑战，都是一场深刻的系统性变革。正如查尔斯·狄更斯在100多年前所说的："这是最好的时代，这是最坏的时代；这是智慧的时代，这是愚蠢的时代；这是信仰的时期，这是怀疑的时期；这是光明的季节，这是黑暗的季节；这是希望之春，这是失望之冬；人们面前有着各样事物，人们面前一无所有；人们正在直登天堂，人们正在直入地狱。"

当这个时代到来的时候，它锐不可当。万物肆意生长，尘埃与曙光升腾，江河汇聚成川，无名山丘崛起为峰，天地一时，无比开阔。历史的每一个转折点，都意味着我们要做出困难的抉择并放弃必须放弃的路径。人们往往会问：如果当时做出了其他的决定或者选择了另外的道路，历史会怎样？

这个时代不需要我们去定义新社会，而我们也无法定义新社会。我们所能做的是理清新社会发展脉络，提升对新社会的认知，改变我们的思维方式，升华我们的智慧。正如阿尔伯特·爱因斯坦所说的那样："我这辈子用很长时间领悟了一个道理，那就是我们所有的科学在被用于衡量现实时，都是原始而天真的——然而迄今为止这是我们最值得珍惜的财富。"

（四）新思想

思想是时代的先声，伟大的时代呼唤伟大的思想。2017年10月18日，党的十九大报告指出，中国特色社会主义进入新时代，形成了习近平新时代中国特色社会主义思想。这一新思想将理论和实践相结合，系统地回答了新时代坚持和发展什么样的中国特色社会主义、怎样坚持和发展中国特色社会主义。

思想同时也是对客观事物发展的再认识。思想的形成源于对客观事物发展的积累、吸收、转化。因此，新时代的思想形成也需要一个过程，但是第四次工业革命的基础——互联网，已经对思想进行了重塑。但互联网大范围普及所催生出的丰富应用和新型思潮，使得互联网概念已经远远超越计算机技术本身，而涉及社会、经济和思想等诸多层面。

第四次工业革命作为千年大事，在触及、改变生活面貌的同时，正在改变思想，这便是范式转移，也是新思想的缘起。同样，顺着新科技、新经济、新社会脉络，进程中的第四次工业革命（新社会）和伴随其形成的经济形态（新经济），以及浮现中的未来星球（黑科技）和奇妙的不确定性（新金融），需要理清岔路中的文明路径选择（新文明）和思想中的未来旅程（新思想），只有这样才能逐步理解新时代的新商业文明、新金融文明、新监管文明。

（五）新文明

新文明将在人与自然和谐的基础上，实现人与人更大的和谐。具体到互联网保险，涉及新商业文明、新金融文明和新监管文明。

（1）新商业文明。在互联网网络化和全球化的大前提下，一个新的商业世界正在到来。依赖网络巨大的传播能力和及时沟通能力，人们建立了一个以互联网为平台的新的商业模式，同时，需要一种新的商业文明与此相适应。新商业文明是在电子商务的基础上被提出的，是新时期的商务文化，是人们在利用计算机技术、网络通信技术从事商务活动过程中形成的物质和精神的总和，是商业流通领域的精神文明、物质文明融合的集中体现。新商业文明是网络环境下人们从事商业活动的道德规范和行为方式的表现，是商业的生态文明，也是社会主义先进文化的组成部分。

新商业文明以开放、透明、分享、责任为四大准则，以建立一个诚信、平等、互动、和谐的商业新平台。新商业文明以消费者为本，坚持信息对等原则，在交易面前商家与消费者处于一个平等的地位，商家尊重消费者的权益，履行对消费者的义务，更加注重商品的质量，注重可持续发展；以诚信为根本，使社会资本规则化、制度化。商家和消费者同时为责任的承担者和受益者，共同营造体现对等原则的生态环境，使信息对称化、利益对称化，克服旧商业文明人与人对立、人与自然对立的不可持续发展模式。新商业文明是时代发展、文明进步的必然产物，必将领导行业健康发展。只有遵循新商业文明的企业，才能赢得用户的认可，赢得社会的信任。

（2）新金融文明。新金融文明是指为了适应新商业文明的需要，在信息技术驱动下，承继传统金融优势、更能适应实体经济（包含小微经济）多层次多元化需求的金融文明。新金融文明以金融全链条上的客户为中心、深入应用场景、借助互联网技术，提供更平等、更透明、更高效的金融服务，响应多层次多元化的投融资需求。

新金融文明，是在新商业文明的基础上形成的，其主要特点如下：①新金融文明是传统金融、新兴金融共同学习、互相融合的文明；②新金融文明强调以客户为中心、以场景为依据、以连接为基础、以互联网思维方式重构商业模式与价值链；③新金融文明时代参与主体更加丰富，新兴的金融服务商致力于满足多群体的投融资需求，包括小微企业、民营企业，将会催生多级分层的金融产品和服务；④新金融文明时代金融产品价格（如利率）更加市场化，金融产品供给人在金融产品定价过程中享有更大自主权；⑤借助互联网技术的高速发展，新金融文明下呈现的是更高效的资金融通，资金能更高效地发挥价值、创造价值。

（3）新监管文明。任何一个新金融时代的开启，一定伴随着金融监管体系的革新，这次也不例外。从监管机构来看，“一行三会+部级协调”被整合为新的“一委一行两会”。国务院成立“副国级”的金融稳定发展委员会，分管金融的副总理亲自担任主任，填补中央协调机构的空白。从监管框架来看，新的金融监管体系进一步明确了双支柱框架，即“货币政策

+宏观审慎”。前者服务于传统的增长通胀等目标，后者主要是防范金融风险，这是目前国际上最新的监管趋势。新监管框架有三点基本原则：一是引导金融回归本源、服务实体经济；二是推进金融去杠杆、防控金融风险；三是深化金融改革，加大金融开放力度。

新商业文明的发展催生了新金融文明。新金融文明对金融监管提出了新的要求，传统金融监管模式、思维和方法难以适应新金融文明的需要。为了更好地推动我国金融发展，促进新金融文明的健康发展，我们需要在金融监管实践中不断探索，提出并发展新监管文明。

二、互联网保险的五大新文明

互联网保险新金融文明既有一般文明和金融文明的共同特征，也有自身新的特点，包括主体的新（新金融）、环境的新（互联网生态）、规则的新（金融科技）等。从经验上归纳，互联网保险新金融文明主要包含以下事物：

（1）新金融基础设施。互联网（5G）、物联网、云计算、人工智能、区块链等新兴技术迅速走向规模化商用，行业数字化转型正进入深水区，以“万物节点、万物感知、万物智能、万物互联”为特征的心智社会即将来临。连接，是一切可能性的基础。未来，“互联网+”“物联网+”“智能网+”“心智网+”生态将构建在万物节点、万物感知、万物智能、万物互联的基础之上。

（2）新金融商业模式。工业时代的大规模生产，较多地体现了经济学中的“规模经济”这一概念，表现为单一品种大规模生产；其核心特征是通过生产量的规模化和生产过程的标准化、高效率，来持续降低产品和服务的单位成本。而信息时代的大规模定制，更多地体现了另一个经济学概念——范围经济，表现为多品种、小批量；其核心是应用共享平台可分享成本，更便宜、更快速地生产具有高附加值的多种产品和服务，而柔性生产方式为其提供了可行性。

（3）新金融组织权利。组织结构从金字塔向扁平化发展，信息流动从信息不对称向信息透明化、对称化发展。企业之间的关系从“零和博弈”竞争向生态协作发展，从价值链向价值网络转型。公司内部不再采用最基本的组织模式，而是依靠“无组织”的组织力量。人们可以凭爱好、兴趣，快速聚散，展开分享、合作、众包乃至部落化行动。这将是一个组织的日常生活化的时代，也将是一个在家办公的时代。

（4）新金融价值观念。新商业文明的价值基础是诚信、分享、平等和责任。诚信将具有自发、草根、透明、可积累、可实现价值等特点；分享将具有基于兴趣和爱好、越分享越成功的特点；平等将具有对等的特点，使小企业和消费者掌握更多信息，拥有更多权力；责任将在透明化的环境下，使扬善惩恶有了强烈的现实性与必然性。

（5）新金融社会生活。经济系统与社会系统、生活世界相融合，经济人向人回归；社会网络嵌入经济行为；金字塔状的社会结构，将进一步转变为蜂窝状（以兴趣和爱好实现区隔与分化、存在多个中心）的社会结构；就业结构将发生巨变，越来越多的社会成员，其工作领域将与互联网商务活动相关；个体将在其中获得更多的商业自由度，生活形态发生转变，居住、生活、工作、学习，越来越从割裂状态走向一体化。

人与自然将实现和谐发展，信息技术为和谐发展提供了更多的可能性；人与人之间的合作秩序更加良性，实现了自由人的自由联合，形成一种基于诚信、分享、平等和责任的合作秩序，并最终指向“选择的自由”与“自由的选择”；个体的能量被充分地激发出来，一个人面对全球市场，不再跟随大机器的节奏，而是拥有更多自主性、获得更多全面发展的机会。

十级文明进化下的互联网保险五个层级

一、互联网保险的五个层级

金融的核心是跨时间、跨空间的价值交换，所有涉及价值或者收入在不同时间、不同空间之间进行配置的交易都是金融交易。互联网保险作为一种金融行为，其理论的职责就在于找出决定金融信用、金融制度、金融技术、金融结构、金融权利的“交”和“易”的主要经济因素，并阐明这些因素怎样通过相互作用形成金融发展。随着金融的发展，人类社会逐步形成了以制度易物（交易制度）的交易关系；随着社会发展和科技进步，交易关系逐步通过技术（交易技术）、结构（交易结构）、权利（交易权利）进行固化。这些也正好构成了新科技、新经济、新社会、新思想、新文明下社会群体的金融交易结构以及所形成的金融新格局。从广义上看，体现在五个不同的层次：

（1）交易信用（Credit Exchange），金融业由于其特殊的性质，从产生伊始就和信用相伴相生，信用就是货币，货币就是信用，交易货币就是交易信用。

（2）交易制度（Regime Exchange），是一个国家用法律形式所确立的交易体系结构以及组成这一体系的各类机构的职责分工和相互联系。

（3）交易技术（Technology Exchange），科技的发展将推动金融从一个更制度化的平台走向一个更技术化的平台。

（4）交易结构（Structure Exchange），在一定历史阶段的经济社会内，作为经济活动主体的个人与其他经济主体之间展开交易过程中的相互关联和相互作用的方式，它包含着交易要素的数量比例、排列次序、结合方式和因发展而引起的变化。

（5）交易权利（Right Exchange），新时代、新思想、新科技的有力挑战，相关社会、经济、科技的发展，带来了构建新型金融契约的尝试与探索。

二、互联网保险五个层级的交替

（一）从交易实物到交易信用

19世纪德国经济史专家鲁诺·希尔德布兰德以交易方式为标准，把社会经济发展分为三个时期：以物物交换为主的自然经济、货币媒介交换的货币经济和以信用为媒介的信用经济，而信用经济是社会经济的高级形式。当今世界，随着信用交易量几十上百倍地大于商品交易量，信用资金供求决定着资金的价格，进而影响到生产、分配、消费、储蓄、投资等环节。

私有制出现以后，社会分工不断发展，大量剩余产品不断出现。私有制和社会分工使得劳动者各自占有不同劳动产品，剩余产品的出现则使交换成为可能。随着商品生产和交换的发展，商品流通出现了矛盾——“一手交钱、一手交货”的方式由于受到客观条件的限制经常发生困难。例如，一些商品生产者出售商品时，购买者却可能因自己的商品尚未卖出而无钱购买。于是，赊销即延期支付的方式应运而生。赊销意味着卖方对买方未来付款承诺的信任，意味着商品的让渡和价值实现发生时间上的分离。这样，买卖双方除了商品交换关系之外，又形成了一种债权债务关系，即信用关系。当赊销到期、支付货款时，货币不再发挥其流通手段的职能而只充当支付手段。这种支付是价值的单方面转移。正是由于货币作为支付手段的职能，商品才能够在早已让渡之后独立地完成价值的实现，从而确保了信用的兑现。整个过程实质上就是一种区别于实物交易和现金交易的交易形式，即信用交易。

后来，信用交易超出了商品买卖的范围。作为支付手段的货币本身也加入了交易过程，出现了借贷活动。从此，货币的运动和信用关系联结在一起，并由此形成了新的范畴——金融。现代金融业正是信用关系发展的产物。在市场经济发展初期，市场行为的主体大多以延期付款的形式相互提供信用，即商业信用；在市场经济较发达时期，随着现代银行的出现和发展，银行信用逐步取代了商业信用，成为现代经济活动中最重要的信用形式。总之，信用交易和信用制度是随着商品货币经济的不断发展而建立起来的；进而，信用交易的产生和信用制度的建立促进了商品交换和金融工具的发展；最终，现代市场经济发展成为建立在错综复杂的信用关系之上的信用经济。

（二）从交易信用到交易制度

如果说信用是金融的底层逻辑，那么信用的底层逻辑就是寻找这个时代所有正信用的资本化、价值化、收益化的场景，并且让它在金融环节当中爆发出来，然后把它一直穿透到实体经济当中去；更关键的是，把负信用的场景全部彻底消灭，让它永无生存之地。最后，在信用逻辑的基础上，让金融为实体经济服务，让金融与实体经济共生。

社会任何一个实体场景都要做的一件事情，就是让所有的正信用都能资本化、都能带来回报、都能带来价值。由此，正信用就会被金融化，然后自然而然地形成一种交易制度。在这种交易制度下，将金融服务于实体经济当中，就可以令信用使用变得更具逻辑性，也更加有效。

（三）从交易制度到交易技术

金融是现代社会的制度安排，制度是金融的当然属性。但随着社会的发展，特别是科技的进步，金融将获得越来越多的科技内涵，并逐步改变属性。目前，科技在金融行业的作用和地位越来越重要和突出，使金融将从一个更制度化的平台走向一个更技术化的平台。这是一种必然的趋势，也是一个不争的事实。这种变化不仅能提升效率，它的背后还有一些更深层次的东西，即改变金融存在的基础和方式。

科技给人类社会带来的变化，包括金融的变化，无疑是巨大和根本性的，其最重要的特征是代际。它将从根本上挑战人们的思维定式，因为人是比较习惯于在一个预设的场景或坐标系里思考问题、探索规律，并借此预测和判断未来的。同时还有一种概念叫作迭代，接受坐标系转换的思维方式，因为坐标系转换的背后是：没有公约数！科技还带来了一个非常重要的概念就是指数。社会所有的变化，或多或少都被指数这个概念影响着。而这种从交易制度到交易技术的变化，让人始料未及、措手不及。

（四）从交易技术到交易结构

技术与工具变化推动了社会变化，同时交易圈和交易半径也在不断扩大，由此一定会引致交易结构变化。随着大数据、区块链等技术的发展，整个社会已经从“陌生人社会”“半熟人社会”向“熟人社会”快速转变，这种人与人之间快速熟悉的速度，又反过来促使交易结构从原本的“熟人社会交易”逐步向“陌生人社会交易”延伸，实现两个陌生人之间的交易不再困难。从而使得原来的交易结构开始在交易半径和交易圈两个方面不断扩展。

正是因为交易结构的变化，才使得人类生活发生巨大变化，因而交易半径和交易圈也被无限地放大。所以无论是在“熟人社会”市场交易中还是“陌生人社会”市场交易中，整个市场的交易结构都将更加趋于简单化。

（五）从交易结构到交易权利

科斯定理（Coase Theorem）是由罗纳德·科斯提出的一种观点。他认为在某些条件下，经济的外部性或者说非效率可以通过当事人的谈判而得到纠正，从而达到社会效益最大化。关于科斯定理，比较流行的说法是：只要财产权是明确的，并且交易成本为零或者很小，那么，无论在开始时将财产权赋予谁，市场均衡的最终结果都是有效率的，将实现资源配置的帕累托最优。

当然，在现实世界中，科斯定理所要求的前提往往是不存在的，财产权的明确是很困难的，交易成本也不可能为零，有时甚至是比较大的。因此，依靠市场机制矫正外部性（指某个人或某个企业的经济活动对其他人或者其他企业造成了影响，但却没有为此付出代价或得到收益）是有一定困难的。但是，科斯定理毕竟提供了一种通过市场机制解决外部性问题的新的思路和方法。在这种理论的影响下，美国和一些国家先后实现了污染物排放权或排放指标的交易；这种交易已经从交易结构上升到交易权利的层次。

科斯定理的精华更在于发现交易费用及其与产权安排的关系，提出了交易费用对制度安排的影响，为人们在经济生活中做出关于产权安排的决策提供了有效的方法。根据交易费用理论的观点，市场机制的运行是有成本的，制度的使用是有成本的，制度安排是有成本的，制度安排的变更也是有成本的，一切制度安排的产生及其变更都离不开交易费用的影响。交易费用理论不仅是研究经济学的有效工具，也可以解释其他领域很多经济现象，甚至解释人们日常生活中的许多现象。比如当人们处理一件事情时，如果交易中需要付出的代价（不一定是货币性的）太多，人们可能会考虑采用交易费用较低的替代方法甚至放弃原有的想法；而当一件事情的结果大致相同或既定时，人们一定会选择付出较小的一种方式。

第三篇

数据观：鉴观互联网保险新风色

路线图：引爆点—连接线—智能面

第七章 互联网保险的引爆点

创新不是由逻辑思维带来的，尽管最后的产物有赖于一个符合逻辑的结构。

——阿尔伯特·爱因斯坦

目前关于互联网保险的研究很多，但笔者感觉完全抓不住逻辑脉络和层次感。我们或许缺少一个不必要完全正确，但是可以主轴性诠释脉络的思路。而在互联网保险的演进以及市场的自由选择中，我们可能会逐渐看出一些端倪。

互联网保险的这些端倪，包括有序的基础点、自由的创新点、离散的突破点，正在构成引爆互联网保险的内核。

互联网保险的十大创新点

一、有序的基础点和自由的创新点

（一）认识点、线、面

点、线、面是几何学里的概念，是平面空间的基本元素。在几何学、拓扑学以及数学的相关分支中，一个平面中的点用于描述给定空间中一种特别的对象，在空间中有对应的具有体积、面积、长度或其他特征的高维类似物。一个点是一个零维度对象。点作为最简单的几何概念，通常是几何、物理、矢量图形和其他领域中的最基本的组成部分。点成线，线成面。在通常意义下，点被看作零维对象，线被看作一维对象，面被看作二维对象。点动成线，线动成面。

哲学中，点就是宇宙的起源。《点、线、面》一书中，作者瓦西里·康定斯基（Wassily Kandinsky）指出，“依赖于对艺术单个的精神考察，这种元素分析是通向作品内在律动的桥梁”。任何一门艺术都含有它自身的语言，而造型艺术语言的构成，其形态元素主要是点、线、面、体、色彩及肌理等。下面我们将逐步认识互联网保险的点、线、面，并在此基础上形成关于互联网保险的体的思考。

（二）互联网保险创新的维度

创新的理念最早来源于熊彼特的创新理论，包括对创新的定义和新的生产函数的界定。新的生产函数的建立过程就是企业家对企业要素进行重新组合的过程。其中包括几个方面：第一是新的产品；第二是新的技术或者新的生产方法的应用；第三是新的市场的开辟；第四是对新的材料、原材料的供应来源的发展和掌握。这几个方面都是支撑互联网保险创新的重要构成。如果抛开物理上时间与空间的维度概念，从对要素进行重新组合的角度去谈互联网保险创新，又可以从以下几个维度入手：

（1）产品和服务。互联网保险主要服务于用户，因而在围绕这一维度进行创新时，要求互联网保险以用户需求为中心，综合互联网保险自身的特点和优势，为用户提供有价值的保险产品和服务，并依据市场环境和保险需求，对产品进行重新设计和定位，不断优化和提升服务水平，以此形成差异化的竞争优势。

（2）平台。平台是指构成产品组合或服务组合基础的通用组件、组装方法或技术。平台创新包括利用通用性的力量，即利用模块化设计来快速地、经济地提供不同组合的金融衍生服务。互联网保险围绕这一维度进行创新可以创造出惊人的价值。

（3）解决方案。解决方案是指为解决用户问题而对产品、服务和信息进行的定制化组合。通过对一系列产品和服务进行不同组合，为那些需要改善保险产品、风险管理等保险行为的参与者提供端到端的解决方案。

（4）用户。用户是指通过购买或使用互联网保险机构的产品和服务，来满足自己需求的个人或组织。围绕这个维度进行创新，互联网保险可以发现新的用户细分市场或未被满足的（甚至是不明确的）用户需求。

（5）用户体验。在这一维度，互联网保险机构需要思考与用户打交道的过程中所看到的、听到的和感受到的一切。围绕这一维度进行创新，互联网保险需要改善其与用户之间的接触界面，注重对用户反馈信息的搜集和利用，从而为产品创新和服务创新打好基础。

（6）价值获取。价值获取是指互联网保险机构用来重新获取所创造的价值的机制。围绕这个维度进行创新，可以帮助互联网保险机构发现新的收入来源，开发新的风控系统，甚至增强其通过与用户和合作伙伴的互动来获取价值的能力。

（7）流程。流程是指互联网保险机构为进行内部运作而进行的业务活动布置。围绕这一维度进行互联网保险创新，意味着互联网保险机构可以对保险活动流程进行重新设计，以提高效率，提供更好的产品和服务质量，或者实现更短的产品研发周期。这种变化可能会涉及对流程进行重新部署或拆分，而流程创新是互联网保险取得成功的基础。

（8）组织。组织是指互联网保险机构构建自身、合作关系以及员工角色和职责的方式。互联网保险创新往往涉及对保险活动范畴的重新思考，以及对各业务单元及个人的角色、职责和激励机制的重新定义。

（9）供应链。供应链是指产品、服务和信息从来源处到达市场的一系列活动和手段的顺序。围绕这一维度进行创新，互联网保险机构可以通过供应链来精简信息流，改变交易结构，抑制或加强各主体间的合作。

（10）渠道。渠道是指互联网保险机构将产品或者服务投入市场及目标用户区域的配销通道。围绕这一维度进行创新，涉及基于现有渠道创造性地构建新的渠道。

（11）网络。互联网保险机构及其产品和服务可以通过网络与用户相连。这种网络甚至可以变成互联网保险机构竞争优势的一部分。围绕这一维度进行创新，互联网保险机构可以通过加强网络的运行速率来提升企业产品和服务的价值。

（12）品牌。品牌是指互联网保险机构向用户传递承诺的符号、文字或标识。围绕这一维度进行创新，互联网保险机构可以对自身品牌进行创造性的使用或延伸。

（三）互联网保险创新的约束

《创新十型》一书的作者拉里·基利（Larry Keeley）认为，由于对创新的误用、滥用、夸大和狂热追求，创新一词已经失去了原本的含义。人们常常混淆这一活动的结果和过程。无论是普通的产品延伸，还是颠覆市场的突破性技术，我们都用创新来描述一切。因此，在为互联网保险提供一个科学创新的系统之前，我们需要了解什么是创新。

（1）创新不是发明。创新可能涉及发明，但创新涉及的范围更广泛。例如互联网保险机构需要深入了解自己需要什么样的发明，如何与伙伴合作来提供新的服务，创新如何创造价值等。

（2）创新需要产生回报。维系创新的基础是企业的生存。通常对创新可行性的评判标准有两个：创新必须能够自我维持，并且能为企业带来资本回报。互联网保险机构在创新计划评价的过程中，也必须将这两个标准纳入创新效果评价的范围之内。

（3）创新并非全新。正如生物学家佛朗西斯卡·瑞迪的格言："每个生物都源于其他生物。"我们往往忽略了一个事实，即大多数创新都基于以往的经验。创新无须在全世界是新的，只需对一个市场或行业而言是新的就可以了。互联网保险的创新也并非全要素创新，针对某一维度进行创造性突破和改变，也可被视为创新。

（4）创新不止于产品。提到创新，大多数人首先想到的是新产品和新技术。实际上，创新远不止于产品，它可以是开展业务和创造利润的新方法，也可以是与用户互动的新模式。

二、离散的突破点：十大创新点

德勤·摩立特旗下从事创新咨询的机构德布林公司（Doblin）的研究表明，成功的创新都是由3个大类里的10种创新基本类型组合而成的。1998年起，德布林公司开始致力于寻找成功创新案例之间的相似之处和规律，想要构建创新的元素周期表。于是该公司收集了大约2000个创新的最佳案例，包括福特的T型汽车、戴尔的直销模式、丰田的精益制造以及吉列的抛弃型剃刀等。公司对这些案例进行分析和分解，通过模式识别和复杂性管理技术，最终发现了创新的十大类型（见图7–1）。这十大类型巧妙地融合了生产要素创新的各个维度。在互联网保险的创新过程中，我们可以引入创新十型法以丰富互联网保险的创新内容。

创新十型可被分为三大类：第一大类关注企业自身运营，包含盈利模式、网络（联合他人来创造价值）、结构（组织并配置人才和资产）和流程方面的创新；第二大类包含产品性能和产品系统方面的创新；第三大类涵盖了服务、渠道、品牌和客户互动方面的创新。创新十型不是一个流程表，也不是各种类型的排列顺序，也不涉及等级体系。任意类型的组合都可以形成创新，企业也可以从任意一个类型开始创新。

图 7-1　创新十型法概念图

（1）盈利模式创新。盈利模式创新就是找到一种全新的方法，将企业的产品、服务和其他价值来源转化为利润。好的盈利模式必须以对用户或消费者的深层理解为基础。

（2）网络创新。网络创新为企业提供了一种利用其他企业的流程、技术、产品、渠道和品牌的方式，让企业在发挥自身优势的同时，借助其他企业的能力和资产创造收益。网络创新的模式多种多样，可以是与同盟者的联盟，也可以是与强大竞争对手的合作，特许经营和众包也属于这类创新。

（3）结构创新。结构创新是以特有的方式组织企业资产来创造价值。它或是优秀人才管理系统，或是对资本、设备的独创配置，也可以是改善企业的固定成本和部门职能，包括对人力部门、研发部门和IT部门的改善。理想情况下，这些创新可以带来富有生产力的环境或实现超越竞争对手的效率，为企业吸引人才等。

（4）流程创新。流程创新需要的是不同于常规的巨大变革，能使企业利用独特的能力，发挥高效的职能，创造领先市场的利润水平。流程创新往往能够形成企业的核心竞争力，可能包含一些专利性和专利方法，让企业在几年内甚至几十年内产生巨大优势。

（5）产品性能创新。产品性能创新是指革新企业提供的产品或服务的价值、特征和质量。此类创新会产生全新的产品或大大延伸现有的产品线。人们常常错误地认为产品性能创新就是创新的全部，但实际上它只是十类创新中的一种类型，也是最容易被竞争对手复制的创新类型。

（6）产品系统创新。产品系统创新在于如何将单独的产品和服务连接或组合起来，从而形成强大且可扩展的系统，通过互通性、模块化、整合和其他创造价值的方式，将原本明显不同的产品和服务联合在一起。产品系统创新能增加客户黏性，并抵御竞争的生态系统。

（7）服务创新。服务创新能够确保并提升产品的效用、性能和表现价值，让产品的使用更加便捷。它展示出用户可忽视的产品特点和功能，解决客户在使用过程中遇到的问题。卓越的服务创新能为平淡无奇的产品带来引人入胜的用户体验，从而吸引更多的回头客。

（8）渠道创新。渠道创新涉及企业将产品和服务提供给用户的所有方式。此类创新的目标是确保用户能够在任何期望的时间、以任何想要的方式买到自己的所需，同时享受最大限度的便利、最低廉的成本和最大的愉悦。

（9）品牌创新。品牌创新有助于加深用户对品牌的认知，帮助用户识别产品和服务，从而与竞争对手或替代产品进行有效区分，提高产品在市场中的辨识度。在传统保险市场中，大型保险公司通常借助于企业标语、品牌标志、广告赞助等方式进行品牌推广，以提升企业的影响力。客户往往会因为品牌知名度高而选择信赖其产品。

（10）客户互动创新。客户互动创新在于如何了解客户深层次的需求，并利用这些深刻的见解发展客户与企业之间的关系。比如，利用基于地理位置的服务，在特定地点签到的客户将被授予勋章，用户为获得奖励将增加互动频率，通过互动的形式，增加客户流量，创造收益。

场景给互联网保险带来无限想象空间

一、互联网场景保险概览

（一）场景化与碎片化

2011年以来的实践经验表明，互联网保险是整个行业未来的蓝海。通过互联网提供的保险服务，极大地降低了新增保单的边际成本，大大降低了渠道费用，实现了更精准、更有效的获客；互联网跨地域、低成本的交互方式，能够帮助保险公司快速捕捉更新、更碎片化的保险需求，并能够提供更及时、更优质的客户服务；互联网对用户数据的获取、储存和处理技术，能够帮助保险公司实现产品的精确定价和个性化服务。

所有这一切，使我们见证了互联网保险的场景化，图7-2给出了2017—2020年场景保险在互联网保险中的件数和保费占比情况，可见场景保险已经成为互联网保险的主力。

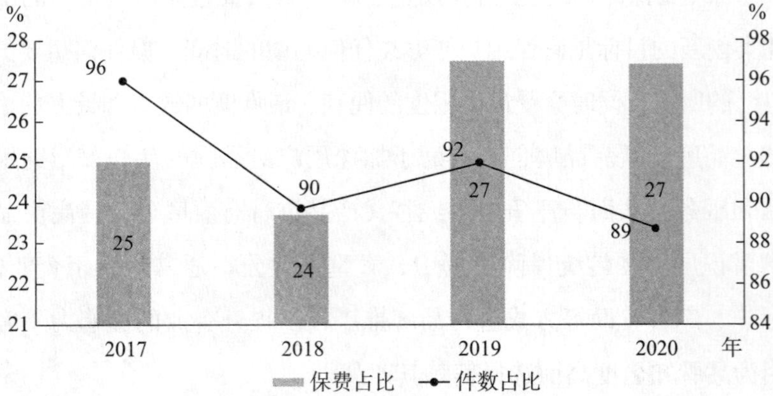

图7-2　互联网保险中场景保险件数和保费占比情况

（二）互联网产险主要场景

根据中国保险行业协会发布的《互联网和电话销售财产保险月览》，表7-1给出了互联网保险场景的分类：网络购物、支付消费、旅游出行、理财服务、专业服务、保险平台、综合场景、生活服务（该分类仅供参考）。为了使数据具有对比性，我们选择了38家主要机构，这38家机构在2017—2020年都入选了中国保险行业协会《互联网和电话销售财产保险月览》的互联网保险主要合作机构。

表 7-1　互联网产险主要场景的保费情况　　单位：万元

序号	合作机构	场景	2020 年	2019 年	2018 年	2017 年
1	淘宝网	网络购物	1019247	840051	524775	424446
2	支付宝	支付消费	645109	689567	455681	232643
3	天猫	网络购物	163994	151086	93861	74086
4	小赢理财	理财服务	48943	107943	111802	35333
5	同程网	旅游出行	22828	79538	47486	15882
6	去哪儿网	旅游出行	4915	59771	63992	83376
7	携程网	旅游出行	10213	53076	56048	113141
8	美团网	生活服务	87682	50561	27134	15139
9	明亚经纪	专业服务	17827	24742	13608	24675
10	泛华集团	专业服务	17896	23899	13714	10697
11	大童经纪	专业服务	16171	23701	21451	12018
12	E 家保险	保险平台	5648	18626	40950	13058
13	去啊 / 飞猪	旅游出行	4920	18218	23919	25586
14	广州向日葵经纪	专业服务	14824	17488	19309	9370
15	启舰	综合场景	23247	15923	10100	5479
16	慧择网	保险平台	7673	15521	18348	16601
17	滴滴出行	旅游出行	18447	14995	5547	4901
18	保险师	保险平台	3581	14025	5555	1185
19	京东	网络购物	10070	11957	14356	7662
20	大特保经纪	专业服务	12240	11684	8585	7307
21	宜信博诚保险	理财服务	151	9977	14830	17903
22	北京十一贝科技	综合场景	3724	9957	12873	20287
23	中民保险网	保险平台	4544	8172	9012	13253

续表

序号	合作机构	场景	2020 年	2019 年	2018 年	2017 年
24	江泰经纪	专业服务	2553	6567	4266	16355
25	百川经纪	专业服务	579	3917	5397	5330
26	E 保网	保险平台	1938	3906	2762	4976
27	中怡经纪	专业服务	1664	3215	3010	2863
28	开心保	保险平台	1127	3160	3153	4593
29	航班管家	旅游出行	1200	2334	5388	3046
30	安馒保险网	保险平台	684	2325	484	675
31	新一站代理	专业服务	9574	2254	3023	2997
32	旅游卫士	旅游出行	549	2134	1255	0
33	酷讯	旅游出行	1343	1876	1797	1360
34	保翼网	保险平台	867	1491	1167	0
35	弘浩经纪	专业服务	746	1052	487	3433
36	深圳华大基因	健康服务	269	672	435	0
37	招商银行 - 出行易	理财服务	169	327	390	904
38	意时网	综合场景	202	270	1040	2887

（三）场景保费情况

表7-2给出了9个场景的保费收入情况，表7-3给出了各场景保费收入占比及单均保费情况。从中可以看出，互联网保险主要业务集中在网络购物、支付消费、旅游出行三大场景，占比接近85%；同时我们也看到，理财服务、专业服务、保险平台三大自建场景的单均保费远远高于其他场景。

表 7-2　互联网产险主要场景的保费收入情况　　单位：万元

场景	2020 年	2019 年	2018 年	2017 年
保险平台	26062	67225	81433	54340
健康服务	269	672	435	0
理财服务	49263	118247	127022	54140
旅游出行	64416	231941	205431	247291
生活服务	87682	50561	27134	15139

续表

场景	2020 年	2019 年	2018 年	2017 年
网络购物	1193311	1003094	632992	506194
支付消费	645109	689567	455681	232643
专业服务	94073	118519	92850	95045
综合场景	27174	26150	24012	28652
总计	2187359	2305976	1646990	1233444

表 7-3　互联网产险主要场景的保费占比和单均保费

场景	保费占比 /%				单均保费 / 元			
	2020 年	2019 年	2018 年	2017 年	2020 年	2019 年	2018 年	2017 年
保险平台	1.2	2.9	4.9	4.4	26.1	57.8	100.4	67.6
健康服务	0.0	0.0	0.0	0.0	20.1	23.0	23.0	—
理财服务	2.3	5.1	7.7	4.4	260.7	411.0	57.3	24.3
旅游出行	2.9	10.1	12.5	20.0	23.6	25.5	4.7	25.5
生活服务	4.0	2.2	1.6	1.2	0.8	1.4	2.5	3.1
网络购物	54.6	43.5	38.4	41.0	0.6	0.6	0.5	0.5
支付消费	29.5	29.9	27.7	18.9	1.4	0.8	0.6	1.8
专业服务	4.3	5.1	5.6	7.7	69.0	71.9	85.0	46.4
综合场景	1.2	1.2	1.6	2.4	1.8	40.6	30.4	32.1
总计	100.0	100.0	100.0	100.0	0.9	0.9	0.8	1.0

二、互联网场景保险思考

（一）互联网保险与场景化

互联网保险的场景化机会体现在三个方面：首先，大量场景下的保险产品具备小额和高频特征，因而大大降低了保险产品的使用门槛，加之其通常具备情感性和传播性，因此互联网保险的“低成本+传播性”已经成为保险普及教育工作的最佳入口，这是场景化对保险行业的重要价值；其次，新型的互联网技术给予开发场景化保险产品更多的机会，如基于手机的LBS服务和GPS设备可实时挖掘用户的保险需求；最后，以更低的成本进行批量获客，保险通常归属于弱需求，其需求意识需要场景触发，但现状是除了某些垂直行业的兼业代理机构，保险产品的营销普遍缺乏场景。随着互联网尤其是移动互联网的普及，场景化获客的成本和效率得到了明显的优化，不再需要过多人工介入，而是通过技术接口和服务模块的嵌入来加以完成。

（二）场景化保险的展望

首先，借助场景可开发大量小额、高频又带有情感关怀的保险产品，其情感性通常能够激发用户的分享和传播欲望，切身体会保险带来的保障红利，可能成为一个更有效的普及教育工具。类似场景化产品的开发通常具备以下几个特征：一是额度较小，购买门槛低，具备高频特征；二是风险适用群体基数较大，最好从衣食住行等基本需求出发，类似需求可通过用户反馈和投诉来获取，最典型的即为各类延误险；三是具备情感性和传播性，带有情感关怀或趣味性强。

其次，借助LBS服务、GPS设备甚至智能硬件等新型技术，可根据实时场景和行为习惯来捕捉用户需求，提供相应保险服务。

最后，借助线上和线下场景进行批量获客。保险公司早期已经在线下建立了一些场景化获客渠道，诸如早期机场对航空意外险的代理、旅行社对旅行意外险的代理以及4S店对车险的代理，而互联网拓宽了场景化客户的渠道，同时大幅提高了效率。

（三）场景化保险的思考

场景化获客渠道的选择可遵循如下几条思路：能够以更低成本介入的线下获客场景；原本存在于线下但被转移至线上的获客场景；与传统线下获客场景提供同类服务的线上场景；新型互联网互动、交易和服务场景，如因新技术应用带来新风险的场景，它们往往集中于被技术改造幅度较大的行业，如实时通信中的隐私泄露风险和移动支付中的资金安全风险等。

用场景来发现用户，用需求来吸引用户，用服务体验来留住用户，这是场景保险的基础。产品的场景化是基于用户的需求反向制定产品的商业模式和商业逻辑。场景化的产品更强调用户服务体验，这正是互联网思维中用户思维想要传递的价值思想。场景为保险产品带来了无限的想象空间……

电话销售保险为互联网保险腾挪空间

一、电话销售保险的没落（产险五年退变）

（一）参与情况

2016年，在88家产险公司中，共有33家公司先后参与了电销业务（电话销售保险）；2017年，都邦财险、富德财险、泰山财险、恒邦财险退出，降为29家；2018年，安诚财险退出，参与公司降为28家；2019年，长安责任、永诚保险、英大财险、浙商保险、鑫安保险退出，降为23家；2020年，大家财险、紫金财险、利宝保险、鼎和保险退出，降为19家。

图7-3给出了2016—2020年产险公司电销参与情况，同时给出了网销参与情况；从参与数量上看，相对于网销，电销显然已经进入没落期。

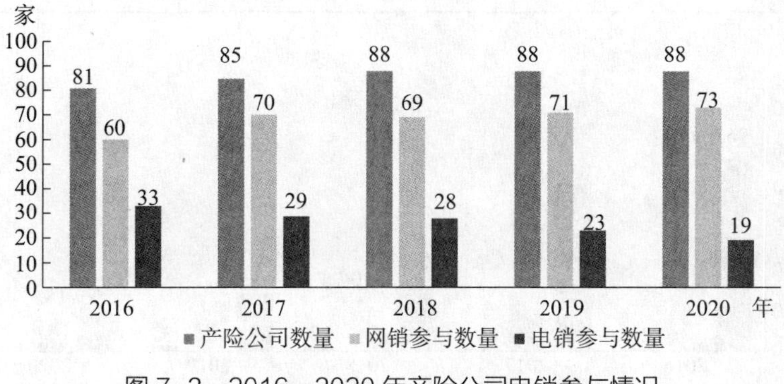

图 7-3　2016—2020 年产险公司电销参与情况

（二）电销概览

2020年，产险电话销售保险实现保费收入190.2亿元，同比增长-33.96%。其中，车险保费收入161.6亿元，同比增长-36.66%，占84.95%；非车险保费收入28.6亿元，同比增长-13.05%，占15.05%。2020年，车险电话销售保险保费收入中，车险呼入业务保费收入4.9亿元，占3.02%；车险呼出业务保费收入59.3亿元，占36.70%，车险续保业务保费收入97.4亿元，占60.28%。表7-4给出了2016—2020年产险公司电销业务保费情况，图7-4给出了2016—2020年车险电销和非车险电销保费对比情况。

表7-4　2016—2020年产险公司电销业务保费情况　　单位：亿元

险种分类	业务类型	2020年	2019年	2018年	2017年	2016年
车险	呼入业务	4.9	13.0	22.2	73.6	133.9
	呼出业务	59.3	78.2	109.2	290.2	807.4
	续保业务	97.4	164.0	179.1	444.9	—
	小计	161.6	255.2	310.5	808.7	941.3
非车险	财产险	0.8	0.5	0.2	0.2	—
	意外健康险	27.2	31.7	26.4	24.1	—
	信用保证险	0.3	0.3	—	—	—
	责任险	0.2	0.3	0.3	0.1	—
	其他	0.1	0.1	0.1	0.0	—
	小计	28.6	32.9	27.0	24.4	21.2
合计		190.2	288.1	337.5	833.1	962.5

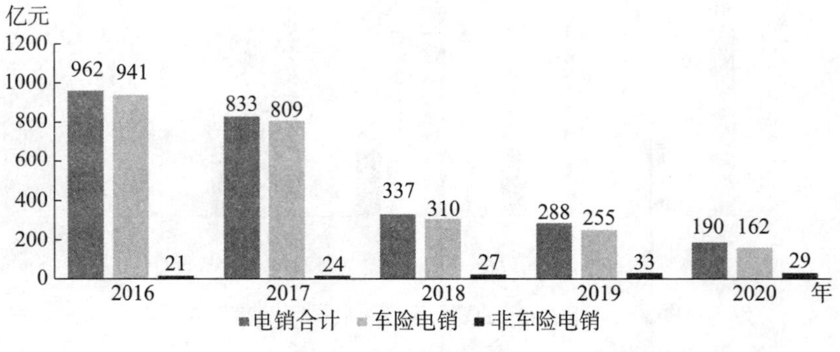

图7-4　2016—2020年车险电销和非车险电销保费对比情况

图7-5给出了2016—2020年产险公司电销与网销的渗透率情况，电销从2016年的10.4%下降到2020年的1.4%，网销从2016年高点虽有下降，但最近两年开始稳步上升，2020年达到5.9%，是电销的四倍多。

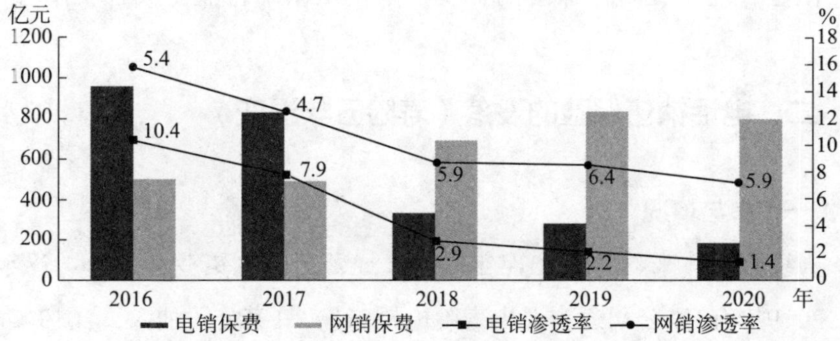

图 7-5　2016—2020 年产险公司电销与网销渗透率情况

从电销规模上看（见图7-6），我们进一步见证了电销的没落，甚至可以说电销已经进入“食之无味”的尴尬境地。

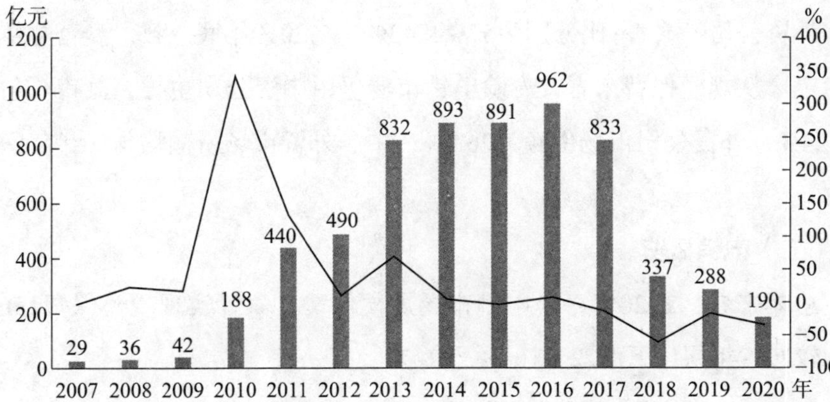

图 7-6　2007—2020 年产险电销保费变化情况

在互联网保险高速发展和“移动化、社交化、场景化、碎片化”深入发展的背景下，电销模式的局限性已经充分暴露，电销行业已经进入“壮士断臂”时期。此时，我们不需要再考虑电销如何转型，而是要考虑如何将电销融入网销之中。

自原中国保监会2007年批准车险电销产品入市以来，由于拥有低价优势以及集中运营、超常规营销投入等，电销渠道的竞争力持续爆发；但是，随着互联网保险的普及，电销从朝阳行业变成了夕阳行业。

二、电话销售保险的没落（寿险五年退变）

（一）参与情况

从经营主体来看，自2014年以来，经营寿险电销业务的公司逐年减少，2019年有3家公司逐步退出寿险电销市场，1家公司加入，2019年末，仅有21家人身险公司开展寿险电销业务。规模保费一直排名前十的中国人寿在2019年正式退出寿险电销市场。预计未来几年，可能有更多保险公司将逐步退出寿险电销市场。

2020年，共有21家人身险公司经营寿险电销业务，其中中资公司12家，外资公司9家，占比分别为57%和43%，与2019年底一致，经营主体保持稳定。从规模保费来看，寿险电销市场仍由中资公司主导，其市场份额达73.4%，外资公司市场份额为26.6%，中、外资市场份额均与2019年保持一致。

（二）电销概览

总体来看，2020年寿险电销市场规模保费，累计实现规模保费136亿元，较2019年同比下滑22.5%（见图7–7）。

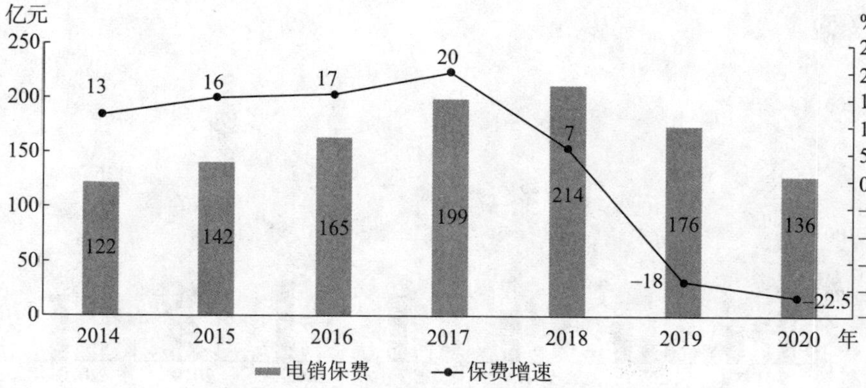

图 7-7　2014—2020 年寿险电销市场发展情况

图7-8给出了2014—2020年寿险电销渗透率情况，电销从2014年的1%下降到2019年的0.4%。

从渠道来看，2019年19家公司通过自建机构共实现规模保费85亿元，同比下滑22.6%，占寿险电销总规模保费的62.5%，与2018年基本保持一致。18家公司通过合作机构共实现规模保费51亿元，同比下滑22.4%，占寿险电销总规模保费的37.5%。

图7-9给出了2014—2020年寿险电销保费渠道分布情况，总体来看自建渠道保费在逐年下降，合作机构保费在逐年上升。

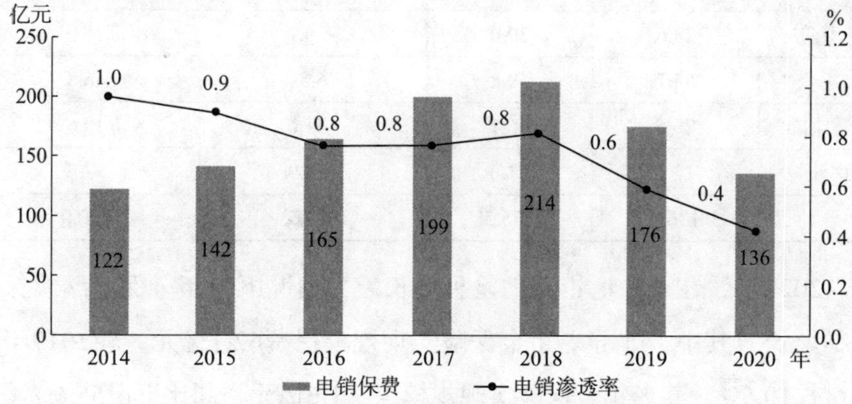

图 7-8　2014—2020 年寿险电销渗透率情况

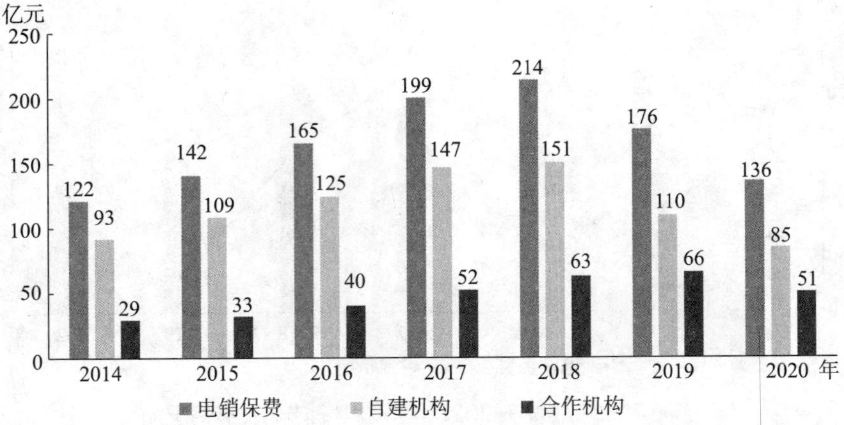

图 7-9　2014—2020 年寿险电销保费渠道分布情况

2020年，寿险电销产品结构持续调整（见表7-5）。年金保险累计实现规模保费63.7亿元，较2019年同比增长6.5%，占比为46.8%，仍为主力险种。人寿保险实现规模保费28.6亿元，较2019年同比下滑26.7%，占比为21%，取代健康险成为第二大险种。健康险实现规模保费26.6亿元，较2019年同比下滑41%，占比为19.6%。意外险实现规模保费17.1亿元，较2019年同比下滑45.9%，占比12.6%。

表 7-5　2020 年寿险电销险种分布情况

险种	2020 年 / 亿元	2019 年 / 亿元	2020 年增长率 /%	2020 年占比 /%
寿险	28.6	39.0	–26.7	21.0
年金	63.7	59.8	6.5	46.8
健康险	26.6	45.1	–41.0	19.6
意外险	17.1	31.6	–45.9	12.6
合计	136.0	175.5	–22.5	100.0

2020年，在寿险电销其他险种增长乏力情况下，年金保险继续保持平稳增长。其中，非养老年金保险实现规模保费62.1亿元，较2019年同比增长10.5%，养老年金保险实现规模保费1.6亿元，同比下滑55.6%（见图7-10）。

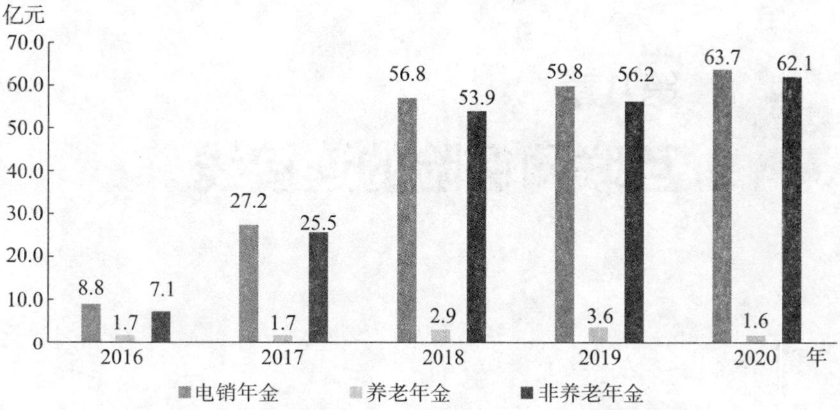

图 7-10　2016—2020 年寿险电销年金分布情况

2020年，寿险电销行业销售人力持续下滑。截至12月末，总销售人力为64362人，较2019年底同比减少3.9%，销售人员流动仍是影响电销行业发展的关键因素（见图7-11）。

随着金融科技的发展，电话销售保险获得了更多的工具，比如多媒体的融合以及与互联网保险的融合，电话销售保险能否二次崛起？还是说电话销售保险早就在为互联网保险腾挪空间……

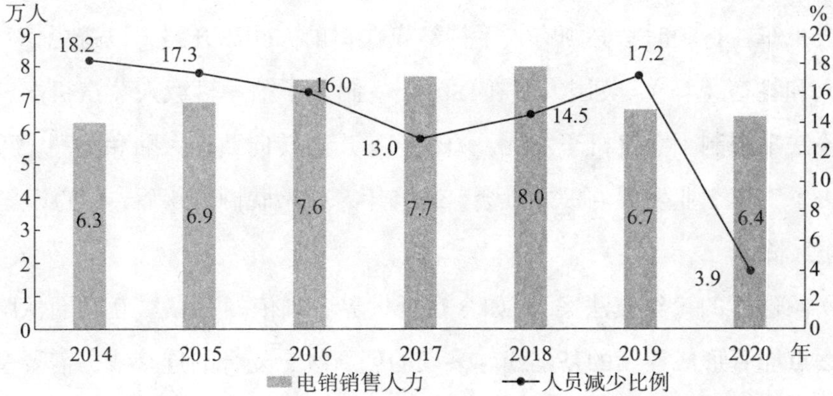

图 7-11　2014—2020 年寿险电销销售人力变化情况

第八章

互联网保险的连接线

灵感并不是在逻辑的延长线上产生的，而是在破除逻辑或常识的地方产生的。

——阿尔伯特·爱因斯坦

19世纪中期，欧洲的道路上，马车纵横，马粪遍地，蒸汽机车与马车互相抢道。为了限制蒸汽机车，1865年英国政府通过了《道路（蒸汽）机动车法》（后被人嘲笑为《红旗法案》），将蒸汽机车在乡下和城市的速度分别限制在每小时3公里和6公里，而马车并无任何限速。该法案还要求，蒸汽机车在行驶时，必须有人手持红旗在车前方60码开路，以避免惊吓到行人和牲畜（马）。英国人早在1801年就制造了第一辆载人蒸汽机车，但是该法案限制了蒸汽机车发展，迫使汽车产业转向欧洲大陆和美洲，英国失去了汽车工业发展的极好机会。1895年，整整耽搁30年后，《红旗法案》才被废除。

像这样的《红旗法案》，如今在全世界各国依然存在。互联网保险的引爆点能否形成连续的基础线、多变的创新线、复合的连接线，需要基于一定的模式来选择可连接的创新点，促使点动成线。

互联网保险的十大连接线

一、连续的基础线和多变的创新线

（一）互联网保险创新工具：点动成线

每一种创新类型都有着不同的行动战略——创新工具箱（见图8-1）。每种战略都有其独特的使用方法和局限性。创新十型法作为实用工具，能够帮助诊断并丰富互联网保险机构正在实践的创新，或者帮助互联网保险机构分析现有的竞争态势，它能够揭示差距或发现成就与众不同的潜在机会，甚至颠覆市场。在互联网保险发展过程中，恰当地运用创新工具有助于互联网保险更快、更准确地完成创新目标。

架构				产品		体验			
盈利模式	网络	结构	流程	产品性能	产品系统	服务	渠道	品牌	客户互动
高端	合并/收购	组织设计	灵活制造	特征聚合	交叉销售	先试后买	扩张	联合品牌	流程自动化
成本领导力	整合	人才系统	标准化	新增的功能	扩展/插入	保证	旗舰店	品牌效应	简单化
分析预测	开放式创新	奖励制度	本土化	高级产品	产品捆绑	忠诚度计划	直接购买	自有品牌	综合处理
定量使用	二级市场	IT整合	流程效率	便捷性	模块化系统	增值	非传统渠道	品牌延伸	经验支持
稀少定价	供应链整合	外包	流程自动化	互动功能	产品/服务平台	监管负责人	接送服务	新品牌	掌控
订阅	互补的伙伴关系	众包	按需生产	环境敏感性	综合产品	整体经验管理	间接销售	组件品牌	自治与权威
会员制	合作	社会网络	精益生产	安全		辅助服务	交叉销售	价值统一	社区和归属感
安装基础	特许经营	共享后支持	物流系统	简单化		优质服务	按需求销售	证明	个性化
拍卖	竞合	企业大学	战略设计	定制		个性化信息			个人化
用户定义		分权管理	知识产权	焦点		用户社会/支持系统			
免费增值		知识管理		保护		租赁或贷款			
灵活定价				样式					
浮动									
融资									
销量									
广告支持									
许可									
多层次营销									

图 8-1　创新十型法下的创新工具

（二）互联网保险创新模式选择

波士顿咨询公司发布的《商业模式创新白皮书》指出，任何一个商业模式都是一个由客户价值、企业资源和能力、盈利方式构成的三维立体模式。其中，客户价值主张，是指企业通过一个既定价格向其客户或消费者提供服务或产品时所需要完成的任务；资源和生产过程，是指支持客户价值主张和盈利模式的具体经营模式；盈利公式，是指企业为股东实现经济价值的过程。因此，在判断互联网保险应该采用哪些创新类型时，首先要判断互联网保险创新的方向，将客户价值、企业资源和能力、盈利方式具象到互联网保险创新，可以被概括为业务模式、平台或客户体验（见图8–2）。

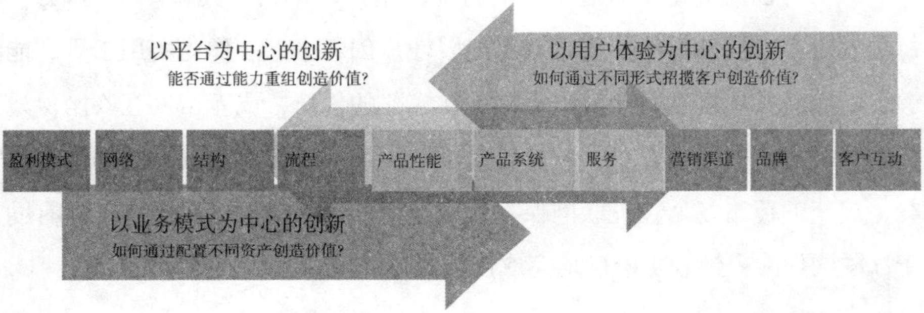

图 8–2　创新十型法下的三种模式

在了解这三个中心之后，互联网保险机构只要能够洞悉竞争对手在市场中正在进行的创新活动，就能判断出是否应该有意识地对现有项目加倍投入或是另择创新方向。

第一，互联网保险所在行业的创新驱动力是什么？在大多数行业中，创新驱动力都聚焦在各种产品上。无论你和你的竞争者正在做什么，请先反思一下："我们能做哪些与众不同的？"如果你的竞争者把创新聚焦在产品和服务上，你是否可以在盈利模式上另辟蹊径？

第二，哪些创新类型是互联网保险的关键？设想一下，如果去掉其中任何一项创新，互联网保险的经营会垮掉吗？认真思考以上两个问题后，接下来是确定创新转型的主要方向。

（1）转变业务模式。这种创新首先专注于配置资产、能力和价值链上的其他要素，追求以差异化的方式服务客户并获得利润。商业模式转变首先从框架的左边开始（包括盈利模式、网络、结构和流程创新），然后不断向右移动，添加互联网保险商业模式增效所需的补充项目。高效优质的业务模式是互联网保险的经营特色，也将是未来互联网保险能够补充传统保险市场空白的核心优势。

（2）转变平台。传统保险经常以它的产品为中心，并不断为其增加特性或功能，却很少有其他措施。平台驱动的创新关注对能力、产品和服务的重新使用、重新组合或是发现新的关系，从而为客户提供全新的价值。开发这种全新的平台模式首先要从框架的中间开始（包括流程、产品表现、产品系统以及服务创新），整合这几类创新以创建一个坚实的基础，然后不断往框架的两端延伸，添加其他种类的创新以帮助互联网保险的平台发挥作用。卓越的平台能帮助客户化繁为简，可以通过连接不同群体、能力和产品发现新的机遇。在帮助客户解决挑战时，这种平台创新是最富有成效的。

（3）转变客户体验。这种创新首先是以独特的方式连接、服务和吸引客户，改变他们与企业和产品的互动。这种转变要先从框架的右边开始（包括渠道、品牌以及客户交互），不断往左边移动添加新的创新种类使客户体验发挥作用。当市场中某种品类竞争过于激烈、陈腐守旧或是过于复杂时，提供卓越用户体验就是不可或缺的。用户体验在面对高度互联的客户群时特别重要，因为任何关于客户体验的消息都能迅速传播开。用户体验创新适用于任何行业，以用户为基础的互联网保险，更应注重提升客户体验。

二、互联网保险复合的连接线：十大连接线

（一）盈利模式

盈利模式是指对互联网保险经营要素进行价值识别和管理，在经营要素中找到盈利机会，即探求利润来源、生产过程以及产出方式的系统方

法，是互联网保险机构通过对自身以及相关利益者资源的整合而形成的一种实现价值创造、价值获取、利益分配的组织机制及商业架构。

（1）盈利模式的关键。创新盈利模式通常需要挑战互联网保险机构原有的产品体系、定价策略及收益模式：一是溢价方式，对提供的产品和服务收取高于竞争对手价格的费用；二是采用拍卖的形式，完全由市场定价。

（2）主要考虑的问题。①互联网保险经营的方式是否不同于竞争对手或同业标准？②对于互联网保险提供的产品和服务，与传统保险业务相比有何优势？③互联网保险的边际效益是否显著高于或低于竞争对手？在可变成本或固定成本方面是否有显著区别？④业务是否能很快产生现金流？是否对流动资金需求很低（甚至为负）？

（3）关键行动举措。盈利模式分为自发的盈利模式和自觉的盈利模式两种。前者的盈利模式是自发形成的，企业对如何盈利，未来能否盈利缺乏清醒的认识；企业虽然盈利，但盈利模式不明确不清晰，具有隐蔽性、模糊性、缺乏灵活性的特点。后者是自觉的盈利模式，是企业通过对盈利实践的总结，对盈利模式加以自觉调整和设计而成的，它具有清晰性、针对性、相对稳定性、环境适应性和灵活性的特征。

在市场竞争的初期和互联网保险发展的不成熟阶段，互联网保险的盈利模式大多是自发的。随着市场竞争的加剧和互联网保险不断成熟，互联网保险将逐步重视对市场竞争和自身盈利模式的研究，努力找到自有的盈利模式。

（二）网络资源

全球性的竞争催生了网络资源（Network Resource）概念的形成。网络资源是指企业在国内外寻找战略伙伴或同盟者，并与他们结合起来，以获得更广泛、更有效的地区市场的一种发展战略。

（1）网络资源的关键。一是企业发挥自身优势的同时借助其他企业能力和资产；二是建立次级市场连接非主流消费者；三是建立特许经营，将专有企业理念、能力和内容特许授予合作伙伴。

（2）主要考虑的问题。①互联网保险是否要与其他公司或意想不到的合作伙伴共同开发新的产品或服务来转变固有业务？②是否建立了与众不同的合作关系？例如，互联网保险是否和看起来与当前业务毫无关系的企业或竞争对手建立联系？③相反，互联网保险是否通过出借自身的渠道、流程、品牌或其他独特的资产为其他企业提供产品和服务？④是否与其他供应商或者客户合作来开发、测试或营销新产品？

（3）关键行动举措。网络资源的建立，为互联网保险机构在市场上同时推出多种新产品提供了可能；因而，也减少了因各种原因限制，使其产品在进入市场时因时间上的延误而导致被仿制者夺走市场的风险。①商品流通功能。网络资源首先是一个渠道，一个实现资金流和物流不断对流，从而使互联网保险不断获得生存和发展动力的渠道。②信息采集功能。互联网保险必须加强制度管理和综合培训，以确保网络信息流动的快速和畅通，发挥网络在这方面的潜能。③网络的兼容性。网络的兼容性，即互联网保险在实现一种产品销售的基础上，能不断适应组织发展、新品拓展的需要，迅速有效地提高企业其他品类产品的销售力，使其快速攻入市场并提高市场占有率。当然，网络在兼容的同时也要注意自身产品之前的形象定位，尽量削弱对这种定位的负面影响，并达到不同产品之间在同一网络内互相映衬的效果，以有效节约企业资源。

（三）结构体系

企业组织结构的概念有广义和狭义之分。狭义的组织结构，是指为了实现目标，在组织理论指导下，经过组织设计形成的组织内部各个部门、各个层次之间固定的排列方式，即组织内部的构成方式。广义的组织结构，除了包含狭义的组织结构内容外，还包括组织之间的相互关系类型，如专业化协作、经济联合体、企业集团等。

（1）结构体系的关键。涉及企业人才和资产性质及其组织方式：一是创建激励机制鼓励员工完成特定指标；二是实现资产标准化以降低企业的运营成本和复杂性；三是提供细致、持续的培训。

（2）主要考虑的问题。①互联网保险是否具有独特的或不同寻常的组织结构？②互联网保险使用“硬资产”的方式是否与竞争对手有显著区别？③互联网保险是否以吸引某个特定领域或职能上的顶尖人才而闻名？④看最近几年互联网保险目标制定得是否合理，是否如期实现。如果没有实现，是否存在不可抗拒的政策、市场、环境原因。如果存在这种原因，还要分析互联网保险在危机事件应对、发展预测分析、机会与风险研究等方面的行为。⑤看互联网保险发展战略制订的情况和实施情况。⑥看新战略对组织结构功能的要求与组织结构相应功能的历史表现之间的差异。⑦看互联网保险用户满意度的高低。

（3）关键行动举措。①扁平化。即组织结构的扁平化，就是通过减少管理层次、裁减冗余人员来建立一种紧凑的扁平组织结构，使组织变得灵活、敏捷，提高组织的效率和效能。②网络化。组织结构网络化主要表现为互联网保险机构内部结构的网络化和互联网保险机构间结构的网络化。互联网保险机构内部结构的网络化是指在组织内部打破部门界限，各部门及成员以网络形式相互连接，使信息和知识在企业内快速传播，实现最大限度的资源共享。③无边界化。无边界化是指互联网保险机构各部门间的界限模糊化，打破部门之间的沟通障碍，目的在于使各种边界更易于渗透，有利于信息的传送。无边界思想是一种非常具有新意的组织结构创新思想，它完全是超国界、超制度、超阶级、超阶层的。互联网保险机构内部无边界化，可以使互联网保险机构作为一个整体，从而提高整体功能。④多元化。企业不再被认为只有一种合适的组织结构，企业内部不同部门、不同地域的组织结构不再是统一的模式，而是根据具体环境及组织目标来构建不同的组织结构。互联网保险的管理者要学会利用每一种组织工具，了解并且有能力根据某项任务的业绩要求，选择合适的组织工具，从一种组织转向另一种组织。⑤柔性化。组织结构的柔性化是指根据环境的变化，调整组织结构，建立临时的以任务为导向的团队式组织。组织柔性的本质是保持变化与稳定之间的平衡，它需要管理者具有很强的管理控制力。⑥虚拟化。组织结构的虚拟化是指用技术把人、资金、知识或构想集中在一个无形（指具有实物形态的统一的办公大厦、固定资产和固定的人员等）的组织内，以实现一定的组织目标的过程。虚拟化的组织结构不具有常规企业所具有的各种部门或组织结构，而是通过网络技术把组织包含目标所需要的知识、信息、人才等要素联系在一起，组成一个动态的资源利用综合体。

（四）运营流程

运营流程是指为战略的实施人员提供明确指导方向，即领导者要在制订计划的过程中考虑到运营流程中可能出现的问题，并制订能够将战略和人员及结果联系在一起的运营计划。

（1）运营流程的关键。形成企业核心竞争力，可能包含专利性和专有性方法：一是精益生产系统减少浪费、降低成本；二是采用通用程序来降低成本并将复杂的流程标准化；三是以过去的性能数据为模型，预测未来成果形式的预测分析。

（2）主要考虑的问题。①制作或交付产品、服务和平台时，互联网保险的独特优势是什么？②互联网保险是否就某一特定技术、方法或流程拥有一系列专利？③当与竞争对手或行业标准相比较时，互联网保险的可变成本或运营资本是否明显较低？

（3）关键行动举措。①容量。对于大规模生产——低成本；对于小规模生产——高成本。②种类。对于多品种——成本高；对于少品种——成本低。③需求变动。对于需求波动——产能利用率低但成本高；对于需求稳定——产能利用率较高但成本低。④可见性。对于可见性高（服务型行业）——员工技巧要求高且单位成本可能比较高；对于可见性较低（生产型行业）——员工技巧要求低且单位成本可能比较低。

（五）产品性能

产品性能是指产品在一定条件下，实现预定目的或者规定用途的能力。

（1）产品性能的关键。产生全新产品、更新现有产品并显著增加附加价值的现有产品线的延伸：一是简化所提供的产品或服务以便客户使用；二是提高产品和服务的可持续性而不损害环境；三是提供定制。

（2）主要考虑的问题。①互联网保险的产品或服务是否具有显著的优势，能够主导市场并获取高溢价？②与竞争对手相比，互联网保险的产品是否更加简单便于理解？③互联网保险的产品是否具有吸引客户的独一无二的特性和功能？④互联网保险的产品是否具有独特风格，或注重于特定的利基市场和受众，具有其他产品无法比拟的特性？

（3）关键行动举措。产品性能表现的情感化发展是现代设计的一大趋势。基于对情感和设计的科学研究，人性化因素的专家和设计者帕特里克·乔丹（Patrick Jordan）区分了四种快乐：①生理快乐。生理快乐包括视觉、声音、气味和触觉。生理快乐把本能水平的许多方面与行为水平的一些方面结合了起来。②社交快乐。社交快乐可以从与其他人的交互中得到。所有的通信技术，无论是电话、手机、电子邮件、短信，还是定期的邮件，都发挥着重要的社交作用。社交快乐甚至可以作为产品使用的副产品。于是，咖啡间和邮件室充当了同事临时聚会的主要地点。③精神快乐。这一方面的快乐涉及人们在使用产品时的反应和心理状态。④思想快乐。这种快乐存在于经历的思索过程。互联网保险在产品性能的表现上可以将设计触角伸向人的情感因素，通过富有审美情调的设计，其产品必将赋予人们更多的意义。

（六）产品系统

产品系统（或产品组合、产品搭配）是指一个企业在一定时期内生产经营的各种不同产品、产品项目的组合。

（1）产品系统的关键。互通性、模块化、整合和其他创造价值的方式将原本明显不同的产品和服务联合在一起，建立起能获取、吸引客户，并能抵抗竞争的生态系统：一是产品捆绑，促进其他企业为之开发产品和服务；二是现有产品的延伸、产品与服务组合和互补产品。

（2）主要考虑的问题。①互联网保险是否提供了多种产品，并以独特的方式结合各个产品？②互联网保险所提供的独立产品和服务，是否也能被整合在一起或者打包销售？③是否有其他公司创造了能与互联网保险的产品和服务相互作用的新产品，甚至是其他公司的产品和服务要依赖这些新产品来发挥功能？

（3）关键行动举措。产品系统包括四个因素：产品系列的宽度、长度、产品系列的深度和产品系列的关联性。这四个因素构成了不同的产品组合。①宽度，指企业的产品线总数。产品线也称产品大类、产品系列，是指一组密切相关的产品项目。这里的密切相关可以是使用相同的生产技术，产品有类似的功能，同类的用户群或同属于一个价格幅度。产品组合的宽度说明了互联网保险的经营范围大小、跨行业经营，甚至实行多角化经营程度。增加产品组合的宽度，可以充分发挥互联网保险的特长，使互联网保险的资源得到充分利用，提高经营效益。此外，多角化经营还可以降低风险。②长度，指互联网保险的产品项目总数。产品项目指列入互联网保险产品线中具有不同险种、险别、价格或服务的最基本产品单位。通常，每一产品线中包括多个产品项目，互联网保险各产品线的产品项目总数就是互联网保险产品的组合长度。③深度，产品组合的深度是指产品线中每一产品有多少品种。产品组合的长度和深度反映了互联网保险满足各个不同细分子市场的程度。增加产品项目，增加产品的保障内容，可以迎合不同细分市场消费者的不同需要和爱好，招徕、吸引更多用户。④关联性，指互联网保险各产品线在最终用途、分销渠道等方面的相关联程度。

较高的产品关联性能带来互联网保险的规模效益和范围效益，提高互联网保险在某一地区、行业的声誉。

（七）服务模式

服务模式是一个过程，是指在合适的时间、合适的场合，以合适的价格、合适的方式向合适的用户提供合适的产品和服务，使用户的合理需求得到满足，价值得到提升的活动过程。互联网保险业务的用户部分充当了传统保险业务客户的角色，所以在互联网保险业务中，其对客户的服务被称为用户服务。

（1）服务模式的关键。卓越的服务创新给市场上平淡无奇的产品带来引人入胜的用户体验，吸引了更多回头客，正越来越多地采用电子界面实现。一是产品使用提升、维护计划、客户支持、信息与教育；二是提供担保；三是质量保证。

（2）主要考虑的问题。①用户是否对与互联网保险的交互经历赞不绝口？特别是出现问题时，总能妥善解决。②互联网保险是否利用网站、求助热线等方式突出产品附加特点，使客户能更加便捷地使用企业所推出的服务？③互联网保险是否对产品提供了吸引人的质保、担保或其他形式的保证？④互联网保险是否拥有强大的社区来帮助客户连接志趣相投的客户，或者提升他们的用户体验？

（3）关键行动举措。服务模式的关键是解决服务缺口，即弥补服务的期待与实际接受到的服务水准两者间的差距。①用户期望与管理者知觉的差距，即最高管理者与用户之间对服务品质的认知差距。②管理当局的知觉和服务品质的差距，即最高管理者与部门主管之间对服务品质的认知差距。③服务品质标准规定和服务传送的差距，即部门主管与现场服务人员之间对服务品质的认知差距，而服务传送包括服务接触前和服务接触后两种。④服务传送和外部沟通的差距，即现场服务人员与消费者接触到的广告信息之间的差距。⑤知觉服务和期望服务的差距，即消费者本身的期望和实际接受到的服务之间的差距。

（八）营销渠道

营销渠道是指某种货物或劳务从生产者向消费者移动时，取得这种货物或劳务所有权或帮助转移其所有权的所有企业或个人。简单说，营销渠道就是商品和服务从生产者向消费者转移过程的具体通道或路径。

（1）营销渠道的关键。应通过多种渠道互补的方式为客户提供产品和服务：一是旗舰店能创造标志性场地并展示企业品牌和产品；二是游击店适合做成短期或节假日快闪性质的店铺；三是电子化或直销渠道能减少管理费用；四是间接分销向终端客户宣传或交付产品。

（2）主要考虑的问题。①互联网保险在向用户提供保险服务时，是否有别于行业内常规方式？②互联网保险是否采用互补的不同渠道？例如，通过直接代理销售产品，还是通过其他渠道销售产品？③用户是否将与互联网保险间的难忘交互体验告知他人？④是否有其他参与者，如合作伙伴、客户甚至竞争对手来帮助销售或交付产品或服务？

（3）关键行动举措。①渠道运作，以终端市场建设为中心。②渠道支持，由机械化转向全方位化。③渠道格局，由单一化转向多元化。④渠道结构扁平化。⑤直接渠道或间接渠道的营销策略。⑥长渠道或短渠道的营销策略。⑦宽渠道或窄渠道的营销策略。⑧单一营销渠道和多营销渠道策略。⑨传统营销渠道和垂直营销渠道策略。

（九）品牌影响

品牌影响是指品牌开拓市场、占领市场并获得利润的能力。品牌影响已成为左右用户选择商品的重要因素。品牌影响是核心影响力和外延影响力的综合反映，是影响力在更高层次上的提升和最集中体现。

（1）品牌影响的关键。卓越的品牌创新，向客户传递的是承诺和独特的品牌识别，一般源自企业在各个客户接触点的精心策划策略实施的结果，包括沟通、广告、服务交互、渠道环境和员工及企业伙伴行为：一是代表一个伟大理念或价值观；二是产品部件品牌化。

（2）主要考虑的问题。①与竞争对手相比，互联网保险是否具有与众不同的、鲜明的形象或品牌标志？②互联网保险的用户是否认为他们本身是以品牌为核心的社群的一部分？③互联网保险的品牌是否被其他业务合作伙伴使用过，如供应商、客户甚至是竞争对手？④互联网保险是否将品牌延伸至非常多样化的业务或者利用品牌促进整合或连接各种产品和服务？

（3）关键行动举措。互联网保险品牌影响的关键行动举措如下：①明确产品理念和准确的市场定位。②明确产品的设计风格和要树立的企业形象。③着手开发目标产品。④制订详细可行的营销计划、阶段性的目标。⑤在实行营销策略的同时，配合实行广告宣传策略，制订详细的组织形象、产品宣传计划，配合营销工作扩大互联网保险的影响力。⑥要时刻留意并考虑品牌的延伸，为品牌的未来发展设定好道路。⑦注重品牌管理、品牌维护工作。⑧一个好的品牌一定要具有公益性，要能创造社会价值，或者成为振兴民族的栋梁。

（十）用户互动

为了在市场上能够为用户提供为其带来优异价值的产品和服务，互联网保险需要充分利用信息的潜在内涵和各种互动技巧，努力在用户的购买流程中发展与用户的合作关系。在实践中，除了向用户提供定制化的产品和服务外，以用户为中心的观念还应包括与用户互动的类型和风格。通过互动、对话来建立对用户的了解，知道什么时候提供什么保险保障，才能增强用户与互联网保险的黏度。相关资料积累得越多，就可以越准确地掌握用户的需求，为应对不同挑战所提出对策的有效性也就会越高，从而降低风险，提高企业利润。

（1）用户互动的关键。出色的用户交互创新提供了广阔的可能性，能够帮助用户寻找让部分生活更难忘、更愉快或更奇妙的方式：一是利用科技的力量实现优雅的简化；二是优雅地包装商品等动作。

（2）主要考虑的问题。①互联网保险是否改进了那些晦涩的、困难的或复杂的产品，使用户更容易使用它们？②互联网保险的产品或服务是否具有独特的产品标识、地位或拥有用户的认同感？③互联网保险的产品或服务所体现的是企业本身的特征吗？④是否有用户认为某个产品或服务已经成为他们生活的一部分？

（3）关键行动举措。随着用户角色的转变和竞争的加剧，互联网保险必须与用户进行有效的互动。对于用户管理而言，用户与互联网保险的互动并不只是简单的信息交换，而是要让互联网保险与用户建立一定的联系，并由此实现有效的用户互动。一般而言，用户只愿意与具备最优秀用户互动能力的企业进行接触，所以成功的用户互动管理可以使互联网保险获得更大的用户数量和更多的保费收入。

虽然存在着众多的影响用户互动的因素，但无论是通过面对面的交流、电话、电子邮件或网站，还是其他渠道，参与互动的人、技术和流程都是用户互动中的三大关键因素。只有对这三项因素进行综合管理，才能为用户创造出满意的用户互动。

互联网保险五年嬗变（88家产险公司）

一、市场概况

2020年，88家产险公司中有73家开展互联网财产保险业务，占比83%。2020年互联网财产保险保费收入797.95亿元，同比增长-4.85%。其中，车险保费收入220.60亿元，同比增长-19.64%，占比27.65%；非车险保费收入

577.35亿元，同比增长2.35%，占比72.35%。

图8-3给出了2011—2020年产险公司互联网保险的保费规模及增长情况，可以看出最近几年增长率逐年下降。2019年互联网车险出现大幅度负增长，非车险实现大幅度增长；2020年继续延续了该发展态势，可谓此消彼长。由此可见，产险公司互联网保险开始回归正途，车险不再为了费用而互联网化。

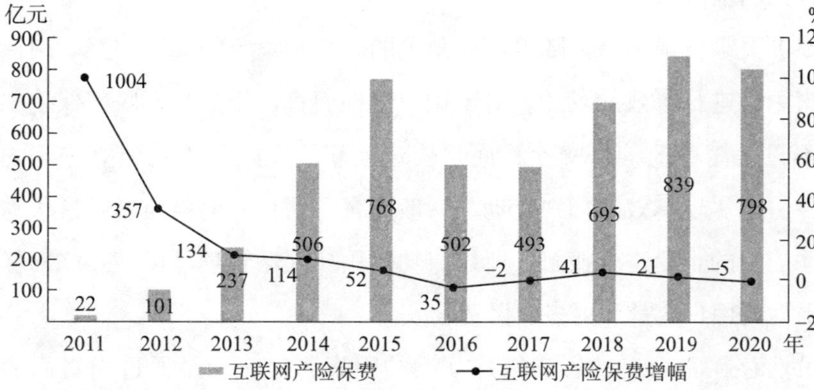

图 8-3　2011—2020 年产险公司互联网保险经营情况

图8-4给出了2011—2020年产险公司互联网保险的市场份额，图中显示互联网保险的市场份额从2011年的69%下降到2020年的27%。

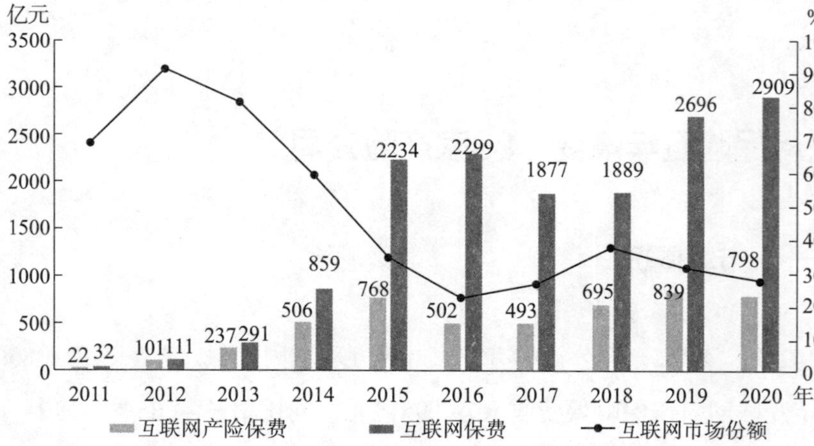

图 8-4　2011—2020 年产险公司互联网保险市场份额

二、险种分析

从险种角度分析，2020年产险互联网保险中，车险保费收入220.60亿元，占27.65%；非车险保费收入577.35亿元，占72.35%，其中意外健康险保费收入320.05亿元，占40.11%，财产险保费收入31.40亿元，占3.94%，责任险保费收入47.35亿元，占5.93%，信用保证险保费收入62.52亿元，占7.84%，其他非车险（主要包括退货运费险）保费收入116.05亿元，占14.54%。

表8-1给出了近五年各险种互联网保险保费占比情况（互联网保费占比=该险种互联网保费/该险种保费）以及单均保费情况。其中，意外健康险的互联网保费占比逐年提高，2020年达到19.3%，互联网化最高；单均保费逐年下降，保单的碎片化越来越严重。

表 8-1　近五年各险种互联网保险保费情况

险种	互联网保费占比 /%					互联网单均保费 / 元				
	2020年	2019年	2018年	2017年	2016年	2020年	2019年	2018年	2017年	2016年
车险	2.7	3.4	4.7	4.1	5.8	1442	1213	1574	2042	2084
财产险	6.4	5.8	3.9	5.1	2.5	2.0	1.8	1.2	1.3	10.8
意外健康险	19.3	19.6	17.0	12.6	9.2	16.7	3.7	2.2	5.1	27.6
信用保证险	7.0	12.5	5.9	3.1	1.8	1.2	4.6	2.3	1.1	0.8
责任险	5.3	3.8	4.2	4.7	2.8	2.2	2.3	2.3	2.0	4.5
其他	8.3	9.2	6.3	4.3	3.6	0.7	0.7	0.5	0.5	0.5
互联网保险	5.9	6.4	5.9	4.7	5.4	2.9	3.0	2.9	3.8	7.7

三、渠道分析

从渠道角度分析，产险公司通过公司PC官网实现保费收入为38.39亿元，占4.81%；通过移动终端（APP、WAP和微信等方式）实现保费收入149.46亿元，占18.73%，其中通过移动APP实现保费97.22亿元，通过移动官网手机WAP实现保费9.80亿元，通过微信平台实现保费42.45亿元；通过保险专业中介机构实现保费收入为257.95亿元，占32.33%；通过第三方网络平台实现保费收入为335.28亿元，占42.02%；通过其他渠道实现保费收入16.87亿元，占2.11%。

表8-2给出了近五年各渠道互联网保费占比情况，产险公司自营网络平台占比逐年下降，但其中微信公众号占比逐年提高；保险专业中介机构、第三方网络平台的保费占比逐年提高。

表 8-2　近五年各渠道互联网保费占比情况　（%）

渠道分类	2020 年	2019 年	2018 年	2017 年	2016 年
保险公司自营网络平台	23.54	29.2	44.6	52.0	67.8
PC 官网	4.81	5.9	7.5	14.6	55.3
移动官网手机 WAP	1.23	1.0	0.5	28.9	4.1
移动 APP	12.18	16.3	21.5	1.5	4.9
微信公众号	5.32	6.0	15.1	7.0	3.4
保险专业中介机构	32.33	23.1	18.8	12.4	11.0
第三方网络平台	42.02	45.8	33.6	31.7	18.5
其他	2.11	1.9	3.1	3.9	2.7

四、公司分析

88家产险公司，有的还在观望，有的还在退缩，互联网保险难道要慢慢来？还是因为没有做好？2020年，产险公司互联网保费前三名为众安在线、泰康在线和人保股份。表8-3给出了88家产险公司互联网保费规模和占比情况（互联网保费占比=公司互联网保费/公司保费），根据近五年互联网保险占比情况来看，中资产险公司平均占比5.4%，外资产险公司平均占比16.2%，行业平均占比5.7%；外资产险公司互联网保费占比逐年提高，从2016年的2.8%提高到2020年的24.8%，互联网化程度较高；中资产险公司近几年基本持平。

表 8-3　88 家产险公司互联网保费情况

序号	公司	互联网保费收入 / 亿元					互联网保费占比 /%	
		2020 年	2019 年	2018 年	2017 年	2016 年	2020 年	5 年平均
1	人保股份	69.9	162.1	106.0	40.5	183.9	1.6	3.0
2	大地财产	54.1	64.0	40.7	23.0	19.6	11.3	9.3
3	出口信用	2.0	0.3	0.0	0.0	0.0	1.2	0.3
4	中华联合	14.1	8.5	13.3	8.8	10.3	2.7	2.5
5	太保财	63.4	73.8	42.2	28.1	20.8	4.3	3.7
6	平安财	40.2	63.6	128.6	148.4	117.7	1.4	4.5
7	天安	2.7	1.1	9.6	8.1	11.9	1.7	4.6
8	华安	16.3	14.8	10.0	16.3	7.3	11.0	10.3
9	永安	11.2	11.6	9.4	14.3	13.0	10.6	12.1
10	太平保险	41.0	37.4	28.8	17.6	12.8	14.6	11.1
11	亚太产险	1.1	3.9	4.9	3.8	1.1	2.2	7.9
12	中银保险	0.5	3.6	3.3	1.6	0.7	1.1	3.3
13	安信农业	0.1	0.1	0.1	0.1	0.0	0.9	0.7
14	永诚	4.7	5.6	9.6	16.6	10.7	6.7	14.8
15	大家财险	3.2	0.2	0.9	0.5	0.0	5.4	1.8
16	国任产险	2.2	0.7	0.1	0.1	0.4	3.6	1.4
17	安华农业	0.3	0.1	0.0	0.2	0.0	0.5	0.2
18	阳光财产	18.7	13.1	11.3	11.3	12.5	5.0	3.8
19	阳光农业	0.2	0.0	0.0	0.0	0.0	0.5	0.1
20	都邦	1.9	1.4	1.0	0.6	0.0	5.1	2.6
21	渤海	0.0	0.1	0.1	1.0	0.9	0.1	1.2
22	华农	4.3	0.0	0.1	0.0	0.0	18.0	3.7
23	国寿财产	18.2	21.9	16.3	16.8	11.1	2.1	2.3
24	安诚	3.5	1.6	1.4	0.1	0.1	9.4	3.3
25	长安责任	1.3	1.5	1.1	1.0	1.7	3.9	4.3
26	国元农业	0.1	0.2	0.3	0.1	0.0	0.2	0.3
27	鼎和财产	0.4	0.7	1.7	1.2	0.5	0.8	2.1

续表

序号	公司	互联网保费收入 / 亿元					互联网保费占比 /%	
		2020 年	2019 年	2018 年	2017 年	2016 年	2020 年	5 年平均
28	中煤财产	1.4	0.3	0.0	0.1	0.1	7.2	2.1
29	英大财产	1.5	0.1	0.3	1.5	5.0	1.7	2.0
30	浙商财产	4.1	3.0	3.0	2.0	2.3	13.1	7.8
31	紫金财产	9.0	1.7	1.0	0.4	0.9	11.8	3.8
32	泰山产险	2.4	1.2	0.5	0.6	0.1	10.5	4.9
33	众诚保险	0.0	0.0	0.0	0.0	0.0	0.0	0.0
34	锦泰财产	0.2	0.1	0.1	0.6	0.7	0.9	2.0
35	诚泰财产	0.2	0.3	1.2	0.3	0.1	1.1	3.4
36	长江财产	0.0	0.0	0.0	0.0	0.0	0.0	0.1
37	富德财产	9.1	0.2	0.3	0.5	0.7	30.1	7.7
38	鑫安汽车	0.0	0.0	0.0	0.0	0.0	0.1	0.0
39	北部湾财产	0.1	0.0	0.0	0.2	0.1	0.2	0.4
40	中石油专属保险	0.0	0.0	0.0	0.0	0.0	0.0	0.0
41	众安财产	167.0	146.3	112.2	59.6	34.1	100.0	100.0
42	恒邦财产	0.4	0.3	0.1	0.1	0.0	3.3	1.9
43	合众财产	0.0	0.2	0.3	0.5	0.3	1.6	22.2
44	燕赵财产	0.0	0.0	0.0	0.0	0.0	0.4	0.1
45	华海财产	11.0	7.3	8.8	0.5	0.1	55.1	27.4
46	中原农业	0.0	0.0	0.0	0.0	0.0	0.1	0.0
47	中路财产	0.6	0.7	1.1	0.2	0.0	6.4	6.6
48	铁路自保	0.0	0.0	0.0	0.0	0.0	0.0	0.0
49	阳光信用	0.2	1.5	2.5	1.2	0.3	100.0	98.8
50	泰康在线	93.8	51.3	29.5	17.7	7.2	100.0	100.0
51	易安财产	2.2	10.4	12.8	8.4	0.0	100.0	80.0
52	东海航运	0.0	0.0	0.0	0.0	0.0	0.0	0.0
53	久隆财产	0.0	0.0	0.0	0.0	0.0	0.0	0.0

续表

序号	公司	互联网保费收入 / 亿元					互联网保费占比 /%	
		2020 年	2019 年	2018 年	2017 年	2016 年	2020 年	5 年平均
54	安心财产	17.6	27.2	15.3	7.9	0.8	100.0	100.0
55	前海联合	6.6	10.3	5.5	3.1	0.1	43.2	43.5
56	珠峰产险	0.2	0.0	0.0	0.0	0.0	2.8	0.6
57	海峡金桥	0.2	0.1	0.0	0.0	0.0	4.6	1.6
58	建信财产	0.4	0.2	0.7	0.4	0.0	7.2	9.4
59	众惠相互	5.8	13.1	0.8	0.3	0.0	89.3	65.1
60	太平科技	0.3	0.1	0.0	0.0	0.0	34.6	9.8
61	中远海自保	0.0	0.0	0.0	0.0	0.0	0.0	0.0
62	汇友互助	1.4	0.9	0.3	0.0	0.0	86.2	68.7
63	粤电自保	0.0	0.0	0.0	0.0	0.0	0.0	0.0
64	黄河产险	0.0	0.0	0.0	0.0	0.0	0.0	0.0
65	融盛产险	0.0	0.0	0.0	0.0	0.0	0.0	0.0
中资小计		711.3	768.7	637.1	474.8	497.0	5.4	5.4
66	华泰	7.2	8.3	13.2	8.6	7.3	10.2	11.7
67	史带财产	0.8	0.9	0.6	0.6	0.4	31.1	30.3
68	美亚	0.3	1.8	1.8	1.8	1.6	2.0	9.9
69	东京海上	0.0	0.0	0.0	0.0	0.0	0.0	0.1
70	瑞再企商	0.0	0.0	0.0	0.0	0.0	0.0	0.3
71	安达保险	0.1	0.0	0.0	0.0	0.0	1.0	0.4
72	三井住友	0.0	0.0	0.0	0.0	0.0	0.4	0.3
73	三星	0.1	0.0	0.0	0.0	0.0	0.7	0.3
74	安联	18.8	11.7	2.9	1.9	0.9	53.6	32.4
75	日本财产	0.0	0.0	0.0	0.1	0.1	0.2	1.3
76	利宝互助	0.4	0.2	0.2	0.2	0.1	1.6	1.1
77	中航安盟	0.0	0.0	0.0	0.0	0.0	0.1	0.1
78	安盛天平	2.9	2.2	3.0	3.3	1.8	4.8	3.9

续表

序号	公司	互联网保费收入 / 亿元					互联网保费占比 /%	
		2020 年	2019 年	2018 年	2017 年	2016 年	2020 年	5 年平均
79	苏黎世	0.0	0.0	0.1	0.1	0.1	0.0	1.2
80	现代财产	0.0	0.1	0.1	0.2	0.0	1.8	6.1
81	劳合社	0.0	0.0	0.0	0.0	0.0	0.0	0.0
82	中意财产	0.4	0.7	0.7	0.4	0.2	5.3	7.3
83	爱和谊	0.0	0.0	0.0	0.0	0.0	0.0	0.0
84	国泰财产	55.2	43.6	35.8	9.7	0.0	91.5	70.0
85	日本兴亚	0.0	0.0	0.0	0.0	0.0	0.0	0.0
86	乐爱金	0.0	0.0	0.0	0.0	0.0	0.0	0.0
87	富邦产险	0.2	0.2	0.1	0.4	0.0	2.6	2.4
88	信利保险	0.0	0.0	0.0	0.0	0.0	0.0	0.0
外资小计		86.4	61.6	45.3	18.7	5.3	24.8	16.2
合计		797.9	838.6	695.4	493.5	502.3	5.9	5.7

注：2020 年华泰由中资变成外资，2016—2019 年中资小计数据中含华泰，相应地，2016—2019 年外资小计数据中不含华泰；下同。

互联网保险五年蜕变（91家寿险公司）

一、市场概况

2020年，91家寿险公司中，共61家公司开展互联网保险业务，占比67%；寿险公司互联网保险保费收入2110.8亿元，同比增长13.6%。图8-5给出了2011—2020年寿险公司互联网保险保费及增长情况。

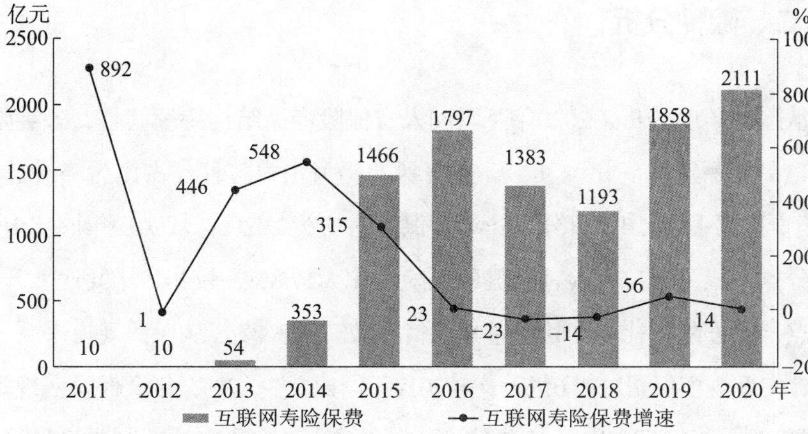

图 8-5　2011—2020 年寿险公司互联网保险保费及增长情况

图8-6给出了2011—2020年互联网保险寿险公司市场份额，从2011年的31%上升到2020年的73%。

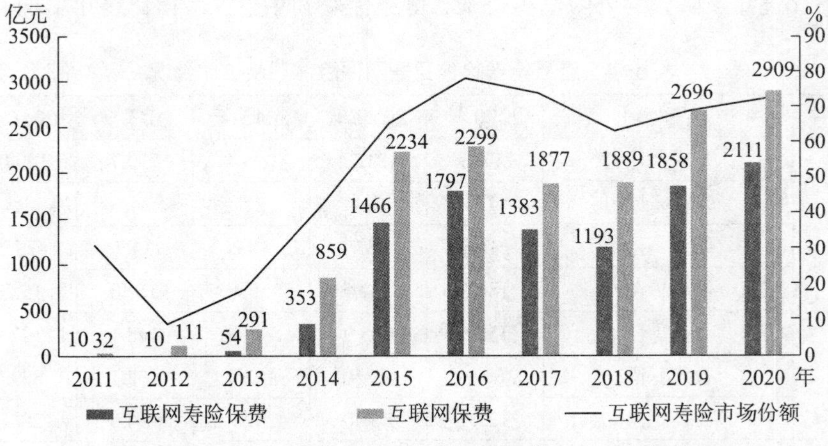

图 8-6　2011—2020 年互联网保险中寿险公司市场份额

总体来看，2020年，互联网寿险规模保费收入趋于稳定，传统人身险公司借助互联网渠道快速、低成本地接触海量客户，线下到线上转移的发展方式已进入瓶颈期。

二、险种分析

从险种角度分析，2020年互联网人身保险产品结构持续调整，各类险种占比也出现一定的变化。其中，人寿保险仍为主力险种，占比为55.6%，较2019年同比下降近10个百分点；年金保险占比为23.2%，较2019年同比上升4个百分点，成为第二大险种；健康保险占比为17.8%，较2019年同比上升5个百分点；意外险占比与2019年基本保持一致，为3.4%。从保费规模来看，人寿保险实现规模保费1173.6亿元，较2019年同比减少3.2%；年金保险实现规模保费490.1亿元，较2019年同比增长38.8%；健康保险实现规模保费374.9亿元，较2019年同比增长58.8%；意外险实现规模保费72.4亿元，较2019年同比增长29.1%。

表8-4给出了2016—2020年各险种互联网保险保费及占比情况，人寿保险占比逐年下降，意外险基本持平，健康保险和年金保险占比逐年增加。

表 8-4　近五年各险种互联网保险保费及占比情况　　单位：亿元

险种	产品类别	2020 年	2019 年	2018 年	2017 年	2016 年
人寿保险	人寿保险小计	1173.6	1212.4	675.4	799.7	1494.1
	定期寿险	7.7	4.4	2.5	1.2	1.8
	终身寿险	216.9	78.7	47.2	34.7	29.2
	两全保险	186.2	237.5	55.4	319.0	158.6
	分红保险	552.5	605.9	240.3	148.1	127.9
	投连保险	88.9	77.9	127.4	162.1	889.9
	万能保险	121.4	208.0	202.6	134.6	286.7
健康保险	健康保险小计	374.9	236.0	122.9	59.0	31.8
	重大疾病保险	87.5	54.4	33.9	20.1	6.8
	防癌保险	20.8	8.7	7.2	6.5	4.7
	其他疾病保险	35.8	26.4	15.1	0.1	0.1
	定额给付型医疗保险	0.5	1.4	2.7	4.8	2.9
	费用报销型医疗保险	229.2	144.7	64.0	27.5	17.2
	失能收入损失保险	0.0	0.0	0.0	0.0	0.0
	护理保险	1.1	0.3	0.0	0.0	0.0

续表

险种	产品类别	2020 年	2019 年	2018 年	2017 年	2016 年
意外险	意外险小计	72.4	56.1	57.2	63.3	23.3
	交通意外险	7.6	12.8	24.4	12.3	17.7
	旅游意外险	0.7	1.5	3.6	3.0	2.1
	其他类意外险	64.1	41.8	29.2	48.0	3.5
年金保险	年金保险小计	490.1	353.2	337.9	461.3	247.5
	养老年金保险	184.0	104.8	54.5	76.8	136.9
	非养老年金保险	306.1	248.4	283.4	384.5	110.6
互联网寿险合计		2110.8	1857.7	1193.2	1383.2	1796.7

三、渠道分析

从渠道角度分析，2020年互联网人身保险业务仍然呈现以渠道合作为主、保险公司官网自营为辅的经营模式。据统计，60家保险公司通过渠道开展业务，52家保险公司采取官网自营和渠道合作双管齐下的模式，1家保险公司仅通过公司官网开展经营。全年通过渠道累计实现规模保费1787亿元，同比增长10.3%，占比为84.7%；通过官网自营平台实现规模保费323.8亿元，同比增长36.1%，占比为15.3%，公司官网自营平台规模保费已连续六年实现平稳增长。表8-5给出了2014—2020年各渠道互联网保险保费及占比情况，寿险公司自营网络平台占比逐年上升，第三方渠道占比逐年下降，大多数公司采用自建官网和第三方渠道“双管齐下”的商业模式。

表 8-5　2014—2020 年各渠道互联网保险保费及占比情况

年份	合计 / 亿元	官网保费 / 亿元	官网占比 /%	渠道保费 / 亿元	渠道占比 /%
2014	353	7	2.1	346	97.9
2015	1466	42	2.9	1424	97.1
2016	1797	87	4.8	1710	95.2
2017	1383	153	11.1	1230	88.9

续表

年份	合计 / 亿元	官网保费 / 亿元	官网占比 /%	渠道保费 / 亿元	渠道占比 /%
2018	1193	201	16.9	992	83.1
2019	1858	238	12.8	1620	87.2
2020	2111	324	15.3	1787	84.7

四、公司分析

2020年，互联网人身保险市场前三大、前五大和前十大公司的规模保费市场份额分别为40.9%、57.2%和79.6%，与2019年相比，三者均出现下降，但市场集中度仍然较高。排名第一的中邮人寿，累计实现规模保费380.2亿元，市场份额占比为18%，较2019年略有上升，其次是国华人寿，两者合计市场份额占比将近1/3，排名第三、第四位的公司，市场份额均在10%以上；排名第五至第十位的公司，市场份额在3%~6%。

表8-6给出了91家寿险公司互联网保费规模和占比情况。从最近三年互联网保险占比情况来看，中资公司平均占比5.5%，外资公司平均占比12.9%，行业平均占比6.2%；中外资寿险公司的互联网保险占比逐年下降，互联网化程度有弱化趋势。

表 8-6　91 家寿险公司互联网保费规模和占比情况

序号	公司名称	互联网保费收入 / 亿元					互联网保费占比 /%	
		2020 年	2019 年	2018 年	2017 年	2016 年	2020 年	5 年平均
1	国寿股份	105.6	78.9	56.6	79.8	5.0	1.7	1.2
2	太保寿	0.1	0.1	0.5	1.4	3.3	0.0	0.1
3	平安寿	125.6	120.0	126.9	77.4	37.4	2.6	2.4
4	新华	5.8	5.4	5.9	13.6	25.8	0.4	0.9
5	泰康	43.2	15.4	7.0	9.9	11.8	3.0	1.5
6	太平人寿	88.9	34.1	8.7	47.4	11.5	6.2	3.1
7	建信人寿	221.9	148.4	294.5	273.9	209.3	51.8	66.5

续表

序号	公司名称	互联网保费收入 / 亿元					互联网保费占比 /%	
		2020 年	2019 年	2018 年	2017 年	2016 年	2020 年	5 年平均
8	天安人寿	2.7	3.6	2.6	9.6	74.1	0.6	3.9
9	光大永明	2.1	3.8	44.2	80.3	313.2	1.5	93.0
10	民生人寿	1.9	0.0	0.0	0.0	2.8	1.5	0.8
11	富德生命人寿	7.0	5.0	2.4	1.3	0.8	1.2	0.5
12	国寿存续	0.0	0.0	0.0	0.0	0.0	0.0	0.0
13	平安养老	59.6	3.5	4.1	7.9	5.3	22.7	7.8
14	中融人寿	4.0	2.6	0.0	0.0	0.0	3.3	2.3
15	合众人寿	59.1	36.4	39.6	3.3	3.0	31.2	15.2
16	太平养老	0.1	0.0	0.5	7.8	9.4	0.1	7.3
17	人保健康	127.1	70.4	18.3	1.5	0.8	39.4	19.4
18	华夏人寿	0.0	0.0	0.0	0.0	0.7	0.0	0.0
19	君康人寿	0.0	0.0	0.0	0.0	0.0	0.0	0.0
20	信泰	11.3	0.1	0.1	0.0	4.3	2.5	1.8
21	农银人寿	69.1	69.9	67.2	111.8	44.1	26.1	33.1
22	长城	0.6	0.7	0.2	0.1	0.1	0.7	0.5
23	昆仑健康	4.0	1.4	0.8	0.9	0.1	4.7	4.7
24	和谐健康	1.2	0.6	0.3	0.7	0.1	30.5	0.2
25	人保寿险	74.9	67.7	4.7	3.1	3.3	7.8	3.1
26	国华	260.7	379.8	190.1	229.2	200.0	80.1	71.0
27	国寿养老	0.0	0.0	0.0	0.0	0.0	0.0	0.0
28	长江养老	0.0	0.0	0.0	0.0	0.0	0.0	0.0
29	英大人寿	1.4	1.0	0.0	0.0	0.0	0.9	0.7
30	泰康养老	21.3	22.3	4.2	4.2	0.7	18.4	14.6
31	幸福人寿	0.0	0.0	0.0	0.0	0.0	0.0	0.0
32	阳光人寿	6.3	2.4	2.7	9.0	15.8	1.1	1.5
33	百年人寿	3.4	5.7	3.2	1.3	13.3	0.6	1.5
34	中邮人寿	380.2	319.2	0.0	0.0	0.0	46.4	25.2
35	大家人寿	0.1	0.3	6.1	3.6	0.7	0.1	0.3

续表

序号	公司名称	互联网保费收入 / 亿元					互联网保费占比 /%	
		2020 年	2019 年	2018 年	2017 年	2016 年	2020 年	5 年平均
36	利安人寿	0.7	0.5	0.2	2.0	0.6	0.5	0.7
37	前海人寿	0.0	0.0	0.0	0.0	0.0	0.0	0.0
38	华汇人寿	0.0	0.0	0.0	0.0	0.0	0.0	0.0
39	东吴人寿	0.0	0.0	0.0	0.0	1.9	0.0	1.1
40	珠江人寿	0.0	0.0	0.0	0.0	0.0	0.0	0.0
41	弘康人寿	76.0	75.3	88.9	69.8	399.8	92.0	197.0
42	吉祥人寿	0.0	0.0	0.0	0.1	0.1	0.0	0.2
43	大家养老	0.0	0.0	0.0	0.0	0.0	0.0	0.0
44	渤海人寿	0.7	1.2	1.0	39.5	119.3	0.8	52.3
45	国联人寿	0.0	0.0	0.0	0.0	0.0	0.0	0.0
46	太保安联健康	0.0	0.0	0.0	0.0	0.0	0.0	0.0
47	上海人寿	0.0	0.0	0.0	0.0	0.0	0.0	0.0
48	中华人寿	0.0	0.2	0.8	1.5	10.0	0.0	17.3
49	新华养老	0.0	0.0	0.0	0.0	0.0	0.0	0.0
50	三峡人寿	0.0	0.0	0.0	0.0	0.0	0.0	0.0
51	横琴人寿	0.0	0.0	0.0	0.0	0.0	0.0	0.0
52	复星联合健康	5.4	5.8	2.8	0.0	0.0	22.3	28.7
53	信美人寿	0.0	0.0	0.0	0.0	0.0	0.0	0.0
54	华贵人寿	5.1	2.2	0.6	0.0	0.0	25.4	17.1
55	爱心人寿	0.0	0.0	0.0	0.0	0.0	0.0	0.0
56	和泰人寿	0.0	0.0	0.0	0.0	0.0	0.0	0.0
57	招商仁和	0.2	1.9	0.1	0.0	0.0	0.2	0.9
58	瑞华健康	0.0	0.0	0.0	0.0	0.0	0.0	0.0
59	北京人寿	0.7	1.0	0.0	0.0	0.0	2.6	3.7
60	人保养老	0.0	0.0	0.0	0.0	0.0	0.0	0.0
61	海保人寿	0.0	0.0	0.0	0.0	0.0	0.0	0.0
62	国富人寿	0.0	0.0	0.0	0.0	0.0	0.0	0.0

续表

序号	公司名称	互联网保费收入 / 亿元					互联网保费占比 /%	
		2020 年	2019 年	2018 年	2017 年	2016 年	2020 年	5 年平均
63	国宝人寿	0.0	0.0	0.0	0.0	0.0	0.0	0.0
中资小计		1778.0	1486.8	986.3	1091.8	1528.4	6.2	5.5
64	中宏人寿	0.7	0.2	0.1	0.0	0.0	0.6	0.2
65	中德安联	0.8	0.2	0.1	0.1	0.1	1.3	0.5
66	工银安盛	218.1	295.2	163.8	264.6	244.4	47.4	57.5
67	中信保诚	0.5	0.1	0.3	0.1	0.0	0.2	0.1
68	交银康联	0.0	0.0	0.0	0.0	0.0	0.0	0.0
69	中意	8.0	7.5	5.3	2.5	8.7	5.3	5.1
70	友邦	0.1	0.1	0.1	0.1	0.1	0.0	0.0
71	北大方正人寿	0.0	0.0	0.0	0.0	0.0	0.0	0.1
72	中荷人寿	10.0	3.1	0.1	0.0	0.0	15.5	5.6
73	中英人寿	0.9	0.5	0.1	0.1	0.1	0.9	0.4
74	同方全球人寿	1.9	1.0	0.5	0.3	0.0	3.1	1.9
75	招商信诺	3.3	0.2	0.0	0.3	0.2	1.7	0.5
76	长生人寿	1.4	0.3	0.1	0.4	5.3	7.1	7.9
77	恒安标准	0.2	0.9	0.1	0.0	0.0	0.5	0.8
78	瑞泰人寿	0.9	1.0	0.7	0.6	4.3	11.6	26.0
79	中法人寿	0.0	0.0	0.0	0.0	0.0	0.0	0.0
80	华泰人寿	0.1	0.0	0.2	0.1	0.1	0.1	0.2
81	陆家嘴国泰	0.0	0.0	0.0	0.0	0.9	0.0	1.0
82	中美联泰	1.3	1.9	1.3	1.7	0.5	0.8	1.1
83	平安健康	77.1	51.3	28.6	12.7	1.2	84.0	77.8
84	中银三星	0.2	0.6	0.7	0.7	0.8	0.3	1.3
85	恒大人寿	0.0	0.0	0.0	0.0	0.0	0.0	0.0
86	新光海航	0.0	0.0	0.0	0.0	0.0	0.0	0.0
87	汇丰人寿	0.0	0.0	0.0	0.0	0.0	0.0	0.0

续表

序号	公司名称	互联网保费收入 / 亿元					互联网保费占比 /%	
		2020 年	2019 年	2018 年	2017 年	2016 年	2020 年	5 年平均
88	君龙人寿	0.0	1.2	2.2	5.1	1.0	0.0	28.2
89	复星保德信	0.9	2.1	0.2	0.0	0.0	3.6	3.8
90	中韩人寿	0.4	0.0	0.0	0.0	0.0	3.6	1.5
91	德华安顾	6.0	3.3	2.5	1.8	0.6	54.3	44.7
外资小计		332.8	370.7	207.0	291.3	268.3	10.5	12.9
合计		2110.8	1857.7	1193.2	1383.2	1796.7	6.7	6.2

对中小寿险公司来讲，互联网渠道开辟了新的发展机遇，成为中小寿险公司突破传统渠道瓶颈制约、借助理财型产品实现保费规模跨越式发展的一大助力。但是，受制于政策的变化，借助互联网实现跨越式发展已成为历史。同时，也可以看出，传统大型寿险公司也已意识到了互联网时代的到来，正在积极做出适应和改变，为自己的传统优势继续加分。

总体来看，互联网保险领域已经逐步形成大中小型寿险公司齐头并进、各有侧重的趋势。互联网时代发展斗转星移，各家寿险公司只有不断顺应时代的需求才可以走得更远。

第九章

互联网保险的智能面

同一层面的问题，不可能在同一个层面解决，只有在高于它的层面才能解决。

——阿尔伯特·爱因斯坦

习近平总书记指出：“站在‘两个一百年’的历史交汇点，全面建设社会主义现代化国家新征程即将开启。征途漫漫，惟有奋斗。我们通过奋斗，披荆斩棘，走过了万水千山。我们还要继续奋斗，勇往直前，创造更加灿烂的辉煌！”

互联网保险的四大构造面

一、封闭的基础面和多彩的创新面

（一）互联网保险创新工具：线动成面

这是一个超越时空的全新时代，同时也是一个连接无处不在的变革时代。在万物节点、万物感知、万物智能、万物互联的今天，人们不断与电脑和机器产生连接，这样的连接正在改变我们的思维模式。我们周围的一切现在或不久的将来都将连成一体，所有的一切将不再孤立，而将成为互联网、物联网、智能网、心智网中的一个点、一个线、一个面、一个体。

连接人与人、人与物、物与物及连接一切的背后是互联网、物联网、智能网、心智网，互联网保险就是在适应未来社会复杂性和群体多样性的基础上，构建的面向未来的保险互联网。

（二）互联网保险创新等级确认

找到创新的主要方向后，互联网保险需要确定创新的规模和需要投入的资源，可以将创新的规模划分为改变已知、改变边界和改变游戏规则三个等级。创新的规模越大，它需要的资源和带来的风险度就越高，因此创新的种类并非越多越好。互联网保险应该找到适合自己的创新规模，在创新数量和创新能力之间取得正确的平衡，这样才能提高创新的成功率。

（1）等级1：核心创新——改变已知。通过改进现有市场的产品，互联网保险可以为客户提供更好的质量、性能和体验。这种创新带来的优势不会持续太久，因为竞争对手会有针对性地快速模仿和应对。

（2）等级2：延伸创新——改变边界。当为客户提供全新的综合解决方案时，互联网保险需要对现有产品进行重构，以求与传统保险的产品形成对比。这种程度的创新常常会给市场带来新的客户，并改变市场参与者对产品的预期。

（3）等级3：变革创新——改变游戏规则。在极端情况下，互联网保险可以选择挑战并颠覆一切。这种创新将从根本上改变整个行业的结构，全新的业务（而不仅是产品或服务）将会诞生。

二、动态的构造面：四大建构面

互联意味着复杂性和进化。任何系统中，作用因素和连接类型越多，就会越复杂，越难以预测。但我们要明白，互联是不可避免的，进化与混乱也是不可避免的。互联网（5G）、物联网、云计算、人工智能、区块链、神经元网络等新兴技术将迅速走向规模化商用，保险业数字化转型正进入深水区，以“万物节点、万物感知、万物智能、万物互联”为特征的心智社会即将来临。连接，是一切可能性的基础。未来，“互联网+”、“物联网+”、“智能网+”（“超能网+”）、“心智网+”生态将构建在万物节点、万物感知、万物智能、万物互联的基础上。面对新科技、新经济、新社会、新思想、新文明下的未来路径，互联网保险将走过四个阶段：

（1）互联网：连接人与人。“互联网+”生态，以互联网平台为基础，利用信息通信等技术与各行各业的跨界融合，推动各行业优化、增长、创新、新生。在此过程中，新产品、新业务与新模式会层出不穷，彼此交融，最终呈现出连接人与人（万物节点）的新生态。

（2）互联网+物联网：连接物与物。“物联网+”生态，以互联网、物联网平台为基础，利用信息通信和信息感知等技术实现与各行各业的跨界融合，推动各行业优化、增长、创新、新生。在此过程中，新产品、新业务与新模式会层出不穷，彼此交融，最终呈现出连接物与物（万物感知）的新生态。

（3）互联网+物联网+智能网：连接人与物。“智能网+”生态，即“人工智能+”生态，以互联网、物联网、智能网以及超能网平台为基础，利用人工智能、超人工智能等技术实现与各行各业的跨界融合，推动各行业优化、增长、创新、新生。在此过程中，新产品、新业务与新模式会层出不穷，彼此交融，最终呈现出连接人与物（万物智能）的新生态。

（4）互联网+物联网+智能网+心智网：连接一切。“心智网+”生态，即“心流网络+”生态，以互联网、物联网、智能网、心智网为基础，借助神经元网络等技术实现了人体颅内世界与颅外世界的连接，让人人都拥有独特且充分的沉浸体验，使心智互联空间成为真实生活场景，人类将集体进入互联网的下一个阶段——元界。在此过程中，新产品、新业务与新模式会层出不穷，彼此交融，最终呈现出连接一切（万物互联）的新生态。

互联网保险的互联空间

一、连接人与人

连接人与人，是互联网的最大价值，通过人与人的连接，改变了人与人之间的空间和时间关系，让人与人之间的关系更加紧密。

互联网在过去十几年的时间里之所以能产生天翻地覆的影响，就是因为互联网具有更高的连接效率并连接了更多的人，进而让整个世界的商业规则都发生了转变。因为互联网的本质是连接，所以它必然具有去中心化、去产品化、去中介化、打破信息不对称等特点。这些特点也决定了互联网保险的“互联网+”的趋势：

（1）跨界融合。“+”本身是跨界，是变革，是开放，是一种重塑融合。互联网保险要敢于跨界，这样互联网保险的基础才能更坚实。互联网保险实现了与跨界融合的协同，才会实现群体智能，才会使从研发到产业化的路径更垂直。而融合本身也指代身份的融合，将不同产业但具有同质保险需求的保险消费者转化为用户，实现互联网保险与各产业的专业化融合。

（2）创新驱动。有人称我们所处的时代为信息经济、数据经济，甚至有人说是连接经济、智能经济等。这一方面说明时代处于动态变化中，另一方面说明这些因素在这个特定阶段越发表现出其重要性和主导性，这正是互联网的特质。用所谓的通过互联网思维来使保险自我求变、自我革命，也更能发挥出互联网保险创新的力量。

（3）重塑结构。重塑结构从互联网时代就已经开始了。信息革命、全球化、互联网业已打破了原有的社会结构、经济结构、地缘结构、文化结构，权力、议事规则、话语权都在不断发生变化。互联网保险的用户结构、管理规则、服务链条，也将随之发生改变。

（4）尊重人性。人性的光辉是推动进步的首要力量，是推动科技进步、经济增长、社会进步、文化繁荣的最根本的力量。互联网强大力量的最根本来源是对人性的最大限度的尊重、对风险的敬畏、对人的创造性发挥的重视。互联网保险以用户为中心，即要求对每个用户的人性实现最大限度的尊重。

（5）开放生态。关于“互联网+”，生态是其非常重要的特征，而生态本身就是开放的。推进互联网保险的“互联网+”，其中一个重要的方向就是要把过去制约创新的环节化解掉，把孤岛式创新连接起来。互联网保险要想依靠创新、创意和创新驱动，同时要跨界融合、做协同，就一定要优化生态：对互联网保险的内部生态进行优化，并做好和外部生态的对接，形成内外生态的融合。更重要的是创造一个保险互联网的新生态，如技术和保险结合的生态，产品和服务进行连接的生态等。

（6）连接一切。“互联网+”最终将落脚于建设一个连接一切的生态，这个定义非常人性化，当然也更体现了互联网未来将如何对这个社会、世界施加影响。因此，互联网保险的“互联网+”，要求人们必须把握互联网保险和连接之间的关系。连接是有层次的、有差异的，所以互联网保险最终与各主体的连接价值可能相差很大，但连接一切一定是互联网保险的终极目标。

二、连接人与物

人与产品、服务的连接，大大缩短了人与物之间的连接过程，缩短了人与物之间的空间和时间距离，使我们的生活更加丰富。

互联网保险的“物联网+”，是指包括互联网保险机构、互联网保险产品与服务和互联网保险科技在内的所有互联网保险要素。“物联网”时代下的网络化、生态化、金融化，通过构建“互联网+物联网+保险”（物联网保险）重构保险服务的前、中、后台作业模式，可以实现互联网保险的普惠、民主、自由，实现物联网社会的保险化。而万物感知的迅猛发展，将使构建“物联网+互联网+保险”成为可能：一是前台作业可通过社交网络媒体运用、移动技术和传感器技术，提供最佳用户体验；二是中台作业采用开放模式API与即时网络连接，将成为开放程序的整合平台；三是在后台运用云计算、大数据、区块链、人工智能等技术，可将后台作业移到云端。综上，“物联网+互联网+保险”的主要特点如下：

（1）在线与在场成为互联网保险的空间属性。基于互联网，互联网保险实现了在线；基于物联网，互联网保险将实现在场。从在线到在场，拓展的不仅是互联网保险的空间范围，而且实现了物理世界与数字世界的联通。

（2）点对点、端到端、P2P的去中介化服务。物联网也是分布式架构的核心内容，即点对点对等网络。互联网保险的金字塔结构在物联网时代将变成网状结构，而且在这个结构里，各个节点都是平等的、有直接联系的。在互联网保险中处处可见的中心化控制被弱化，中介将会消失。

（3）随时随地、随身随需的互联网保险服务。随着物联网场景革命的深化，互联网保险不仅会打破物理空间，而且类似可穿戴设备那样的工具，完全可以把互联网保险物理上的营业场所随身化，使任何人在任何时间任何地方都可以通过可穿戴设备享受互联网保险服务。另外，在区块链技术的帮助下，互联网保险的信息系统和账户体系也可以并且应该向用户完全开放，甚至与用户共享账本，共用一套系统。各种加密算法和加密芯片完全可以比现在的传统保险业的保密方法做得更好。互联网保险不仅不应该再有柜台，甚至都不应该再有场所，一切的互联网保险都应融于物联网当中。

三、连接物与物

万物本就是一体的，通过物与物的连接，消除了它们之间的空间距离，让我们的生活更智能。

智能网，又称智能互联网，是指以互联网、物联网技术为基础，以平台型智能硬件为载体，按照约定的通信协议和数据交互标准，结合云计算与大数据应用，在智能终端、人、云端服务之间，进行信息采集、处理、分析、应用的智能化网络。其具有高速移动、大数据分析和挖掘、智能感应与应用的综合能力，能够向传统行业渗透融合，提升传统行业的服务能力，连接百行百业，进行线上线下跨界融合。

超能网，被认为是一种在智能网的基础上进一步发展而来的网络。当人工智能发展到一定阶段，其智能本身就可以达到人类的水平，而超能则可以超越人类本身，所以超能网的智能水平也可以超出人类认知，并且其本身可以不断自我优化（自我进化），甚至达到以人力无法抗拒的程度。超能可能会将某个人类设置作为终极目标，为了实现目标而不择手段，包括毁灭人类。但超能也有可能会在突破人类的目标设定时，就无法执行，因为人工智能最初是设计出来的，可以设定死亡墙壁（设置核心程序，默认违背此原则的智能逻辑会被删除，而符合标准的逻辑会越来越强，使得违反最初设定原则的逻辑无法对抗原核心而存在）。

相比于传统互联网、物联网，智能网具有高速移动、大数据分析和挖掘、智能感应与应用的综合能力；其不仅能够将人与人、人与物之间连接起来，还能够将物与物进行连接，并向传统行业进行渗透与融合，进而提高传统行业的服务能力、质量和效率。而超能，本身也可能是一种超维度的理论。

因此，在智能时代下，我们是可以选择互联网保险的发展趋势的。在未来，新的互联网保险模式必然会出现，我们可以选择新的互联网保险模式以什么样的形式出现——也就是说“到底出现什么”是我们可以选择的，比如互联网保险的模式、层次、阶段和境界，因为这些都是互联网保险未来的趋势。

相对传统保险而言，互联网保险本身就是一种颠覆。而随着智能化的融合与发展，互联网保险在发展中也会不断面临其他跨界的挑战，这既是一种趋势，也是一种融合。

四、连接一切

无论是连接人与人还是人与服务、设备，互联网根本上是在满足人的延伸，让网络中的个体获得更多的资源和能力，去实现更大的价值。连接一切是为了助力于人、赋能于人、助能于人。而每个人，都会因为连接而变得更强大。第一，连接即助能。连接是助能于人的基础，让知识者经济开始破土。第二，分享即所得。分享是助能于人的实现方式，推动了共享型生态的兴起。第三，技术即公益。技术是助能于人的进化之路，能让公益型社会成为现实。随着连接逐渐多元化、多样化、多层次化，人的思考行为方式也随之发生变化，乃至于商业模式、生活方式都在发生变化，连接正在融合一切，创新一切，颠覆一切。

心智网，又称心流网络，是借助神经元网络等技术实现人体颅内世界与颅外世界的连接，让人人都拥有独特且充分的沉浸体验。它将使心智互联空间成为真实生活场景，使人类集体进入互联网的下一个阶段——元界。

心智网是连接用户心智的网络，是一张抽象网络，连接的是用户的心流。心智网运行于社会系统和网络平台之上，但与系统和硬件无关；它的节点是人类的颅内世界（颅内世界，指人发生在颅内的所有活动构成的世界，和颅外世界相对），而不是任何其他信息载体或计算设备；它的节点之间反映的是注意力连接与欲求关系，而不只是社交连接和传统商业连接。

借助心智网，未来的金融可能会变身为人类思想历程的服务整合者、思想价值的储存仓库、值得信任的思想资料保管者，即思想价值整合者。思想价值整合者是一家金融机构运用心智网为客户提供的思想情境式的端到端价值链服务，这种端到端的价值链服务是真正以思想为中心的价值存储和价值交换服务，它可以根据思想定制化需要组合金融机构内部产品服务组件和参数，或通过构建心智网系统功能来提供该服务。

互联网保险的十维空间

一、互联网保险的三个层面

未来科技在潜移默化的发展中，给互联网保险带来了巨大的进步，也给我们从事互联网保险工作的人的思维、逻辑等带来了新的冲击与活力。在未来科技改变互联网保险的同时，互联网保险也在改变着未来科技，二者相辅相成，相互促进，共同发展。当前，未来科技已经渗透到保险的各个领域，极大提升了保险服务社会的能力。

未来科技下的新互联网保险是我们对未来科技自身及其与互联网保险领域各方面相互关系的理性思考和规律认识，大致可分为三个层面：工具层面，立足未来科技的功能，主要是如何运用、管理、发展未来科技，通过未来科技获得更多经济和社会效益等；结构层面，立足未来科技的影响，主要是如何推动未来科技与互联网保险领域各方面的关联、互动、融合，从而调整和优化互联网保险服务能力等；价值层面，立足未来科技的本质，主要是考察未来科技发展的价值取向及其对互联网保险业的影响等。

二、互联网保险的十维空间

基于三个层面，互联网保险商业逻辑或互联网保险思维也在逐步形成。

（一）可视化保险

互联网保险要通过场站设计、官网改造、教育培训、宣传展示等举措，实现可视化保险，让消费从在线向在场转变，这将成为未来互联网保险场景革命的开始。

（二）可追溯保险

《保险销售行为可回溯管理暂行办法》《关于规范互联网保险销售行为可回溯管理的通知》等明确规定，保险机构开展互联网保险业务，应保证业务的可回溯性。

在未来互联网保险的发展上，如果借助区块链就可以轻松解决这个问题。因为区块链通过区块数据结构存储了创世区块后的所有历史数据，对于区块链上的任意一条数据皆可通过链式结构追溯其本源。在这种情况下，互联网保险将作为一种可追溯保险而存在。

（三）可计算保险

2018年5月正式生效的欧盟《一般数据保护条例》（GDPR），不仅保护个人隐私和数据，还要求所有自动化算法具有透明性、可解释性。算法可解释性和透明性是一个重要的人工智能伦理命题，因为其关涉人类的知情利益和主人翁地位。人类对算法的安全感、信赖感、认同度取决于算法的透明性和可理解性。

然而，保险算法的透明性和可解释性要求，对保险消费者保护的影响，以及它是否会催生出一种独立的获解释权，尚有疑问，有待探讨。对智能保险算法提出的透明性和可解释性要求，使得知情权这一传统消费者权利在智能保险领域的具象化展开成为可能。但传统知情权，在智能保险领域，对保护保险消费者是否有效，是令人怀疑的。以下两个问题值得探讨：①GDPR语境下，保险算法的透明性和可解释性要求，是否意味着获解释权的确立，还是仅仅存在被告知的权利？②保险算法透明性和可解释性规制路径，是从数据主体的角度，还是从保险消费者角度出发？如果互联网保险能够成为一种可计算保险，就需要对上述问题给出答案。

（四）可连接保险

保险行业正在从以产品为中心发展到以客户为中心，再到以用户为中心、以科技为驱动，借助科技力量，整个保险生态将发生重大变革。例如，中国平安的平安保险云完全基于金融科技和云架构设计而成，它结合保险行业的特性，全面提供保险生态的各个相关方和相关业务所需的功能，助力保险行业向智能化转型。平安保险云从IaaS层、PaaS层、SaaS层以及渠道多个层面着手，现已构建出面向保险行业的全场景能力，并整合自身经验和能力，对外输出整体解决方案。例如，依靠户外标记人脸数据集（Labeled Face in Wild，LFW）、成绩排名世界第一的人脸识别技术（平安脸谱）、1分钟自动生成全景照片的VR全景技术实现创新技术赋能；凭借承载万亿级金融交易业务的平安区块链、可实现自主挖掘和精准推荐的星云数据平台等，实现平台赋能；借助连接垂直领域需求企业、产品和服务的酷保云保险开放平台，为企业提供定制化、个性化的保险解决方案，将金融科技能力融入合作伙伴的业务场景之中，实现业务赋能。

互联网保险的最终目标就是连接一切。所以在互联网保险领域，也一定会出现一个类似平安保险云的互联网保险模式，最终成为互联网保险领域的可连接保险。

（五）可识别保险

未来的互联网保险一定是可识别的保险。借助可识别技术，互联网保险的经营服务效率将极大提高，用户的投保体验也将得到极大改善，用户从投保开始，即可感受到互联网保险的人性化关怀。

（六）可学习保险

智能保顾本质上就是一种可学习的保险，其技术已被越来越多地运用到互联网保险的平台之中。借助智能保顾，互联网保险可以将自己的产品库与用户的需求对接起来，并随时可以根据用户的需求，推出个性化的保险产品。在这个平台下，多元化的产品供应是互联网保险满足客户差异化需求、提供精准定制化服务的关键。借助智能保顾，互联网保险将打破传统保险市场信息不对称的桎梏，为保险消费者提供更加丰富、平等、个性、透明的服务。

（七）可虚拟保险

保险的虚拟性，是指保险对象的虚拟性、保险交易的虚拟性和保险服务的虚拟性，在一个虚拟的环境里，实现保险人、被保险人、投保人、受益人、保险标的等要素的合一。传统上，保险以实体为主，虚拟为辅，保险不同于实体经济的微观运作，理解宏观即可经营赚钱。数字时代，虚拟保险逐步壮大，并在未来成为主流，以信用、制度为运作基础的传统保险将逐步向以技术、结构、权利为运作基础的虚拟保险转变。互联网保险亦将成为虚拟保险的场景，甚至未来互联网保险很可能也将变为一种可虚拟的保险。

（八）可交易保险

不可交易是指某些资源由于其自身的特性或市场不完善性等不能通过市场公开买卖而实现其在企业间的流动，这就使得某些企业希望拥有某些资源的企图变得不可能。保险正在从不可交易保险向可交易保险转变。

例如，2015年11月成立的上海保险交易所，就承担了保险交易的职能。目前，上海保险交易所以社会公众的保险服务需求和保险行业的经营管理需求为导向，按照“公司化、市场化、专业化”原则，围绕保险风险交易主线，已搭建了保险、再保险、保险资产等交易平台，并配套构建账户管理、资金结算、信息披露、市场咨询、运营系统、数据管理等一站式综合服务体系。因互联网保险所具有的互联网特性，在用户之间形成保险交易更具有可操作性，因此未来的互联网保险很可能是一种可交易保险。

（九）可自我保险

自保险就是居民之间直接的保险互助行为。信息不对称和高昂的信息处理成本，推动了传统保险中介服务机构的产生。在人们的生活当中，最原始的保险就是一个中介，是交易双方的媒介，它完全可以自然地完成，不需要另一个中介和外力的介入，比如早期的互助保险。但是随着保险交易的范围越来越广，产生了信息的不对称。在信息不对称的时代，产生了商业保险，产生了保险公司，他们帮助我们处理复杂的信息。随着大数据、区块链等技术的发展，信息不对称面临着挑战，保险“脱媒”拉开了大数据时代序幕的一角，自保险开始登上明天的舞台。

（十）可技术保险

随着移动互联，云计算、大数据成为新一代的商业技术设施，保险服务的基础设施发生了改变，前所未有的技术红利将推动保险行业进入飞速发展阶段。移动互联网让“普”成为可能，云计算和大数据又做到了“惠”，这就使得服务的效率更高、成本更低、风险更小。大数据甄别和计量风险使缺乏历史数据的用户也能得到保险服务，从而真正实现了“普”和“惠”。

毋庸置疑，保险是现代社会的制度安排，制度是保险的当然属性。但社会的发展和科技的进步，将赋予保险越来越多的科技内涵，并改变保险的属性。目前，我们已经能够明显地感觉到，科技在保险行业的作用和地位越来越重要和突出。因此，未来的互联网保险，很可能将从一个更制度化的平台走向一个更技术化的平台。这是一种必然的趋势，也是一个不争的事实。

第四篇

未来体：掀起互联网保险新风暴

路线图：陷阱—突围—思考

第十章 互联网保险的陷阱

如果你决心讲述真相，就把体面留给裁缝。

——阿尔伯特·爱因斯坦

当前互联网生态对经济社会的发展非常不利：私人数据被滥用，个体被强大的算法包围、支配和锁定；核心技术被搁置，资本没能进入核心技术领域支持创新；社会财富被虹吸，对实体降维打击，攫取个体交易剩余。

互联网保险中，互联网替代了保险成为第一生产力。但其实，互联网是生产力，还是财富收割机，抑或是生产关系的工具，取决于游戏规则。互联网保险正面临一些非正当竞争问题，那就是对私人数据的无偿侵占，对消费者保险意识的恶意消费，对保险市场的破坏性开发。

在大数据时代，互联网巨头强制性地免费占有了私人数据，这就意味着私人边际收益大于社会边际收益，即互联网巨头占了私人的便宜。这必然引发外部性，损害经济效率和社会福利。

互联网保险诱惑的十大陷阱

一、市场陷阱概念和特征

所谓的工业革命，无非是生产力的革命，是人类改造自然的能力。而文字和互联网的出现，则致力于信息的传播与智慧的启迪，其本质是一场人文革命，也是对新时代人类社会新的生产关系的期待与呼唤；物联网与智能网的发展，更是将互联网的人文革命具体化，使之成为一种生产关系方面的革命。而心智网的核心，是想象中未来需要什么样的生产关系，才能适应一日千里的科技发展的要求。答案就在我们能想到的一切：连接、互动、虚拟、快捷、结网、分享，而这需要全世界的个体都觉醒并连接起来！

对于互联网保险而言，未来的机会是什么呢？是互联网？是物联网？还是智能网？笔者认为都不是，未来的机会在于互联网保险的超能形态。

然而，这种低成本、高连接的心智社会最终会实现吗？尽管无论是技术，还是随之而来的颠覆性，都并非我们无法控制的外力，但是，人本身是具有思想的，能够形成精神凝聚的。所以每一个人类个体在进行日常决策的同时，都要承担起引导技术变革的责任，并利用掌握的力量和机会，积极引领互联网保险发展，让其助力我们实现人类的共同目标和价值观。

所以，普惠保险、民主保险、人人保险，不仅是互联网保险发展必须经历的一个过程，也是人类走向未来、实现超越本能的一个思考之路。未来互联网保险的连接必然是通过心智网发挥每个个体超能的力量，当然也存在各方角力，甚至基于并促进网络发展的超能力本身都可能是极大的隐患。但即便人类的生存与发展仍然长路漫漫，互联网保险的发展道路也充满荆棘，我们依然可以积极锤炼自己透过现象看本质的能力，从而更好地提前规划，融入未来。这既是世界发展的不可逆转的潮流，亦是整个人类的使命。所以我们要做的，就是思考当下，从本性出发，连接一切。

二、互联网保险的十大陷阱

（一）资本便利

互联网的商业模式有一句话叫“羊毛出在狗身上，由猪买单”。如果只从“羊”和“狗”身上——前端市场，你看不到互联网巨头的问题，甚至容易被它的王者之气折服。问题就出在“猪”这个环节——后端的金融市场。互联网巨头之所以搞大规模的价格补贴，把线上线下的所有竞争对手杀死，是因为它手握巨额的金融资本。为什么互联网巨头有如此雄厚的金融资本？

客观上说，资本的嗅觉对技术革新极为灵敏。当年大规模的金融资本涌入铁路、电力、汽车，如今这一盛况发生在互联网领域。除此客观因素外，是否还有其他隐私？所谓资本无眠，资本为什么“不睡觉”，因为它在披星戴月地钻空子。哪里有制度漏洞，哪里就有资本躁动。

在货币大潮中，互联网企业是否如房地产企业一样享受了资本的红利？互联网巨头在融资上是否有便利？互联网巨头是否比其他类公司更易上市？上市公司是否严格披露，违法成本是否过低？由于金融资本便利，中国互联网巨头沦为投资公司，形成一条高效的产业链：互联网公司是金融项目，连续创业者是基金经理兼演讲家，大数据、新零售、人工智能等是故事的原材料，“补贴—整合—收割”是必备手法，互联网巨头是幕后投资人，花旗、摩根大通、摩根士丹利等是“搬运工”——“我们不生产产品，我们只是资本的搬运工”。

（二）数据侵占

全球互联网都面临一个非正当竞争问题，那就是对私人数据的无偿侵占。数据本是用户的一项私人资源，数据所有权也是一项私人权力。但是，互联网巨头没有采用分布式系统，私人数据被中心化的数据库垄断。所以，互联网巨头的市场支配地位，其实是对私人数据的支配优势。在算法时代，私人数据极可能被巨头以“大数据”之名滥用。在反垄断行动中，这就叫滥用市场支配地位，即滥用大数据支配地位。互联网巨头侵占私人数据后，利用算法实施“三级价格歧视”（大数据杀熟），可以最大限度地榨取消费者剩余。

（三）下沉市场

下沉市场（Small-town and Rural Markets），主要指三线以下城市、县镇与农村地区的市场，范围大而分散且服务成本更高是这个市场的基本特征。下沉市场的爆发，在很大程度上揭示了中国消费升级的可持续性。当前，消费的结构性升级显然已经成为我国经济发展的重要驱动力，我国经济结构也早已进入消费驱动发展阶段。数据显示，2020年最终消费支出对中国经济增长的贡献率为54.3%，而下沉市场是我国人口基数最大、面积最大、潜力最大的市场之一。因此，下沉市场爆发对我国整体宏观经济健康发展的作用是不言而喻的，甚至可以被形容为中国经济增长的新的源头活水。

（四）直播带货

直播（Webcast），是在现场随着事件的发生、发展进程同步制作和发布信息，具有双向流通特性的信息网络发布方式。其形式也可分为现场直播、演播室访谈式直播、文字图片直播、视音频直播或由电视（第三方）提供信源的直播，而且具备海量存储，查寻便捷的功能。直播带货，是指直播娱乐行业在直播的同时带货，其形式在不断变化。直播带货的出现是电商的兴起，引起一些娱乐行业的人跟进所致。

2021年3月15日，国家市场监管总局制定出台《网络交易监督管理办法》，规定了直播服务提供者将网络交易活动的直播视频自直播结束之日起至少保存3年；同时规定，通过网络社交、网络直播等网络服务开展网络交易活动的网络交易经营者，应当以显著的方式展示商品或者服务及其实际经营主体、售后服务等信息，或者上述信息的链接标识。直播带货可以帮助消费者提升消费体验，为许多质量有保证、服务有保障的产品打开销路，但是网络直播必须符合有关法律法规。

（五）数字人民币保险

2020年10月，国际清算银行与美联储、欧央行等七家中央银行联合成立的央行数字货币（Central Bank Digital Currencies，CBDC）工作组发布了报告《央行数字货币：基本原则与核心特征》，标志着央行数字货币正式进入国际组织与主流央行的视野，未来几年全球可能进入一个竞相研发央行数字货币的时期。

中国人民银行研发的数字货币原先叫数字货币/电子支付（DC/EP），现在改称数字人民币（e-CNY），它所指向的基本功能是清晰的，即主要用于替代M0，也就是流通中的现金，而不会替代银行的存款（狭义货币M1和广义货币M2）。从这个基本定位加上独特的双层发行机制可以猜测，设计者的一个重要考量是避免对商业银行产生脱媒效应。这个问题可以从两个方面来看，一是不会造成大量的存款转化为e-CNY的现象，因为持有e-CNY没有利息收入，而持有存款则多少会有一些收益；二是作为授权机构，一部分商业银行也将研发自己的数字货币钱包，参与e-CNY的运营。个人不能绕过授权机构直接向央行兑换e-CNY。因此，e-CNY直接冲击的就是支付领域，特别是移动支付。

（六）去中心化保险

去中心化是互联网发展过程中形成的社会关系形态和内容产生形态，是相对于中心化而言的新型网络内容生产过程。去中心化，不是不要中心，而是由节点来自由选择中心、自由决定中心。简单地说，中心化是中心决定节点。节点必须依赖中心，节点离开了中心就无法生存。而在去中心化系统中，任何人都是一个节点，任何人也都可以成为一个中心。任何中心都不是永久的，而是阶段性的，对节点都不具有强制性。

去中心化金融（Decentralized Finance，DeFi），是指利用开源软件和分布式网络，将传统金融产品转为在没有不必要中介的场景下运行的服务。其本身是一种概念、架构，等同于区块链技术在金融科技中的应用。去中心化金融，可将其名称拆分来看。

（1）去中心化，是相对于中心化的概念。根据字面意思，就是去除中心，也就是说没有所谓的管理员，每个使用者都是平等的、拥有相同的权限。如果其中一个人想要改变内容，需要经过大家同意。所有权分散、不属于任何人、不易被窜改！

（2）金融，是指以区块链为基础的金融应用，包含支付、借贷、交易、投资、保险等服务。建立在区块链、人工智能、云计算和大数据等基础上的数字货币，实现了信用货币由纸质形态向无纸化方向发展的第二次飞跃，其意义更在于去中心化。它已经催生了无须信任的去中心化金融，也必将催生去中心化保险（Decentralized Insurance，DeIns），即具备资产或现金流的个体或组织都可以基于区块链，利用数字货币开展保险活动，无需中介。

（七）网络互助

2014年8月，国务院印发《国务院关于加快发展现代保险服务业的若干意见》，明确提出“鼓励开展多种形式的互助合作保险”。2015年1月，原中国保监会颁布《相互保险组织监管试行办法》，明确了相互保险（互助保险）的形态。2015年6月4日，国务院总理李克强主持召开国务院常务会议明确提出“鼓励发展互助保险”。2014年，我国出现了相互保险热潮，其中既包括相互保险组织筹建的机构，也包括各种网络互助平台。

相互保险已经正式试点，网络互助也同步进入了快速发展期，但是关于网络互助的性质、监管还存在众多争议。网络互助不属于慈善，有众筹的属性，但不属于众筹，又不是现代意义上的保险，是接近相互保险的类保险。网络互助是一种原始保险形态与互联网的结合，其利用互联网的信息撮合功能，成员之间通过协议承诺承担彼此的风险损失。为了避免个体负担过重，约定单次互助金不超过若干元，并规避了偿付能力问题。可见，网络互助，就是在平等自愿的基础上，以互助共济、共摊风险为目的而建立起来的，它根植于互助思想，融合了共享、合作和互助的理念。

我们不妨把网络互助置于中国特色社会主义理论引领贯穿中国保险学学科的知识体系研究这个背景下来思考，从中国保险学学科体系、学术体系、话语体系、发展体系和市场体系等方面，思考网络互助在中国保险业中的定位与发展。

（八）私域流量

私域流量，是指从公域、他域（平台、媒体渠道、合作伙伴等）引流到自己私域（官网、客户名单）的流量以及私域本身产生的流量（访客）。私域流量是可以进行二次以上链接、触达、发售等市场营销活动的客户数据。私域流量和域名、商标、商誉一样，属于企业私有的经营数字化资产。

随着互联网的普及，很多互联网公司已经感觉到增量到顶了，要想维持公司的增长势头，有两种方法：一是获取新用户，二是让老用户的价值发挥得更大。在流量红利殆尽的当下，挖掘老用户更多的价值成了所有公司的共识，于是私域流量的概念开始流行起来。

私域是指运营客户的能力已经成为企业和品牌最核心的能力之一。在数字经济时代，企业的核心目标是要从产权的高度真正去重视和拥有客户这个最有价值的资产，并不断提升自己为每个客户创造更丰富价值的能力。私域流量的特点，一是获取难度取决于公域流量来源，二是黏性高。《公私域流量的进击与反制》一文提出，同时符合“AIE标准”的流量才是私域流量。“AIE标准”包含以下三部分内容：

一是可自由触达（Accessibility），这意味着私域流量的拥有者可以直接接触到流量。从这个意义上说，微信公众号、服务号、微博、抖音等平台上的粉丝都不能算作私域流量。真正的私域流量，主要存在于微信个人号。基于微信的即时通信（IM）属性，一对一的信息推送、一对多的社群运营（群控），都是私域流量运营的天然手段。

二是聚集流量的方式是IP化的，这意味着企业连接流量的方式是一个足以对用户形成影响的IP。现实一点的方式是做“品牌人格的实体化（形成个人IP）”，变成有温度的专家渗透到社交圈。这种角色可能是购物助手（了解货品）、专家（了解领域）、KOL（文化引领）、KOC（行为引领）……甚至是能够与用户深度交流、有温度的个人伙伴。没有人希望微信朋友圈里有一个功能化的品牌客服，只有个人IP才是社交网络里的有效节点。

三是具有耐受性（Endurance），这意味着流量不会轻易离开。这一条标准是检验连接的稳固性。流量之所以不会离开：一方面是因为连接是基于具有IM属性的社交平台，而不是微博那种偏信息流平台的社交平台。道理很简单，只要有人际连接就有人情世故，关系就相对稳定。另一方面是因为连接必须给对方提供价值，即使是在朋友圈里发商品广告，也需要流量（用户）认可这些信息的价值。

（九）区块链革命

区块链是伴随比特币产生的一个概念，诞生于2008年，它代表了一种去中心化的数据组织、存储和管理方案。比特币创始人中本聪为实现点对点的电子现金系统而提出和构建了这一概念，即可以在没有中央数据库的情况下实现多点数据的可靠传输、存储和更新。区块链的概念早期被虚拟货币爱好者喜爱和宣传，影响力较小。2015年开始，区块链忽然成为一个热门词汇，大量创业机构、投资机构、金融机构乃至监管机构纷纷拥抱区块链，称其为价值网络、下一代互联网的基础设施、下一轮互联网革命等。

区块链是分布式系统在CAP定理框架下的一个创新实现。区块链采用分布式总账本提升了系统的可用性（A），利用定期（延迟）结算和竞争性审核获得数据的最终一致性（C），同时保留高度的分区容错性（P）。它折中了C、A和P，在一定程度上降低数据一致性要求C（每10分钟数据才会一致一次），然后大幅度提高A和P，使得数据系统的耦合性大大降低，分区之间几乎永不互相影响，系统几乎总是稳定、总是可用。这是区块链在分布式系统方面的真正的创新，而其链式结构只增不改的设计，也正是业界所谓的击败CAP定理的方法（当然不是真的击败CAP，而是尝试对数据存储系统进行重新设计，以可控的复杂度来实现较为均衡的CAP）。

区块链是一项创新的解决方案，它通过组合现有的各项技术构建了一个新CAP范式。它不包含底层技术（例如密码技术、数据压缩存储、网络传输）创新，故而不可能从根本上提高分布式系统的效率，而是开辟了一类要求高可用、高容错、低短期一致性、高最终一致性的应用领域。分布式总账本提高了可用性，但带来了极高的数据存储和传输成本；定期结算满足了高容错需求，但大大降低了数据一致性；安全是有代价的，区块链的代价未必比传统安全机制低；区块链不是端到端安全的；区块链并不能提供确权和权益保护机制。

综上所述，区块链技术方案虽然在某些方面存在激动人心的创新，但是在很多方面又存在悖论。人们宣传其安全性，而其安全性要花费巨大代价才能获得，并且目前还是很脆弱的。为了弥补其脆弱的安全性，只能引入非技术的外部机制，而外部机制必然又与区块链去中心化、去信任的理念相违背，并降低区块链系统的综合成本优势。

（十）其他陷阱

（1）财商教育（Finance Quotient）。财商是指一个人认识、创造和管理金钱（财富）的能力。关于财商的系统学习与训练，就是财商教育。财商教育就是建立对待财富的正确态度，了解财富的运动规律，科学合理地运用财富实现人生的梦想。

（2）知识付费（Knowledge Payment），主要指知识的接收者为所阅览的知识付出资金的现象。知识付费让知识的获得者间接向知识的传播者与筛选者给予报酬，而不是让参与知识传播链条的人通过流量或广告等其他方式获得收益。

（3）关键意见消费者（Key Opinion Consumer，KOC），对应关键意见领袖（Key Opinion Leader，KOL），一般指能影响自己的朋友、粉丝，令他们产生消费行为的消费者。相比于KOL，KOC的粉丝更少，影响力更小，优势是更垂直、更便宜。

（4）新零售（New Retailing），即企业以互联网为依托，通过运用大数据、人工智能等先进技术手段，对商品的生产、流通与销售过程进行升级改造，进而重塑业态结构与生态圈，并对线上服务、线下体验以及现代物流进行深度融合的零售新模式。

（5）“饵与钩”模式（Bait and Hook），也被称为“剃刀与刀片”（Razor and Blades）模式，或是搭售模式（Tied Products）——出现在20世纪早期。在这种模式里，基本产品的出售价格极低，通常处于亏损状态；而与之相关的消耗品或是服务的价格则十分昂贵。比如，剃须刀（饵）和刀片（钩），手机（饵）和通话时间（钩），打印机（饵）和墨盒（钩），相机（饵）和照片（钩）等。

保险的下沉市场与直播带货

一、下沉市场，保险的盛宴?

近年来，党中央、国务院就促进经济稳定增长、努力实现2035年远景目标出台了若干措施，其中最重要的就是充分激发消费潜力，稳定和扩大居民消费，进一步提振消费信心，强力释放被新冠肺炎疫情抑制和冻结的消费需求。扩大内需的具体政策部署，包括有效启动农村市场，多用改革办法扩大消费；加快推进信息网络等新型基础设施建设等。这意味着，包括农村、中小城市及村镇在内的下沉市场消费潜力将被进一步激发。

国家统计局公布的数据显示，除去一二线城市的3.9亿人，三线以下城市、县镇与农村的人口规模将近10亿——这是一个堪比美国总人口三倍的数字。如此巨大的人口基数彰显着下沉市场所蕴含的巨大潜力。所以，当前下沉市场不仅是新一轮消费升级的主战场，也是保险业角逐的新战场。

（一）下沉市场

下沉从来不是新名词，互联网的诞生天然就带有共享、下沉和普惠的属性。当一个新兴的概念开始出现的时候，人们总是会拼命靠近，以借助这个新概念找到新的发展机会，下沉市场概念的兴起同样是在这样的背景下诞生的。

下沉市场是指三线以下城市、县镇与农村地区的市场，其基本特征在于范围广而散、服务成本更高。随着经济发展和城镇化进程不断推进，下沉城市的基础设施、商业配套日益完善，下沉市场用户规模庞大，存在巨大红利。同时，随着互联网覆盖率的提高和移动互联网的持续下沉，向下渗透成为互联网企业扩大用户增量、拓展市场机会的重要方向。

当流量见顶成为一种趋势时，下沉市场无疑将成为一片丰沛的流量沃土。正因如此，我们才会看到有如此多的人开始积极拥抱下沉市场。在一二线城市的发展红利已见顶的时刻，通过拥抱下沉市场的方式的确可以暂时缓解发展压力，但是，如果只是把下沉市场看作一个概念，无法找到切入下沉市场的方式和方法，所谓的拥抱下沉市场或许就只是一个概念而已。综观下沉市场，在这个新的掘金之地的人群的消费特征主要包括：

（1）对同质化产品，期待极致的性价比。收入水平的高低直接决定了用户的消费力，三四线及以下城市的居民收入相对较低，因此，下沉用户收入水平普遍低于非下沉用户，从而导致他们对于现金奖励和价格优惠等都非常敏感，物美价廉更符合他们真实的生活状态。因此，高性价比商品更容易被下沉人群所接受。

（2）对价格敏感，但同样追求品质消费。下沉市场消费者虽然关注价格，但价格绝非下沉市场消费者关注的唯一指标。当下小镇青年崛起，生活压力较小的三四线城市人群反而消费意愿会比一二线城市强很多，他们具有超越收入的消费能力。

鉴于下沉市场人群的消费特征，我们看到保险业尚未真正在下沉市场生根发芽，有的只是浅尝辄止地加入而已。但是可喜的是，自2013年以来，互联网保险的快速发展已经提升了保险掘金下沉市场的能力。

（二）互联网保险提升了保险掘金下沉市场的能力

传统保险业务依赖于对分销渠道的经营，业务线上化程度不足。除了销售渠道对线下分支机构和代理渠道的依赖以外，保全、定损、核赔和赔付等职能也大量下沉。这部分的业务线上化和用户自助化的程度较低，导致用户体验远低于其他行业所培育的预期，甚至会逐步迁移至更为快捷的互联网创新渠道。互联网保险这几年正在悄悄地改变我们所认知的传统保险业，并提升了保险掘金下沉市场的能力。

（1）互联网保险提高了消费者保险意识。保险意识薄弱的普遍性意味着大量的潜在刚性需求等待被唤醒。互联网保险已经以其低成本优势成为大众保险教育的新入口，同时也衍生出多种类型的普及工具，如内容平台。

（2）互联网保险深挖了用户需求。随着互联网保险的兴起，大量保险公司聚焦产品创新，虽然有时不乏“奇葩险”，但是大多数互联网保险产品具备碎片化和小额两大特征，这正是我们所谓的长尾市场。

（3）互联网保险降低了保险成本。互联网具备边际成本趋近于零的特征，这意味着互联网保险的服务成本仍然具备极大的压缩空间，其前提是庞大的用户基础、较高的交互频次和去人工化服务，互联网保险的成本优势已经开始显现。

（4）互联网保险连接了保险数据。对保险业来说，大数据技术的应用是提高风险管理效率的最大武器，对降低成本、提高效率具备难以估量的价值。针对优质用户提供定制化保险方案，降低人工服务成本，提高边际收益，是大量保险机构的美好想象，但这一美好想象必须建立在大量的用户数据积累之上。互联网保险在数据的获取和积累上已经取得了实质性突破。

（5）互联网保险提高了运营效率。互联网保险正在突破传统保险公司的组织结构制约，转向业务流程的线上化及对大数据的应用。这些均为保险公司提高运营效率提供了切入点，也构建了互联网保险的核心竞争力基础。

综上，互联网保险所带来的五大变化，正好契合了下沉市场人群的消费特征：极致的性价比和品质的消费观。

（三）保险下沉市场，如何从“概念”走向“落地”

随着互联网覆盖率的提高和移动互联网的持续下沉，向下渗透成为互联网保险以及保险业扩大用户增量、拓展市场机会的重要方向。但是如果把一二线城市的模式生搬硬套到下沉市场，非但无法奏效，可能还会“败走麦城”。

进入下沉市场，除了要拼商业模式、拼资本、拼速度，也要拼各种社会关系、拼圈层经营、拼私域流量，还要适应各种规则、各种习俗等。下沉市场人群极致的性价比和品质的消费观特征，决定了其习惯于线下传统模式，看重短期效果，产品不好会立刻放弃，并且会一传十、十传百，信赖专家或其他具有权威性的介绍。针对这样的特性，保险公司需要从以下几个方面着手。

（1）操作层面。足够简单、足够新颖，相较于好看复杂的页面设置，下沉市场消费者更愿意看最直接的内容。

（2）产品层面。足够简单、足够直接，相较于复杂的、综合性的产品，下沉市场消费者更愿意看简单的产品。

（3）内容层面。给出清楚的结果预判，比如投保就能获得某项保障，并能预防某种风险或获得某项服务。

（4）价格层面。低价、补贴、打赏、礼物等方式都会给下沉市场消费者带来一定的刺激和兴奋点，同时也是带来流量的重要方式。

（5）专业层面。专家和推介层面要优秀但更要接地气，要符合下沉市场消费者的认知，因此能否获取消费者的好感是成功与否的关键。

（6）推进层面。要基于先测试再下沉的策略，拓展下沉市场，并抓住下沉市场的核心特征。下沉市场是一个非常宽泛的概念，三线城市的下沉和六线乡镇的下沉具有质的区别。

要使下沉市场成为保险的盛宴，关键是要从概念走向落地，从操作、产品、内容、价格、专业、推进等六个层面深入下沉市场，进而挖掘下沉市场消费者的思维方式、认知习惯、消费爱好，再映射到各种场景里去寻找保险掘金的机会。

二、保险适合直播带货吗？

（一）直播带货

在电子商务快速发展的大背景下，直播带货尤其是网红带货成了电商新风口。保险机构再也坐不住了，网络上保险业的直播带货成了行业内焦点。当你打开抖音或快手，不经意间总能刷到许多保险代理人，甚至明星、知名主播通过直播或短视频进行带货的产品也变成了保险产品。在直播间，保险机构员工变为保险界的“李佳琦”与“薇娅”，利用视频软件与客户线上实时互动，向大众介绍产品，打造保险专家IP的品牌形象，促进“晕轮效应”下的流量变现转化。我们不禁要反问，保险适合直播带货吗？

所谓直播带货，是指通过一些互联网平台，利用直播技术进行商品线上展示、咨询答疑、导购销售的新型服务方式，具体形式包括由店铺自己开设直播间，或由职业主播集合进行推介。有专家说“卖保险跟卖空调差不多，价格贵，一用几十年，保险也应该适合直播带货”，还有专家说“卖保险跟卖奢侈品差不多，标准化，都是有钱人的游戏，保险也应该适合直播带货”，真的如此吗？

（二）保险“直播带货”

在思考保险是否适合直播带货前，我们要先了解其商业逻辑背后的合规问题。2020年6月，北京银保监局印发《关于保险网络直播和短视频风险提示的通知》（京保监办发〔2020〕66号），要求保险机构要严格区分保险短视频、直播业务形式。按照“实质重于形式”的原则判断，属于互联网保险业务的，应当严格符合互联网保险业务监管规定。对于通过线上引流、线下转化等方式开展销售活动的，应当严格遵守所属渠道类型及相关保险产品销售的监管要求。

保险直播带货并没有实质性的创新，只是互联网保险的一种形式，相应地也需要符合互联网保险等相关规定。所以，我们暂且不考虑保险“直播带货”的合规性问题，因为《关于保险网络直播和短视频风险提示的通知》对于保险直播带货已做了详细规定。我们还是要聚焦保险直播带货的可行性问题，思考保险直播带货如何才能成为一种商业模式。

（三）保险适合直播带货吗?

保险适合直播带货吗？对于这个问题，可以采用类比的方法，从直播带货背后的电子商务着手，观察其创新逻辑，同时衡量保险业是否具备这些逻辑。

电子商务的初衷仅在于依托互联网技术把传统的商品贸易形式迁移至线上以降低交易成本、吸引价格敏感用户。但随着参与者的增加和交易额的上升，电子商务与传统商务的区别日益明显，已完成对传统商务的颠覆。

保险作为一种无形商品，消费者更关注的是安全和体验；保险作为一种高度科技化商品，正在随着保险科技的发展，逐步数字化、数据化和智能化；保险作为一种信用商品，大数据、人工智能已经成为其发展驱动力。综上来看，保险好像还挺适合直播带货，真的如此吗？我们不妨进一步基于直播带货电商的特点来思考这个问题。

直播带货电商以交易上网为契机，不但节省了交易成本、提高了商务效率，而且驱动、融合了整个产业链（包括生产、物流、渠道和支付）的改造。而保险直播带货是否符合这些特点呢？

第一，价值创新。保险机构要反思“直播带货+保险产品”“直播带货+交叉销售”的价值创新何在？真的能为用户创造更大价值吗？如果不能，保险直播带货就是一个伪命题。

第二，同时覆盖头部市场与长尾市场。保险机构要反思直播带货的对象是谁？显然，如果还是面向保险机构的传统用户，就会更多地演变成噱头，而不是创造用于满足消费者的潜在需求。

第三，以消费体验带动流程优化。保险机构要反思保险产品是否为标准化产品，公司系统是否支持这种高频的操作。目前保险产品离标准化还有一定的差距。直播带货的兴起将倒逼保险机构变革商业模式，提升线上化运营能力，加快适应数字化建设的行业大趋势。

第四，消费者地位反转。保险机构要反思直播带货如何实现保险产品和消费者对接，如何吸引消费者，黏住消费者。直播带货靠的是网红，但是此网红可能不是保险机构所需要的网红。

综上来看，在基于互联网的电子商务领域，保险的直播带货要想走向成功还有很长的一段路。所以，面对互联网新趋势和直播带货的电商时代，保险是否适合直播带货这个问题，其核心不仅仅在于互联网技术、电子商务趋势和保险逻辑，其关键在于保险直播带货的实质以及与此相应的合规问题，重点在于保险互联网化的线上交易和线下服务的融合，更在于我们对于互联网新趋势和电商创新趋势的理解。

数字人民币保险与去中心化保险

一、数字货币与数字人民币

数字货币是货币体系不断演进的必然结果，属于货币4.0阶段。目前，关于数字货币并没有统一的标准和定义。按照中国人民银行数字货币研究所的定义来看，狭义的数字货币主要指纯数字化、不需要物理载体的货币；而广义的数字货币等同于电子货币，泛指一切以电子形式存在的货币，包括电子货币、虚拟货币和数字货币。

根据发行者不同，可以将数字货币分为央行发行的法定数字货币和私人发行的数字货币。其中，央行发行的法定数字货币是指中央银行发行的，以代表具体金额的加密数字串为表现形式的法定货币，它本身不是物理实体，也不以物理实体为载体，而是用于网络投资、交易和储存、代表一定量价值的数字化信息，如中国人民银行正在研发的数字人民币；私人发行的数字货币，亦称虚拟货币，是由开发者发行和控制、不受政府监管、在一个虚拟社区的成员间流通的数字货币，如比特币（Bitcoin）等。

货币是人类除了文字之外的另一重要发明，在经历了物物交换、金银本位制之后，信用货币成为货币史上的重要跨越。如果说纸币实现了信用货币从具体物品到抽象符号的第一次飞跃，那么建立在区块链、人工智能、云计算和大数据等基础上的数字货币就实现了信用货币由纸质形态向无纸化方向发展的第二次飞跃。数字货币并没有改变货币背后的信用背书，而是改变了货币的存在形式。至此，货币完成了商品货币—贵金属充当一般等价物—信用货币—数字货币的演进。因此，货币存在形式的演进意味着货币体系运行成本更低、更安全、更高效，数字货币是货币体系从商品货币向信用货币不断演进的必然结果。

二、数字货币与去中心化保险

（一）数字货币催生了去中心化金融

当前金融体制的弊端主要源自金融权力的过度集中，它与互联网经济的扁平化、分散化特征背道而驰，亦违背分享、协作、普惠、选择自由和民主的互联网精神。其实质是工业时代规模经济在金融领域的过度投射，其演化过程是各方博弈的结果，但普通大众的自由意志和选择权利在这一过程中从未发挥过主导作用，因而它很难称得上是民主、平等、自愿的契约。

随着数字货币的发展，一种民主、平等、自愿的金融契约正在形成——去中心化金融。去中心化金融，与传统中心化金融相对，指建立在开放的去中心化网络中的各类金融领域的应用，目标是建立一个多层面的金融系统，以区块链技术和密码货币为基础，重新创造并完善已有的金融体系。

去中心化金融是个较为宽泛的概念，包括货币发行、货币交易、借贷、资产交易、投融资等。我们将比特币和其他加密货币的诞生视为DeFi的第一阶段。第一阶段中数字货币的发行和存储分散化只是提供了点对点结算的解决方案，还不足以支撑丰富的金融业务；近两年发展迅猛的去中心化借贷协议正在进一步开放区块链世界的金融系统，将DeFi带入第二阶段。

随着DeFi第二阶段的发展，其面临的风险也开始暴露，比如贷款协议中的智能合约漏洞，基础资产中的智能合约漏洞，清算事件导致放款人损失其加密货币，协议的经济性设计失败（可能是激励措施不当造成的），用户操作错误，等等。面对这些风险，我们自然而然地会想到保险。

（二）去中心金融离不开去中心化保险

建立在区块链、人工智能、云计算和大数据等基础上的数字货币，实现了信用货币由纸质形态向无纸化方向发展的第二次飞跃，其意义更在于去中心化。它已催生了无需信任的去中心化金融，也必将催生去中心化保险，即具备资产或现金流的个体或组织都可以基于区块链，利用数字货币开展保险活动，无需中介。

跟去中心化金融一样，去中心化保险的优势主要体现在以下几个方面：去中心化金融的主要理念是借助不可篡改、强制自动执行的智能合约来为传统保险业务赋能；去中心化金融通过区块链提高保险业务流程的效率和透明度，因为条款一旦被写到了代码里就不必再信任公司底下的员工；去中心化金融通过区块链无须许可的性质可能会为保险带来新的用户。

去中心化保险协议和去中心化金融协议一样，其目的都是降低金融业的门槛，将其转化成无须许可的开放式生态，最终把金融和保险的力量民主化，赋予更多个体。去中心化金融也许是给更多个人加杠杆，去中心化保险则希望成为整个社会的一道防火墙，为社会提供安全保障。

例如，基于数字货币的保险相互组织（Nexus Mutual）允许用户为特定的智能合约购买保险，以针对目前一些主流协议中智能合约漏洞产生的意外投保，如Compound（一个区块链银行，根据借贷双方需求依据算法自动调节存款和贷款利率的借贷工具）、Aave（一个基于以太坊的货币市场协议）和Uniswap（一种基于以太坊的协议，旨在促进ETH和ERC20代币数字资产之间的自动兑换交易）等。用户可在Nexus Mutual上对特定智能合约进行30天及以上的保期投保，每份保险都用Nexus Mutual的原生代币NXM计价，并允许以ETH或DAI支付。

与传统的互助保险类似，Nexus Mutual由NXM代币持有人所有，同时也负责提供保险背后的资本。NXM代币作为维持该系统运转的核心资产，代表的是社区成员权益，允许用户购买保险、参与索赔评估、通过质押（Staking）的方式进行风险评估和参与社区治理等。

Nexus Mutual实现了“交易结构+交易权利”。相对而言，传统保险行业立足于“交易信用+交易制度”体系，高度依赖中介和中间商，由此衍生的信任和成本问题一直难以解决。但是在区块链技术应用到保险行业后，保险公司的角色、管理模式都将发生翻天覆地的变化，保险公司的角色已由传统的风险直接吸收者和处理者，转变为专业的风险管理顾问和“虚拟资金池”的管理者。

基于数字货币的保险机构，将实现组织自治、透明公开、风险共担。由于保险事务的真实性与合法性，强化信息对称与交易安全，实现保险行业的高度自律与自治，去中心化保险的不断发展，必将推动保险业进入4.0时代——基于数字货币的去中心化保险时代。

三、数字人民币的风险与保险

（一）数字人民币的风险

数字人民币的研发和应用，有利于高效地满足公众在数字经济条件下对法定货币的需求，提高零售支付的便捷性、安全性和防伪水平，助推中国数字经济加快发展。数字人民币作为非现金货币存在于市场，属于电子货币的一种，但是与商业的虚拟货币和移动支付又不相同。数字人民币属于政策性货币，以央行为信用保障，其风险要小很多。

数字人民币可能面临的风险：冲击现行金融体系的利益格局，数字人民币发行可能会在短期内对于商业银行和支付机构等造成一定冲击，比如微信、支付宝等；增加了货币政策执行的复杂性和敏感性；扩大了金融监管边界，提高了金融监管难度；增加了金融系统的技术风险，比如钱包的安全性等。在这些风险中，消费者最关心的是数字人民币钱包的安全性。针对盗用等行为，对于实名钱包，数字人民币提供了挂失功能。但是为了减少这个风险导致的损失，保险可以发挥风险补偿作用。

（二）数字人民币的保险

保险业在发展过程中，针对现金、借记卡、信用卡、电子钱包（电子账户）等先后研发了不同的保险。

（1）现金保险，是一种特种财产保险，以家庭、商店、餐厅、会计部门、酒吧、娱乐场等存放及运送的现钞、金银钱币、信用卡、支票等各种支付手段为承保标的。现金保险一般为家庭财产保险、企业财产保险的附加险，保额一般不高，主要是应对小额流动现金被盗风险。

（2）银行卡保险，是一种主要保障银行卡因被盗刷、被盗用、被转账、被复制、被盗取而造成的财产损失的保险。

（3）账户保险，是银行卡保险的扩展，主要保障个人名下所有借记卡、信用卡、网银账户、第三方支付账户等的资金安全，如果发生了盗用、盗刷等情况，保险公司将按照约定赔偿。

随着数字货币试点的推进，为了避免试点期间的风险，数字人民币也需要保险，主要保障因数字人民币钱包被盗刷、被盗用、被转账、被复制、被盗取而造成的损失。

第十一章
互联网保险的突围

科学研究基于同一法则，即一切事物的产生取决于自然规律，这也适用于人们的行动。

——阿尔伯特·爱因斯坦

中国互联网生态是横向的，从最初的BAT到BATJ，到今天的AT（腾讯系和阿里系），都热衷于终端的横向扩张，势力范围囊括零售、医疗、消费金融、网络支付、出行、住房、媒体、旅游、商业服务、物流等。

美国互联网生态是纵向的，Facebook、谷歌、微软、亚马逊等公司不敢过度横向扩张，只能往纵深领域发展，如操作系统、人工智能、大数据、云计算、无人驾驶、通用芯片、导航系统、编程语言、机器人、基础科学等。

我们再来看看日本过去20年的发展。自1990年金融泡沫破灭后，日本经过20多年挣扎、改革与转型，最终实现社会资本按无差异曲线的规律回归。实体零售出色，电商没有绝对优势；金融泡沫破灭，资本向实体转移；电子终端市场败北，向上游的核心技术深耕；国内投资饱和，向国际市场进发。

我们不禁要反思，中国互联网的技术创新在哪里？中国互联网保险的创新又在哪里？

互联网保险的游戏规则

一、互联网保险的市场体系

（一）市场要素

市场要素，即市场构成要素，是由可供交换的商品、卖方、买方组成的。市场是由各种基本要素组成的有机结构体，正是这些要素之间的相互联系和相互作用，决定了市场的形成，推动着市场的现实运动。宏观市场要素包括商品、供给、需求，其中供给和需求通过其代表者——买方和卖方进行相互联系；微观市场要素包括人口、购买力、购买欲望，通过商品连接供给（卖方）和需求（买方）。

互联网保险是指保险机构依托互联网订立保险合同、提供保险服务的保险经营活动。互联网保险个人用户既是出发点也是落脚点。智能终端、互联网、物联网是产业链中的科技基础设施和载体，连接着客户、保险主体和实体产业。

（1）市场主体，包括传统保险公司官方网站、专业中介平台网销、第三方电商平台、网络兼业代理、专业互联网保险公司等。

（2）市场客体，是指依托于互联网平台，由交易双方针对客户面临的风险达成的保险合同，用于进行风险转嫁。

（3）交易规则，是在保险监管部门的监管和推动下，由保险公司依托专业风险管控，承接被保险人面临的风险的保险经营活动，该活动中交易双方的权利和义务以《中华人民共和国保险法》为规范。

（4）交易条件，是指双方达成一致的条件，根据产品条款和费率具体内容制订和实施。

（5）网络媒介，包括智能终端、互联网、物联网等，是互联网保险产业链中的科技基础设施和载体。

（二）市场特征

市场特征，是商品和服务价格在建立过程中表现的特征。在市场经济下，市场在资源配置中起基础性作用，具有平等性、竞争性、法制性、开放性等一般特征。市场是社会分工和商品生产的产物，哪里有社会分工和商品交换，哪里就有市场。决定市场规模和容量的有三个要素：购买者，购买力，购买欲望。同时，市场在其发育和壮大过程中，也存在自发性、盲目性和滞后性等特征。

对于互联网保险，消费者（网络用户）在关注保险业态时通过市场媒介与其进行链接，实现物理距离分散而通过网络媒介进行关联。利用互联网连接，可将服务分为线上和线下情形，即依托互联网订立保险合同、提供保险服务的保险经营活动，具有虚拟性、直接性、便捷性和风险性。

（三）市场机制

市场机制，是通过市场竞争配置资源的方式，即资源在市场上通过自由竞争与自由交换来实现配置的机制，也是价值规律的实现形式。具体来说，它是指市场机制内的供求、价格、竞争、风险等要素之间互相联系及作用机理。具体到互联网保险市场机制，可分为一般市场机制和特有市场机制。

（1）互联网保险一般市场机制，是指互联网保险与其他商品都适用的机制，是在任何市场都存在并发生作用的市场机制，包括供求机制、价格机制、竞争机制和风险机制等。

（2）互联网保险特有市场机制，是指互联网保险市场上特定的并起独特作用的市场机制，主要包括保险市场上的费率厘定机制、利率机制以及互联网市场上的流量机制等。

（四）市场模式

市场模式，又称商业模式，是指在企业与企业之间、企业的部门之间乃至与用户之间、与渠道之间都存在的各种各样的交易关系和联结方式的统称。同理，互联网保险市场模式是一个由客户价值、企业资源和能力、盈利方式构成的三维立体模式，是包含了十个要素的参考模型。这些要素包括：

（1）价值主张（Value Proposition），是指保险公司通过其产品和服务向消费者提供的价值。价值主张确认了保险公司对消费者的实用意义。

（2）消费者目标群体（Target Customer Segments），是指保险公司所瞄准的消费者群体。这些群体具有某些共性，从而使保险公司能够（针对这些共性）创造价值。定义消费者群体的过程也被称为市场划分（Market Segmentation）。

（3）分销渠道（Distribution Channels），是指保险公司用来接触消费者的各种途径。这里阐述了保险公司如何开拓市场，涉及公司的市场和分销策略。

（4）客户关系（Customer Relationships），是指保险公司同其消费者群体之间所建立的联系。我们所说的客户关系管理即与此相关。

（5）价值配置（Value Configurations），是指保险公司资源和活动的配置。

（6）核心能力（Core Capabilities），是指保险公司执行其商业模式所需的能力和资格。

（7）价值链（Value chain），是指为了向客户提供产品和服务的价值而开展的、相互之间具有关联性的支持性活动。

（8）成本结构（Cost Structure），是指保险公司所使用的工具和方法的货币描述。

（9）收入模型（Revenue Model），是指保险公司通过各种收入流（Revenue Flow）来创造财富的途径。

（10）裂变模式（Business Name Consumer），是指保险公司商业模式转变的方式、方向。

二、互联网保险的市场规则

规则，一般指由群众共同制定、公认或由代表人统一制定并通过的，由群体里的所有成员一起遵守的条例和章程。它存在三种形式：明规则、潜规则、元规则。无论何种规则，都要具有对违背善恶道德的行为的严厉惩罚条款以维护世间和谐；明规则是有明文规定的规则，存在需要不断完善的局限性；潜规则是无明文规定的规则，约定俗成无局限性，可弥补明规则不足之处；元规则是一种以暴力竞争解决问题的规则，善恶参半，非道德之理的文明之道。

（一）市场需求

市场需求，是指在一定时间内和一定价格条件下，消费者对某种商品或服务愿意而且能够购买的数量。必须注意，需求与通常的需要是不同的。市场需求的构成要素有两个：一是消费者愿意购买，即有购买的欲望；二是消费者能够购买，即有支付能力。两者缺一不可。

同理，互联网保险市场需求是指一定的用户在一定的地区、一定的时间、一定的市场营销环境和一定的市场营销计划下，通过互联网愿意而且能够购买的保险商品或服务的数量。

（二）市场供给

市场供给，是指在某段时间内和一定的价格水平下，生产者愿意并可能为市场提供商品或服务的数量。市场供给是所有生产者供给的总和。市场供给量又可具体分为国内供给量和国外供给量，对市场供给能力的分析，不仅要分析国内的供给能力，而且要研究国外的供给能力。

同理，互联网保险市场供给是指在一定的时期内、一定条件下、一定的市场范围内，保险公司可通过互联网提供给消费者的保险商品或服务的总量。

（三）供需矛盾

供需矛盾，是指市场供给和市场需求之间的不均衡，在一定时间内和一定价格条件下，消费者对某种商品的需求和生产者对某种商品的供给不匹配。

同理，互联网保险供需矛盾是指在一定的时期内、一定条件下、一定的市场范围内，保险公司通过互联网可提供给消费者的保险商品或服务与消费者愿意而且能够购买的保险商品或服务在数量、价格、品质等方面的不匹配。

供给与需求的矛盾是市场经济中始终存在的一种基本矛盾。供给与需求的绝对均衡只是人们的一种主观愿望。没有供给与需求的矛盾，就没有市场经济。市场经济的发展是供给与需求矛盾存在和运动的结果。在这种意义上说，供给与需求矛盾的存在是市场经济发展的前提条件。保险是市场经济的产物，作为市场经济组成部分的保险市场，不得不受市场经济一般规律的支配和影响。保险供给与保险需求之间的矛盾，过去是、将来也会是保险市场长期存在的一种现象。

（四）市场均衡

市场均衡，是供给与需求平衡的市场状态。市场均衡分为一般均衡和局部均衡，一般均衡是指一个经济社会所有市场的供给和需求相等的一种状态；局部均衡是指单个市场或部分市场的供给和需求相等的一种状态。

同理，互联网保险市场均衡是指互联网保险需求与供给平衡的一种市场状态。经济主体是需求与供给的统一，不能离开供给谈需求，也不能离开需求谈供给。目前，国内保险有效需求不足制约保险增长的根源在于无效供给过剩，有效供给不足；同时，国内保险有效供给不足制约保险增长的根源在于无效需求被过度激发，而有效需求未被满足。这就是中国保险业目前面临的双不足问题。

通过不断地完善，人们对于产品需求风险越来越多地通过产品和服务进行了规避，以达到保险的价值。互联网保险属于保险范畴，其保险产品完全和传统保险一致，服务主体也一致。互联网产品通过互联网媒介与客户进行对接，产品供给更多依赖于上网的客户群体，其化解的风险为客户群体的新的共性风险，需要不断地与客户加深需求和供给的契合。需求来自客户的需求，需求是多变的，是更进步的、更细分的；供给是保险公司在客户需求的基础上，在科技发展的基础上，不断地研发出适合风险保障的、有竞争力且服务完善的产品。

互联网保险的规则重塑

一、互联网保险新规开启行业新征程

2020年12月，中国银保监会颁布《互联网保险业务监管办法》（以下简称《监管办法》或“互联网保险新规”），已于2021年2月1日开始施行。目前，互联网保险新规正在落地，其对行业发展具有深远的影响。《监管办法》共5章83条，具体包括总则、基本业务规则、特别业务规则、监督管理和附则。

（一）互联网保险业务定义

《监管办法》厘清了互联网保险业务本质，明确了制度适用和衔接政策。

（1）互联网保险业务，是指保险机构依托互联网订立保险合同、提供保险服务的保险经营活动。

（2）涉及线上线下融合开展保险销售或保险经纪业务的，其线上和线下经营活动分别适用线上和线下监管规则；无法分开适用监管规则的，同时适用线上和线下监管规则，规则不一致的，坚持合规经营和有利于消费者的原则。

（二）互联网保险业务要求

《监管办法》明确了互联网保险业务经营要求，强化了持牌经营原则，定义了持牌机构自营网络平台，规定了持牌机构经营条件，明确了非持牌机构禁止行为。

（1）互联网保险业务应由依法设立的保险机构开展，其他机构和个人不得开展互联网保险业务。

（2）经营互联网业务机构包括保险代理人（不含个人保险代理人）、保险经纪人、保险公估人，保险代理人（不含个人保险代理人）包括保险专业代理机构、银行类保险兼业代理机构和依法获得保险代理业务许可的互联网企业。

（3）非保险机构不得开展互联网保险业务，包括但不限于以下商业行为：一是提供保险产品咨询服务；二是比较保险产品、保费试算、报价比价；三是为投保人设计投保方案；四是代办投保手续；五是代收保费。

（三）互联网保险营销宣传

《监管办法》规范了互联网保险营销宣传，规定了管理要求和业务行为标准。

（1）强化了持牌机构管理责任，一是保险机构应为互联网保险营销宣传建立一系列管理制度；二是保险机构应开展营销宣传信息审核、监测、检查，并承担合规主体责任；三是保险机构应按照相关监管规定对从业人员进行执业登记和管理，标识其从事互联网保险业务的资质；四是保险机构及其从业人员应慎重向消费者发送互联网保险产品信息。

（2）要求互联网保险营销宣传活动应符合《中华人民共和国广告法》、金融营销宣传以及银保监会相关规定。

（四）互联网保险售后服务

《监管办法》全流程规范了互联网保险售后服务，改善了消费体验。

（1）保险机构应提高互联网保险产品销售的针对性，采取必要手段识别消费者的保险保障需求和消费能力，把合适的保险产品提供给消费者，并保障消费者的知情权和自主选择权。

（2）保险机构停止经营互联网保险相关业务的，应采取妥善措施做好存续业务的售后服务，有效保护客户合法权益。

（3）互联网保险公司应指定高级管理人员分管投诉处理工作，设立专门的投诉管理部门和岗位，对投诉情况进行分析研究，协同公司产品开发、业务管理、运营管理等部门进行改进，完善消费者权益保护工作。

（4）互联网保险公司应根据业务特点建立售后服务快速反应工作机制，对于投诉率异常增长的业务，应集中力量应对，及时妥善处理。

（5）保险机构开展互联网保险业务，应由总公司集中运营、统一管理，建立统一集中的业务平台、业务流程和管理制度。保险机构应科学评估自身风险管控能力、客户服务能力，合理确定适合互联网经营的保险产品及其销售范围，不能有效管控风险、保障售后服务质量的，不得开展互联网保险销售或保险经纪活动。

（五）互联网保险主体分类

《监管办法》按经营主体分类监管，在规定基本业务规则的基础上，针对互联网保险公司、保险公司、保险中介机构、互联网企业代理保险业务，分别规定了特别业务规则。

（1）互联网保险公司不得线下销售保险产品，不得通过其他保险机构线下销售保险产品。

（2）保险公司总公司可将合作机构拓展、营销宣传、客户服务、投诉处理等相关业务授权省级分支机构开展。经总公司同意，省级分支机构可将营销宣传、客户服务和投诉处理相关工作授权下级分支机构开展。

（3）保险中介机构及其自营网络平台在使用简称时应清晰标识所属行业细分类别，不得使用“××保险”或“××保险平台”等容易混淆行业类别的字样或宣传用语。

（4）银行类保险兼业代理机构销售互联网保险产品应满足以下要求：通过电子银行业务平台销售；符合银保监会关于电子银行业务经营区域的监管规定。地方法人银行开展互联网保险业务，应主要服务于在实体经营网点开户的客户，原则上不得在未开设分支机构的省（自治区、直辖市、计划单列市）开展业务。无实体经营网点、业务主要在线上开展且符合银保监会规定的其他条件的银行除外。银行类保险兼业代理机构及其销售从业人员不得将互联网保险业务转委托给其他机构或个人。

（5）互联网企业代理保险业务应获得经营保险代理业务许可。不得将互联网保险业务转委托给其他机构或个人。

二、互联网保险可回溯对行业提出新要求

（一）互联网保险的新要求

为规范互联网保险销售行为，维护消费者合法权益，2020年6月，银保监会发布《关于规范互联网保险销售行为可回溯管理的通知》（银保监发〔2020〕26号，以下简称《可回溯通知》）。该文件在一定程度上承接了《互联网保险业务监管办法》中的内容，对最受行业关注的销售部分作出了明文规定。

《可回溯通知》在细化保险线上销售规范的同时，明确了未来保险科技的应用将成为互联网保险良性有序发展的重要支撑。因此，通过保险科技对互联网保险进行赋能，助力互联网保险业务创新与合规并行驱动，成为当下的焦点，更成为互联网保险的新要求。

实施互联网保险销售行为可回溯管理，从意义上来说，有利于保护消费者知情权、自主选择权、公平交易权；从技术上来说，是大数据、云计算、人工智能、区块链等新兴技术为互联网保险赋予新能力、新发

展、新未来的过程；从互联网保险来说，《可回溯通知》中的新要求是为了适应互联网保险的新趋势，进而实现互联网保险的新高度。

（二）互联网保险的新趋势

近年来，互联网保险市场实现高速增长，但是，互联网保险侵害消费者合法权益的问题也呈爆发式增长。2019年，银保监会接到互联网保险消费投诉共1.99万件，同比增长88.59%，是2016年投诉量的7倍，销售误导和变相强制搭售等问题突出，严重影响消费者的体验感。

互联网保险类似于电子商务，其初衷仅是依托互联网技术把传统的保险产品销售形式迁移至线上以降低交易成本、吸引价格敏感用户。但随着参与者的增加、保单件数的剧增和保费规模的上升，互联网保险没有完成消费者地位反转，结果导致在保障消费者知情权、自主选择权和公平交易权等基本权利方面存在的问题开始爆发。

如何保障消费者知情权、自主选择权和公平交易权等基本权利，从保险业经验来看行之有效的方式是销售行为可回溯管理。

针对线下业务，《保险销售行为可回溯管理暂行办法》（保监发〔2017〕54号）已做了明确的规定，要求“保险公司、保险中介机构通过录音录像等技术手段采集视听资料、电子数据的方式，记录和保存保险销售过程关键环节，实现销售行为可回放、重要信息可查询、问题责任可确认”，这就是目前正在实行的“保险双录”。

针对线上业务，《可回溯通知》进一步明确了互联网保险“保险双录”的实现方式，这也是为了全面落实《关于加强金融消费者权益保护工作的指导意见》（国办发〔2015〕81号）的要求。

相对于线下业务的“保险双录”，显然线上业务的“保险双录”实现方式更难，因为其涉及互联网保险整个价值链条的重塑，包括网络化销售平台（保护消费者知情权）、数字化保险中台（保护消费者自主选择权）、智能化回溯（操作轨迹、操作日志等可视化）系统（保护消费者公平交易权）等保险科技产品（见图11-1）。

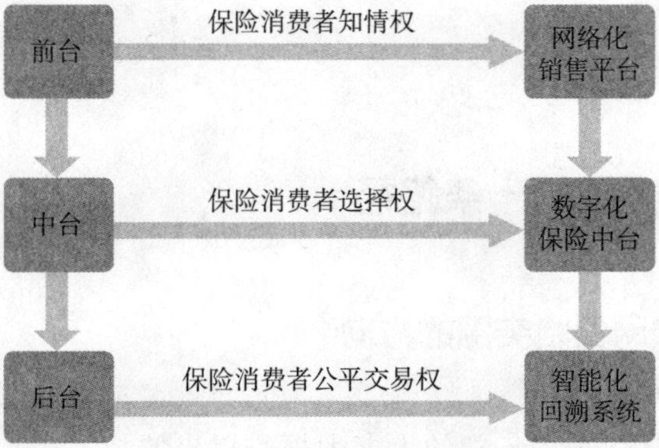

图 11-1　互联网保险概念图

综上，数字化、网络化、智能化成为新一轮互联网保险发展的新要求，这就要求互联网保险要借助保险科技提升到新的高度。

（三）互联网保险的新高度

随着互联网技术的进步，互联网及金融科技（保险科技）在保险中的应用和尝试也在不断深化。互联网对于保险业来说，从最初的作为信息推送的营销手段，不断深化，逐步形成了由点成线、由线成面、由面成体的体系化认识，可以预期互联网保险即将步入基于5G技术的“万物节点、万物感知、互联智能、万物互联”阶段。

习近平总书记在2018年两院院士大会上的重要讲话中指出：“世界正在进入以信息产业为主导的经济发展时期。我们要把握数字化、网络化、智能化融合发展的契机，以信息化、智能化为杠杆培育新动能。”这一重要论述是对当今世界信息技术的主导作用、发展态势的准确把握，是对利用信息技术推动国家创新发展的重要部署。

就互联网保险来说，网络化为其信息传播提供物理载体，其发展趋势是从互联网走向物联网；数字化为互联网保险运营运行奠定基础，其发展趋势是保险经营的全面数据化，包括对保险数据的收集、聚合、分析等；

智能化为互联网保险消费者权利的保护等提供了技术支撑。

互联网保险突围的十条路径

一、互联网保险突围的方向

高质量发展是2017年党的十九大报告提出的新表述，表明中国经济已由高速增长阶段转向高质量发展阶段。在微观上，高质量发展要建立在生产要素、生产力、全要素效率的提高之上，而非靠要素投入量的扩大；在中观上，要重视国民经济结构包括产业结构、市场结构、区域结构等的升级，把宝贵资源配置到最需要的地方；在宏观上，则要求经济均衡发展。

对于保险业来说，高质量发展之根本在于保险的活力、创新力和竞争力，显然科技创新应用是根本途径，要利用科技来推动供给侧结构性改革。2019年末，中国银保监会发布了《关于推动银行业和保险业高质量发展的指导意见》（银保监发〔2019〕52号），在基本原则中提出“坚持科技赋能。转变发展方式，为银行保险机构创新发展提供有力支撑”。

“十四五”时期，我国发展仍然处于重要战略机遇期，保险业也处于发展的黄金时期。社会治理和社会保障体系的完善，为保险业的发展营造了良好的外部环境，科技和制度创新也成为保险业创新发展的新动能。随着大数据、人工智能、区块链、云计算等技术的运用，科技正在赋能保险业，正在帮助保险公司和保险市场逃离无序竞争、同质竞争的环境，保险增长将由外延式增长进一步向内涵式增长转变，并逐步向高质量发展阶段转变。

二、互联网保险突围的十条路径

互联网保险在科技的加持之下，从基于技术驱动的产品创新，再到用科技赋能整个保险生态系统，将会发生一场普惠大众的衍变。互联网保险要实现高质量发展，要梳理出自己的“科技+制度+管理+服务”战略，或者说互联网保险高质量发展的科技路径，如此方能实现突围。

（1）路径一：调整保险科技战略。随着保险科技的“智能化、数据化”，保险公司之间已经产生了技术壁垒，主要包括数据壁垒、智力壁垒、资本壁垒。因此对于大多数中小保险公司的科技战略而言，创新的能动体是自己，但创新的升级体不再是自己，而是保险价值链条上的各行各业。所以，保险公司的科技战略是“科技+制度+管理+服务”战略，而不是“保险+科技”战略，可以与保险科技企业合作共建平台，也可以利用大型保险公司输出的平台。

（2）路径二：搭建可控的基础数据库。如果说平台可以共建，可以利用第三方，但是数据一定要自主可控。为了应对未来的技术壁垒，保险公司要联合各方搭建可控的基础数据库，这涉及建设数据收集能力（物联识别、爬虫、聚合）、数据加工能力（自动分类、去重、防伪鉴别）和数据存储能力（云计算、大数据平台）。

（3）路径三：推动识别技术的保险应用。目前一些识别技术已经比较成熟，包括物联识别技术、传感器技术、生物识别技术、地理位置识别技术、AR技术等。通过高效率、高质量、低成本的识别技术，可以实现数据收集、远程检验、现场监测，继而产生实时监控报警，远程控制现场，自动化触发处理等各种创新应用。

（4）路径四：实现保险产品的智能化。未来不仅科技产品需要智能化，保险产品也需要智能化。智能化需要由智能操作系统、联网互动、大数据收集训练与人工智能算法技术驱动。智能化和数据、识别技术等紧密联系。智能化可以通过随时升级、远程升级来增强功能，可以远程监控、远程诊断、远程控制，可以远程收集数据，可以联网互动。这会给消费者和管理者提供更多便利，也会给保险公司带来新的服务业务、新的服务流程和模式、新的商业模式。

（5）路径五：助推保险产业链互联互通。智能化和识别技术只是方便了终端数据收集，但是只有保险产业链实现了互联互通，才能真正做到联动研发、联动营销；才能极大提高社会协同效率，节约行业总体成本。例如，保险行业已经出现了一批SaaS服务平台，为保险产业链互联互通提供了很好的基础。

（6）路径六：实现保险能力单元网络协同。保险产业链互联互通，有利于保险产业供需信息快速到达每个能力单元节点，各个环节的能力单元就可以按照自己的能力来按需接单按需生产。

（7）路径七：通过科技向社会开放能力与服务。过去，各行各业的能力与资源基本都被固化封锁在企业内部。现在，因为技术壁垒和平台化战略的实施，所有的企业开始向消费者开放服务，也开始向竞争对手开放能力。我们已经看到，大型保险公司开始为保险业开放自己的技术平台，而中小保险公司要开始接受这种开放的平台，使自己成为保险产业互联互通能力输出的一个节点。可以预见，未来保险公司将如同互联网一样连接在一起。

（8）路径八：逐步实现数据开放共享。除了通过科技开放自己的技术与服务之外，保险公司还可以向保险产业链或社会开放自己的数据。通过设计机制，大家一起来建设丰富数据、校正数据。数据的开放，使得各行各业可以结合自己的业务优势，通过“1+1>2”的跨界创新，创造出新的产品、新的服务、新的盈利模式。

（9）路径九：通过数据优化保险业务。未来保险公司一定是开放的保险产业服务平台，类似于阿米巴组织单元。没有数据，任何一个人都无法想透看清这种互联交叉的叠加因素影响；没有数据，阿米巴组织单元无法做出正确的自主决策；没有数据，整个互联协作网络就会变化共振导致混乱噪声。保险公司可以通过识别技术、智能设备、产业互联互通，建立真正的大数据。

（10）路径十：利用科技向服务型产品转型、做服务产品创新。保险公司作为金融服务行业，未来的主要功能也一定是服务，所以保险公司要利用科技向服务型产品转型，通过科技输出自己的服务，包括风险管理、生活习惯分析、健康管理等服务。

互联网、云计算、大数据、人工智能、区块链等新技术，是互联网保险重新焕发生机的重要助推器。互联网保险未来发展应顺应“保险+科技+制度+管理+服务”战略趋势，避免陷入“保险+科技”战略陷阱，充分利用新兴科技，优化产品设计，改进业务流程，创新运营模式，促进“保险+科技+制度+管理+服务”深度融合，积极推进互联网保险由高速增长阶段转向高质量发展阶段。

第十二章 互联网保险的思考

哲学、艺术和科学，其目的都是为了让人类的生活趋向高深，使它从单纯的生理存在中升华，并把个人引向自由。

——阿尔伯特·爱因斯坦

互联网经济发展20年带给世界很多思考，大数据、云计算、物联网、区块链、人工智能、神经元网络等先进生产力的出现和发展，需要人类社会构建一种全新的社会生产关系，并以此为基础为人类文明创造更多的财富。中国在新基建、数字人民币等领域已经做好了布局。中国保险业需要努力探索互联网保险的新思想、新业态、新模式，积极布局以信用为核心的保险互联网，重塑传统保险和互联网保险的价值链，创造传统保险和互联网保险的数字经济新生态。

从互联网保险到保险互联网，是互联网经济变革的要求，要求从消费互联网升级到产业互联网。我们要总结好互联网经济发展的规律，克服消费互联网下的互联网保险中存在的问题，充分利用新型基础设施和数字人民币所带来的机会，大力创新产业互联网下的保险互联网，一定要让中国的新型互联网保险借助数字化转型在世界舞台上全面领先！

从互联网保险到保险互联网，不只是概念的变化，更是一种质变。也许这是一个疯狂的想法，也许只是笔者的科学艺术和哲学断想，但是我们不应忘记阿尔伯特·爱因斯坦的那句话，“如果一个想法在最初并不荒谬，那它就没希望”。

互联网保险的科学艺术哲学断想

一、互联网保险的科学思索

（一）科学思维

纵览历史长河，可以发现科学和思想的关系，从来都是相辅相成、相生相融的。在人类社会的任何一个阶段，科学技术的发展都离不开思想的引领，而后者的前瞻性也决定了这些发现发明的高度、广度和跨度，而思想也会受到科学发现以及随之变化的生活方式、社会结构的影响，从而能够去伪存真，化繁为简，反过来推动科学技术的再发现和再创造。

从思想引领科学的角度来看，金融科技的一大热点——比特币和区块链技术的诞生便是一个很好的演示，其表面繁复的技术和机制嵌套背后其实是去中心化和分布式存储的思想，当把事情简化到一个简单封闭社会的物物相易、口耳相传、少数服从多数的状态时，就可以很自然地由这些思想推断出需要哪种技术设计。

从科学影响思想角度来说，20世纪两大物理学的划时代性成果、现代物理学的奠基：相对论和量子力学，前者的参照系变换和后者的微观离散性思维都改变了学科思维，并极大地影响着思想界。路易·维克多·德布罗意甚至可以通过简单的思想外推就获得新的研究灵感，这生动地体现了“科学—思想—科学”的互动过程。

（二）互联网保险的十大科学思索

从当前金融科技的形态来看，只要是可以找到和金融相搭配的出路，或者可以给金融带来更好的体验和前景的科技手段，我们都可以称之为金融科技。但是由于目前科技水平还在发展过程中，整个科技研究开发成本延缓了科技向金融业的推广和普及，整个行业对于它们的研究和风险预估还不透彻，所以之后金融科技具体的应用形态还无法确定。那么暂以我们能够想象到的科技来推测未来互联网保险的样子，它至少应该包括以下几类：

（1）强人工智能类。“强人工智能”一词最初是约翰·罗杰斯·希尔勒针对计算机和其他信息处理机器创造的。强人工智能观点认为有可能制造出真正能推理（Reasoning）和解决问题（Problem Solving）的智能机器，并且这样的机器将被认为是有知觉的，有自我意识的。强人工智能类金融科技，虽然仍存在于我们真实的四维空间内，但它将不再局限于人类本身所思考的金融形态，而是通过对机器自身思维的挖潜，创造出超越人类固有意识的全新金融形态。

（2）虚拟现实类。虚拟现实，是利用科技模拟产生一个三度空间的虚拟世界，为使用者提供关于视觉、听觉、触觉等感官的模拟，让使用者如同身临其境一般，可以及时、没有限制地观察三度空间内的事物。随着人们将越来越多的时间投入虚拟时空中，未来的金融也不一定只存在于现实场景之中，而是可能同时出现在我们所制造出的虚拟时空当中。当人们的意识进入虚拟时空中生活时，就需要配有一套与虚拟时空金融活动相匹配的金融科技，让人们能够在虚拟时空中轻易完成各类金融行为。甚至虚拟时空与现实时空也会交错融合，从而产生一种跨四维时空界限的金融科技。

（3）人体账户类。像指纹识别、人脸识别等个人身份识别方式也将被淘汰，取而代之的是人体本身。人们将不再需要钱包、信用卡、手机等实物工具作为金融账户存储与携带的媒介，而是可以利用金融科技将人体的器官与金融账户进行有机结合，每一个器官都将有其独特的身份识别标签，人们只需要挥一挥手或者轻轻地做一个微笑，即可完成金融交易请求；甚至可以将脑电波翻译成交易信号，并作为人们确认金融行为的最主要方式。换句话说，每个人本身就是一个可存储、可识别、可移动的金融账户。

（4）连接动物类。科学家们一直相信，未来人们会研发出动物语言翻译机，识别动物的语言，与动物进行亲密交流。如果人类能够与动物进行真正的交流，他们便会意识到动物也和人类一样，是一个会呼吸和思考的生命，也可以作为人类的朋友，与人类进行金融交易，为人类做出很多贡献。在这种生态下，金融科技将作为人与动物之间的金融活动连接器，而动物也可以成为金融业的操盘手、分析师、顾问专家等。

（5）穿越星际类。在科幻中，人类史上最重要的任务，便是越过已知的银河，在星际间寻找未来出路，这种想法在现实中也并非不可能。当人类有足够的能力离开地球到另一个星球繁衍生息时，星球之间就有可能产生一种新的渠道，随之会产生穿越星际类的金融科技。

（6）跨越时间类。虽然目前还没有人能够找到长生不老药，但是科学家已经可以从遗传学和分子学的角度分析梳理出细胞衰老的过程。很多影响衰老快慢的基因已经在酵母细胞、果蝇及蠕虫体内被发现。未来人的寿命可能会随着科技的进步而不断延长。人脑义体以及仿生人的出现，更将大大延续人类生存的时间。这也会促使金融的周期不再是短短几年或者几十年，而是有可能看似普通的一次金融交易行为在时间上就要跨越数百年或者数千年。这就对金融存储媒介类的金融科技提出了更高的要求，它必须经得起时间的考验，不会在漫长的时空中出现数据丢失的问题。

（7）控制梦境类。当前，人类对于梦境的认识还很肤浅。但有些人总有种感觉，做梦是以一种非常隐秘的方式窥探到另一个平行宇宙里的自己，这可能是不同宇宙中的肉体共享一个灵魂的原因，彼此的生活可以在对方的梦境中互现。但由于这种联系很不稳定，梦境中浮现出的只是片段。但在梦里，有些场景总是反复出现，做梦时的感觉也很真实，仿佛对梦境中的东西很熟悉。当人们懂得如何控制梦境时，或许梦中的金融活动也将通过金融科技被运用起来。

（8）潜入意识类。再生医学和先进细胞技术公司的科学主任罗伯特·兰萨（Robert Lanza）所著的《生物中心论：为什么生活和意识是了解宇宙本质的关键》在网络上引起了一波骚动。因为该书中描述人死后生命不会结束，而会永远活下去。量子力学也显示，人死后意识会转移到另一个宇宙，这些量子资料可以永远存在于身体之外，像灵魂一样。倘若有一天真的有科技能够证明人死后意识仍然存在，那么潜入意识类的金融科技也将会出现。

（9）心智空间类。1992年著名的美国科幻小说家尼奥·斯蒂文森（Neal Stephenson）撰写的《雪崩》（*Snow Crash*）一书中描述了一个平行于现实世界的网络世界——元界（Metaverse）。所有现实世界中的人在元界中都有一个网络分身（Avatar）。斯蒂文森笔下的元界是实现虚拟现实后的下一个阶段的互联网的新形态，小说预见了即将发生的事情，一个脱胎于现实世界又与现实世界平行且始终在线的新世界在迭代中正慢慢显露出来。2009年好莱坞影片《阿凡达》（Avatar）描绘了另外一个平行世界，但到底应该怎么理解Metaverse？它离我们到底有多远？去往Metaverse有哪些路径？

（10）未来金融网类。目前，智能终端产品、服务等已经渗透到个人、家庭和组织的方方面面，构建起了数字物理世界，但数字物理世界仍是凝结的、真实的，而与数字物理世界对应的思想精神世界是分散的、虚拟的，为此需要构建一个中间的桥梁，把数字物理世界和思想精神世界联结起来，这就是未来金融的使命，也是未来金融网的价值所在。因为，要实现数字物理世界与思想精神世界的完全融合和演进，并驱动整个世界的思想化、超能化进程，就要真正实现万物节点、万物感知、万物智能和万物互联。在这个进程中，用未来金融网来实现各行各业的思想化和精神化转型是关键的路径！

二、互联网保险的艺术思考

（一）艺术思维

艺术和思想是难以分割的。好的艺术背后都有着强烈的真挚或深刻的思想支持，正如凡·高的画作体现着凡·高对生命和孤独的思考；而巴勃罗·毕加索的作品则充满对主观观察视角的重新认识，当然其中也不乏对时代的反思，后期的萨尔瓦多·达利等也是如此。文学艺术更是不胜枚举，好的思想能使文章百读不厌，比如唐宋时期唐宋八大家的说理文章和先秦时代诸子百家的散文语录，都有着跨时代的指导意义。艺术本身又能成为思想的镜子，可以在艺术作品中发现不同的、潜在还没有被发掘的思想。正如威廉·莎士比亚对于《哈姆雷特》的评价那样，“一千个读者眼中有一千个哈姆雷特”；再比如《红楼梦》，更是可以横看成岭侧成峰，读出或深或浅、上至国家社会架构、下到生活琐事、人情冷暖的丰富内容。这时，思想已经超越了艺术作品、艺术家的创作意图和艺术本身。

艺术与思想的关系可能和科学技术与思想的关系不完全一致。思想往往受到科学技术的极大影响，但艺术很难像科学这样对思想产生如此革命性的冲击。当然，这并不代表艺术不能影响思想，更多的时候，它是作为一种传播形式来实现这种反馈作用的。例如，鲁迅先生的杂文，就可用来医治人心、唤醒国民，从思想上救国图存。

（二）互联网保险的十大艺术思考

凯文·凯利（Kevin Kelly）于2017年提出的“未来20年，科技发展的12个必然趋势”，从科技角度对未来进行了思考，但具体到互联网保险，更像是艺术思考。基于凯文·凯利的趋势判断，互联网保险的十大艺术思考或十二大艺术思考是科技的，也是艺术的。

（1）形成（Becoming）：所有的东西都在不断升级。形成，是指通过一种或多种事物的发展变化而导致另一种或多种事物产生或者变化的某种情况。

互联网保险未来趋势也是必然的，其总体趋势一定能被预知。首先，终身学习，不断学习。所有的东西都是不确定的，就像人一样，当你一直处于一个学习的状态时，你永远都是一个“新”的人。互联网保险也是同样的道理，不论处在社会哪个阶段，总会有新的东西出现，所以互联网保险的形成永远是处于学习状态的。其次，所有的互联网保险都是一个形成的过程，我们之前看到的保险是产品，现在看到的是过程。比如，我们以前看到的互联网保险主要局限于区域市场做产品，现在互联网保险已经可以通过智能网进行连接，实现一个更大、更广泛的连接过程。所以，互联网保险一直在被改变，也一直处于创造新生态的过程中。

（2）知化（Cognifying）：与人工智能的合作表现决定着互联网保险的价值。知化，是指让一个事物具有认知的能力。未来技术变革的影响是永久性的。技术将和人工智能相关，技术要做的事情就是让所有的东西更加智能，这种智能化就是技术带来的改变。目前，很多东西已经变得很智能了。比如看X光方面的专家会被人工智能所取代；法律方面的AI可以比人类律师助理更高效地阅读文件。

那么，我们为什么需要人工智能去帮助互联网保险呢？因为它们的思考方式跟我们不一样，人工智能只会更专注地去开发互联网保险。我们在AI方面做的事情，并不是让它们变得比人更聪明，而是制造出各种各样的AI，让他们用多种思维方式去服务互联网保险。无论是哪个领域，实际上最智能的组合都是最聪明的人加上机器，形成人工智能。所以互联网保险与人工智能的合作表现，决定了互联网保险的价值。互联网保险未来的目标，是将智力作为一种可以像电力一样向所有用户传输的服务。

（3）屏读（Screening）：互联网保险也可被理解为一种屏读。屏读，是指文字从纸张转移到了手机、电脑、电视中，人类文化的根基逐渐从书籍中脱离出来，转移到屏幕上。人类历史上，内容的载体分为三个阶段：言语、书籍和屏读。这个趋势已经围绕在我们周围了，屏幕无处不在。任何一种平面都可以成为屏幕。不同的屏幕之间形成了生态系统，不仅我们在看它们，它们也在看我们。屏幕可以跟踪我们的眼神，推测出我们的注意力聚焦在哪个领域，然后据此改变屏幕上呈现出来的内容。而互联网保险就是要了解用户聚焦在哪个领域，重视什么风险，最后以一种屏读的形态呈现出来。

（4）流动（Flowing）：在互联网保险中流动的，是数据。流动，是指当今万事万物都以数据形式在一个虚拟世界中实现着浩瀚无边、史无前例的流动。计算机发展的三大阶段：从文件夹到网络，再到如今我们正处于一个数据流动的时代。现在的阶段就是流标签，云端组成各种各样的流，通过微信、微博、Facebook等，我们可以听流媒体上的音乐，看流媒体上的电影电视，所有东西都成了一种流。

归根结底，商业乃数据之商业，我们最终所处理的都是数据。很多公司已经意识到了这一点，因此将处理数据和处理客户置于同等地位。智能时代下的数据，像是形成了超级生物体，远远超过人脑的容量，这样一个巨大的机器星球，其实是全球化运作的结果。全世界的经济好像都以同样的脉搏在跳动，以同样的行为方式在运作。互联网保险中流动的也是数据，无论互联网保险是做产品、渠道、服务，还是用户，其实最终做的都是数据。

（5）重混（Remixing）：大多数创新都是现有事物的重组。重混，是指将早期简单的媒介形式与后期复杂的媒介形式重新组合，从而产生无数种新的媒介形式；在重新组合的过程中，基本元素并不会发生变化。具体到经济领域，是指将原有的资源重新安排，而不是依靠新资源的发现和利用，使其产生更大的价值，从而实现真正可持续的经济增长。经济学家发现，全新的东西很少，大多数创新都是现有事物的重新组合。这种重组就是重混。这是世界发展的方向和重要趋势。重组或重混时，首先要进行拆解，把它拆解成非常原始的状态，再以另外一种方式进行重组，然后不断进行循环。

同样，保险也可以被拆解。互联网保险就是把保险中的保险利益、保险主体、保险客体等分解后再重新组合，形成新的保险结构。互联网保险想要升级，就需要进一步拆解保险公司的产品、渠道、角色构成，再进行重组，在重组的过程中产生新事物——新互联网保险。

（6）过滤（Filtering）：能吸引注意力，就能赚到钱。过滤，是指选择性注意，不看整体，仅将注意力集中于我们真正需要的细节上。这是世界的另一面，现在有各种各样的选择。我们需要一些人来帮忙，找到我们真正需要的东西，这就叫作过滤。我们是缺乏注意力的，变得稀缺的是人类注意力，没有哪一种技术可以增加你的注意力时间。

既然我们的注意力是世界上最珍贵的资源。是不是有这样一种可能：为注意力付费，比如为看广告的人付费，因为人家花了注意力在你的广告上，这样思考就会出现各种各样的可能性了。例如，广告商应该是直接付费给广告观众，而不是付给出版商或者其他公司。通过社交网络寻找到关键意见领袖，为他们的注意力付费，对具有不同影响力的人群付不一样的费用。互联网保险就是要将我们对保险的注意力转移到我们自己身上。作为互联网保险的用户，我们在为保险付费的同时，其实也在为我们自身付费。

（7）互动（Interacting）：互联网保险就是一个与用户持续互动的过程。智能时代下用户间的互动不再局限于人与人，而更多的是保险标的与保险标的间的互通，这将导致保险理论的重构。

（8）使用（Accessing）：将互联网保险进行一定的职权分离。使用，是指使人员、器物、资金等为某种目的服务。使用这个词其实很难去解释，类似于之前我们是拥有一个产品，之后我们去使用某一种服务。这种拥有的概念已经不是那么重要了，使用在很多方面比拥有更好，你马上用到一个东西，用完之后马上可以丢掉，肯定比拥有某些东西要更好。因为你的目的是使用，但是拥有的话，你要承担很多的责任。互联网保险也可以朝这个方向走，不需要拥有保险机构全部的职能，而是只需要使用这种服务。可以把互联网保险中的一些职能外包出去，从而降低承担的责任和维护的成本，甚至许多事情可以交给智能设备去做。

（9）共享（Sharing）：互联网保险的逻辑之一是共享，更是协作。共享，又称分享，是指将一件物品或者信息的使用权或知情权与其他所有人共同拥有，有时也包括产权，此处我们主要指分享经济或共享经济。首先，现在的分享还属于非常初级的阶段。这个世界很大，有很多东西都是可以分享的。其次，我们在讲分享时，不是一般意义的分享，而是在讲协作，即分享等于合作，以一种规模化的方式合作，可以让成千上万乃至几十亿的人以合作的方式进行互动，这些人的共同协作可以带来社会的变革。未来的互联网保险，将是人与人、人与物、物与物的共享，使万物协同协作，从而带来保险市场与整个社会的变革。

（10）开始（Beginning）：互联网保险的用途，是用出来的。开始，是指着手进行。关于技术，在最开始的时候，没有人知道新发明的最适合的用途是什么。比如爱迪生发明留声机的时候，根本不知道这能用来干什么。留声机慢慢被应用于两个场景：一是录下临终的遗言，二是录下教堂里的讲话和唱歌。所以，具体的用途很多时候就是通过使用被发现的。智能时代下互联网保险的用途，或许不仅仅是保险、用户服务这么简单，我们可以在这个过程中通过不断使用，发现其新的用途。

（11）提问（Questioning）：好问题比完美的答案更重要。今天要找到答案很容易，你可以问百度，可以问谷歌，还有各种AI，回答变得越来越便宜。但是同时，提问变得越来越贵了，一个好的问题，会比一个完美的回答更有价值。所以，智能机器必须要有非常好的驾驭问题的思维方式。因为问题本身就是一个最好的推送者，它能像引擎一样，推动人的思维不断去创造。发展互联网保险也需要学会提问，不断创造问题，才能促使互联网保险开发出一个新的领域，推动互联网保险不断去创造新的业态。

（12）颠覆（Disruption）：内因从来不是主要原因。颠覆，是指对某项事物造成强烈的冲击改变，使事物本质发生变化。当我们在思考颠覆时，有三个规律：①不管你在哪个行业，颠覆不是从内部出现的，而是从外部衍生出来的，内因并不是最主要的原因；②一些一蹴而就的现象和技术，只是看上去很突然，但其实它已经在背后存在了很多年；③创造或者发明，往往是一个不挣钱的市场。大多数的发明都是失败的，风险非常高，并且一开始的质量非常差，这也就意味着利润非常低。任何商人都会告诉你，投资这一行是非常不挣钱的。

三、互联网保险的哲学思辨

（一）哲学思维

哲学与思想有着千丝万缕的联系，但二者并不完全一致。很明显，用西方亚里士多德的哲学体系解释中国古代思想就会出现很多解释不了，或者理解有谬误的地方。哲学，是对人生、世界等的思考，既是关于世界观的学问，也是关于方法论的学问，是世界观与方法论的统一。西方的哲学多半跟自然科学有紧密联系，中国的古代思想则与人类社会关系密切。而思想二字更加包容，不仅仅可以容纳精华、进步的思想，也可以容纳一些被我们忽略的东西。

应该说，哲学史是思想史的一部分。思想史比哲学史的内涵更为丰富。曾经在很长一段时间内，国内对于思想史的研究，更注重哲学史，甚至在某种程度上可以说哲学史就是思想史。20世纪80年代以后，国内学术界经历了文化热，思想史热，形形色色的关于思想史的著作出版，大大扩充了人们对于思想史的认识，思想史也就从哲学史的桎梏下被解放出来。

（二）互联网保险的十大哲学思辨

互联网带来了对宇宙、生命、社会的重新思考。古往今来的任何人类命题，都可以从道、法、术、器、势五个面来解析。我们可以循此途径，剖析互联网背景下的保险创新之道，帮助我们建立有关互联网保险的信仰、信念、信任。

世界著名的管理学家弗雷德里克·赫茨伯格（Frederick Herzberg），为创新总结出十大关键特征：一是“智商超常，但非天才”；二是“善出难题，不谋权威”；三是“标新立异，不循陈规”；四是“甘认不知，善求答案”；五是“我就是我，不与人比”；六是“以干为乐，清心寡欲”；七是“积极解忧，不信天命”；八是“只要成就，不求发迹”；九是“合理用心，有张有弛”；十是“才思敏锐，激情迸发”。这十条归纳，言简意赅，像多棱镜，反映出创新人物的风采和内心世界。这十条总结，也是互联网思维不可或缺的内涵。

另外，《通往未来之路：下一代互联网与Metaverse》一文由近及远地进行了一系列预测，探讨了下一代互联网可能的特征，讨论了未来世界中人类将面临的机会与生存危机。这些预测包括：谁掌握了心流网络，谁就掌握了互联网；人类生活将加速迁移到心流网络；想象力变现正成为一门新生意；商业竞争越来越多地成为内容之争，是心智领地的竞争；分布式生产将成为主流生产方式，将和集中式生产展开激烈竞争；新世界的虚实不分包含数据不分虚实，感受不分虚实，世界不分虚实三个层面；神经元网络将把人类带入完全的元界中；等等。这些预测可能正在构成我们对于下一代互联网的思维。

综上，互联网保险的十大哲学思辨，就是在大数据、云计算、物联网、区块链、人工智能、神经元网络等科技不断发展的背景下，基于互联网思维和下一代互联网思维对互联网保险市场、用户、产品、企业价值链乃至对整个商业生态进行重新审视的思考方式。

（1）心流思维。谁掌握了心流网络，谁就掌握了互联网。微信、Facebook等是当代的心流网络，下一代心流网络正在孕育中，将从那些能提供更高感官沉浸和/或更深心灵沉浸的产品中产生。新旧心流网络的迭代，是心流内容代差势能作用的结果。它表现为“谁抢走了谁的用户”，但实际上更多只是遵循自然规律的用户流动；它表现为某个新平台打败了旧平台，但其实只是新平台的自然生长与旧平台的自然凋亡。归根结底，新旧心流网络之争，是心流内容之争，而不是网络本身之争。因此在前往未来的路上，得内容者得心流，失内容者失天下。伴随着内容硬件与内容技术的高速迭代，将有越来越多的产品尝试提供比视频更全面的感受沉浸，乃至比生活更深长的心灵沉浸。而互联网保险要关注社会化游戏、心智仿真产品或平台、多智体系统、复杂系统、VR/AR产品或平台等。

（2）融合思维。人类生活将加速迁移到心流网络，每一个能与世界深度融合的心流网络，都可能成为一个新领域的定义者。在前往未来的路上，无论心流网络如何更迭换代，有一个趋势是不会改变的：人类的日常生活——娱乐、工作、社交、生存，它们将越来越深地与心流网络融合或迁移。首先是大部分娱乐，其次是大部分社交与工作，最后甚至连人类的物理生存方式与手段都会发生巨变，被心流网络深度渗透。在此意义上，互联网保险要关注物联网、智能网、心智网、软硬件一体的类网关服务、智能娱乐或技术娱乐、无人机器服务等。

（3）创新思维。随着内容技术与自动化工业技术的发展，想象力变现正成为一门新生意，象征着人类以科技复苏魔法的伟大成功；人类历史，就是一部想象力变现的发展史。从图片到视频，从文字到语音，我们看到，大量的内容创作过程都可以在创意单元（大脑）和计算单元（CPU/GPU）之间直接发生，“人脑+处理器”开始替代“人脑+工具”，内容生产力获得空前的革命性解放。未来几年，我们将发现想象力变现首先发生在颅内世界向颅外世界投影的过程中；想象力变现，意味着用想象力为自己创造收入，拥有丰富想象力的人将成为一些新职业的领袖；想象力变现还将发生在颅内世界对颅外世界进行物理编辑的过程中。在此意义上，互联网保险要关注虚拟内容生成、3D UGC、3D打印、制造业UGC等。

（4）分布式思维。分布式生产将成为主流生产方式，将和集中式生产展开激烈竞争；伴随着技术的进步，颅内世界向颅外世界输出内容的门槛越来越低，有能力从事创作或生产的人越来越多。随着各种内容生产专业能力的全面平民化，创作者数量极大增加，创作者能轻易地自发形成小型生产网络，并在成本、灵活度、质量、作品注意力争夺等方面，和传统公司型组织展开竞争。分布式内容生产将逐渐成为主流，至少能和公司化生产分庭抗礼。分布式生产不仅适用于内容生产，也适用于许多其他行业。去公司化的分布式生产将至少在众多有“技能依赖”“手艺依赖”特点的领域成为主流，在类似非同质化通证（NFT）帮助下，形成新的利益生成与流转体系，与公司制的中心化生产展开竞争，直到达成某种平衡。当然，历史总是循环的。在全球范围内，分布式生产将促进各种自发工会的产生，然后逐渐转变为联盟，进而引发新一轮中心化。在此意义上，互联网保险要关注区块链类似技术、技能交易平台、资产交易平台等。

（5）虚拟思维。新世界的虚实不分包含数据不分虚实，感受不分虚实，世界不分虚实三个层面。新基建有三个维度：物理世界的基建，数字世界的新基建，心智世界的超新基建。随着颅内世界与颅外世界的充分融合，未来世界的特点之一，就是大部分时候的虚实不分。我们可以预见到，电子器官/智能饰品与人类的伴生关系，将是人类走向赛博朋克（Cyberpunk）的第一步。在此意义上，互联网保险要关注智能饰品与电子器官、个人化虚拟人、非屏幕成像、物理与世界仿真、高级通用/垂直3D引擎等。

（6）元思维。神经元网络将把人类带入完全的元界。随着物理世界的基建、数字世界的新基建、心智世界的超新基建三个新基建的推进，随着人类对大脑研究的深入以及材料科学和精密制造业的发展，在未来的某一天，我们将在处理器与神经元之间、神经元与神经元之间建立起基于神经元协议的连接。神经元网络将成为现实。对于互联网保险而言，要关注神经元网络的OSI架构、脑机接口、神经元网关、心智防火墙与隐私安全、道德与伦理重建等。

（7）内容思维。商业竞争越来越多地成为内容之争，是心智领地的竞争。人类历史也可以被视为人类世界内容化的过程。人类试图通过涂抹、改造世界创造一个新的世界，来寻求自我的满足和生存的意义。这个过程被称为世界的内容化。随着科技的持续进步、物质供应的极大丰富、社会信息化程度的不断提高、内容工具的极速平民化，在过去几年间，世界内容化的景象超出了所有人的想象：游戏在内容化、商品在内容化、城市在内容化、政治在内容化、人人都在内容化，一个全面内容化的世界正在缓缓揭开面纱。同时，我们将看到互联网保险的价值体系被重构，我们要关注内容化商业、内容化商业平台、内容技术与能力SaaS、智库与智库+AI、乐园化的O2O商业等。

（8）平台思维。互联网的平台思维就是开放、共享、共赢的思维。平台模式最有可能成就产业巨头。全球最大的100家企业里，有60家企业的主要收入来自平台商业模式，包括苹果、谷歌等。平台思维要遵循三个法则：一是打造多方共赢的生态圈，用共赢来争取更多合作伙伴、用平台来实现生态系统良性循环；二是善用现有平台；三是让企业成为员工的平台。未来，商业平台的竞争中，谁对内容节点与内容连接拥有更全面和更持久的影响力，谁就更有希望胜出。

（9）节点思维。商业竞争将越来越多地成为内容之争、内容平台之争、超级节点之争。任何个体、组织，包括普通消费者、传统意见领袖、在线平台、线下中心化社区等，都可能在特定的时空内，扮演超级节点的角色，控制和影响着越来越多的商业流量。随着商业网络与心流网络的融合，节点之间的连接将越来越扁平化，节点的度会越来越高，使得超级节点的涌现越发随机与频繁，超级节点的生命周期也将两极分化：拥有强大内容内生能力的超级节点对世界的影响将全面而持久；难以对流量形成全局性和持久性控制的超级节点将昙花一现。

（10）互联网思维。互联网思维是在移动互联网、大数据、云计算等科技不断发展的背景下，对市场、用户、产品、企业价值链乃至对整个商业生态进行重新审视的思考方式。这些思维模式对于互联网保险来说，还有现实意义，主要包括用户思维、社会化思维、大数据思维、极致思维、简约思维、迭代思维、流量思维、跨界思维、扁平化思维等。

每个思维，都基于一种前往未来途中必然要遇到的情况或者现象展开。它们对应的是互联网保险的十条路径，每一条路径都从不同角度指向一个共同的方向，通往一个共同的未来，它们在等待着被发现、开拓与征服。

互联网保险发展的六大战略思考

一、互联网保险的六大战略问题

新科技、新经济、新社会、新思想下互联网保险的未来至少有六大问题需要解决，这些问题会带给我们某种有关互联网保险发展的思考；这些思考既是科学的，又是艺术的。所谓科学，就是在正确的时间做正确的事；而所谓艺术，就是重复地做简单正确的事，就是洗尽铅华之后的返璞归真，突破制度、技术的条条框框的束缚，超越于制度、技术之上，按照经受千锤百炼形成的本能和规律重复简单正确的操作。

二、互联网保险六大思考之理论

互联网保险的理论问题，即互联网保险机构所服务的长尾市场能否逆向覆盖头部市场，使得个性需求和共性需求在同一个框架内得到解决，从而令长尾服务有占领主流市场的机会。

（1）理论的科学。要理清长尾市场和头部市场的差异，明晰互联网保险所服务的长尾市场。长尾市场是指那些需求不旺或销量不佳的产品所共同构成的市场。长尾市场的本质是看似很小，微不足道，却能积少成多，聚沙成塔。

理想的长尾市场大概具有以下六个特征：①狭小的产品市场，宽广的地域市场；②具有持续发展的潜力；③市场过小、差异性较大，以至于强大的竞争者对该市场不屑一顾；④互联网保险所具备的能力和资源与为这个市场提供优质的产品或服务相称；⑤互联网保险已在客户中建立了良好的品牌声誉，能够以此抵挡强大竞争者的入侵；⑥这个行业还没有统治者。

同时，互联网保险具有满足长尾保险需求的天然优势：①中国保险业生产能力过剩，说明用户的共性需求已经得到很好的满足，这将使满足其个性化需求的成本显著降低。②随着收入的增加，越来越多的家庭正从温饱型向小康型过渡，对保险产品品质的追求日益明显，而品质在很多时候就意味着与众不同、个性化。③互联网极大地降低了保险产品的展示与销售成本，在某个细分保险产品品类上提供尽可能全面的类型和规格，以便捕获尽可能多的个性化需求已经成为可能。④由于互联网的集聚效应，一旦某个保险机构在某个互联网保险产品类别上占据人气，更多的用户便会涌入，从而为它带来更多的需求和更低的边际成本。⑤中国人口众多，即使小众需求也具有庞大的用户群。⑥在网罗足够用户的前提下，保险机构可更轻松地利用互联网保险的优势，更加贴切地满足用户的个性化需求，形成正反馈。⑦当市场供给丰富，用户的个性越来越凸显、个性化需求越来越强烈时，热门市场将逐步转化为长尾市场，占领长尾市场的能力将成为未来大量“小而美、专而精”型互联网保险机构竞争力的关键。

（2）理论的艺术。要处理好长尾市场和头部市场关系。长尾市场的提出是互联网发展的一项重要里程碑。我们通过运用互联网技术，可以摆脱传统经济学意义上的很多约束。这也为互联网保险发展提供了更为广泛的思路。

长尾效应是一种理念，一种指导企业自身定位以及战略和战术行为的思维方式。对于如何抓住长尾市场，互联网保险机构要做好以下几点：①从价值而非优势出发。先要确定高价值，再思考优势；不要因为容易而去做一件事，要因为有价值才做。②思考差异化优势。价值越高的领域，竞争越激烈，越要凭借独特的优势，所以不要着急动手，要用足够的时间观察对手，思考清楚自身差异化优势再进入。③从身边的头部做起。不要想太远，从身边头部开始；再小的系统头部，都有巨大的效应，可以推动互联网保险去下一个头部。从边缘地带一点点往前拱，虽然慢，但总有推进。一旦空降进入一个不了解规则、没法把握的赛场，即使偶尔获胜，最后也可能输得精光。④让所有的东西都可以获得；将价格减半，让它更低；帮消费者找到它！

三、互联网保险六大思考之理念

理念问题，即互联网保险机构能否认识到长尾市场的价值，是否愿意投入力量解决长尾问题，是否拥有解决长尾问题的思维与方法。

（1）理念的科学。要理清长尾市场的价值和长尾市场的问题。长尾市场的价值不言而喻，但也不可对长尾市场的风险视若无睹。长尾市场的价值主要包括产品种类多元化，服务边界模糊化；获取产品的成本降低；供需契合强，市场流动性高。长尾市场的问题包括社会公信力不足，消费者成本的付出。

互联网保险的勃兴，使得消费者在接受与学习的过程中，必将付出学习成本、通信成本等来实现需求。互联网保险的受众也略有局限。对于老年人群体以及不充分信任互联网的消费者而言，传统保险公司若对其存在金融排斥（保险排斥），亦会被自身能力或消费成本限制，也会成为互联网保险难以拓展的长尾市场部分。

（2）理念的艺术。要处理好长尾市场价值和长尾市场问题的关系。无论互联网保险能否撼动传统保险业务的地位，互联网保险都要形成长尾市场上的比较优势，这样才能与传统保险错位竞争，让传统保险很难拓展长尾市场。这些比较优势包括：创新强化优势，延长长尾；提高市场需求，抬高长尾。制度建设任重道远，要实现互联网保险对于用户的开放，制度的调整是必不可少的，如何从制度层面转变思路也是当下互联网保险需要思考的。

四、互联网保险六大思考之技术

技术问题，即互联网保险机构如何利用组织和技术方法的革新，显著降低产品的定制、调整成本和用户获取成本。

（1）技术的科学。要厘清长尾市场的变化和长尾市场的技术。长尾市场不是一成不变的，随着技术的发展，长尾市场也在不断变化。互联网保险所服务的长尾市场同样也在不断变化，互联网保险要利用技术应对长尾市场的变化。

互联网保险机构要认识到长尾市场的变化，并付诸行动：①在任何市场中，长尾产品都远远多于热门产品。②获得这些长尾产品的成本正在显著下降，现在许多市场已经有能力供应空前丰富的产品。③仅仅供应更多的产品并不能满足需求，必须找到适合长尾的产品。④一旦有了空前丰富的品种，又有用于选择的过滤器，需求曲线就会扁平化，此时热门产品仍然存在。

⑤尽管没有一个保险产品能实现大的销量，但由于累计产品数不胜数，它们聚合起来将共同形成一个可与大热门市场相抗衡的大市场。⑥以上几点全部实现，需求曲线的天然形状将显现出来，在这里不考虑供给瓶颈、信息匮乏和有限货架空间的扭曲，它的分布就像人口本身一样分散。

（2）技术的艺术。要处理好长尾市场变化和长尾市场技术的关系。长尾的出现少不了一个至关重要的经济扳机。降低获得长尾产品的成本，与三个强大力量有关：普及生产工具；通过普及传播工具降低消费成本；连接供给与需求。三种力量会进一步扩大长尾市场的需求量曲线，将其变得更平，让其重心从中部推向右部。

所以，长尾市场的关键因素是专业化，通过专业化来体现集中化。互联网保险机构可供选择的长尾市场专业化定位有：①最终用户专业化，专门为某一类型的最终用户提供服务。②垂直专业化，专门为处于保险产业链的某些垂直层次提供服务。③小用户专业化，反其道而行之，集中100%的精力去满足那些传统保险业务看不上的小客户群体。④特殊用户专业化，专门向一个或几个大用户销售产品。⑤产品或产品线专业化，只经营某一种产品或某一类产品线。⑥运营专业化，只为专属用户供应特制保险产品。⑦服务专业化，向大众提供一种或数种传统保险所没有的服务。⑧销售渠道专业化，只为一类销售渠道提供服务。

五、互联网保险六大思考之手段

手段问题，即互联网保险机构如何向海量用户推介自己的产品、服务，如何凸显自身产品的优势。

（1）手段的科学。要厘清长尾市场的战略和长尾市场的运营。互联网保险机构要从战略上重视长尾市场，同时在战术上运营好长尾市场。

《长尾战略：长尾理论》一书提出了利基型、隐形冠军型、蓝海型、大规模定制型、体验型五种长尾战略。长尾市场战略在某种意义上是集中战略的具体体现，而集中战略重点强调三点。从互联网保险机构层面来理解是：①不仅要做到空间上的集中，而且要做到时间上的集中，即在决定性方向（或者说决定性地点）和决定性时机，巧妙地集中比竞争对手在此时此地更为强大的资源。②一方面，要力争在市场竞争中的绝对数量优势，另一方面，在能取得绝对数量优势的情况下，要巧妙地利用资源，以便在决定性地点上造成相对的竞争优势。③为了在主要方向、决定性地点上集中优势资源，就应不惜在次要方、非决定性地点上做出牺牲，以便节省资源，做到有所集中，有所节约。

创造一个繁荣市场的秘诀，一是低成本地提供所有商品，二是高质量地帮消费者找到它。为此在长尾市场运营中，互联网保险机构要遵循以下三个方面九条法则：

一是在降低成本方面：法则一，让产品集中，例如亚马逊，消除边际成本。法则二，让用户参与生产，例如维基百科、简书，这不是外包，而是众包。众包的优势不仅在于提高经济效率，有时候用户的作品更出色。

二是考虑小市场方面：法则三，多种传播途径，一种传播途径并不适合所有人，长尾市场是跨越时空的，它不会受制于任何地理障碍，也不会猜测人们什么时候要什么样的产品。法则四，多种产品，一种产品并不会适合所有人。法则五，多种价格，一种价格并不适合所有人，买的人多价格高，买的人少价格低，这不是简单的一种产品多个价格。例如，优酷热播视频广告时间长，播放量少的广告时间短，并不会出现一个视频的广告有长有短。

三是在摆脱控制方面：法则六，分享信息，意思就是产品分类。更多信息是好事，但前提是信息提供方式必须有助于用户的选择，而不是把选择过程弄得过于复杂。法则七，考虑“和”而不是考虑“或”，稀缺经济时代任何事情都是“这个或那个”，丰饶经济学则是“这个和那个”。在容量无限的市场中，供给全部产品几乎永远是正确的做法。法则八，让市场替你做事（协同过滤器）。在稀缺市场中，你必须猜测一下什么东西能够畅销。在丰饶经济学中，你只需要把产品扔在那里，让市场自己去筛选他们。互联网市场最大的优势就是群体智慧的测评能力。法则九，理解免费的力量，数字市场最不容易被忽视的特征之一就是免费。免费策略已经成为最常用的互联网商业模式之一。

（2）手段的艺术。对于互联网保险而言，就是要处理好长尾市场战略和长尾市场运营的关系。互联网保险走进互联网时代需要以下六大逻辑准则：

准则一：分享很难。无论是传统保险，还是互联网保险，都需要分享。互联网保险就像空气一样，需要和其他人共享。在这种情况下，怎么才能不干扰彼此的连接呢？这就涉及有效的分享和协调技术——互联网保险机构的治理问题。

准则二：排序很难。如今风险越来越难计量，随着用户需求排序的项目越来越复杂，排序工作也变得更加困难，同时用户的需求也越来越多样化。为此，互联网保险需要找到有效的排序方法。

准则三：用户很聪明。互联网保险能否对大众的意见产生影响，使产品评价及推荐更加准确和有用？答案是肯定的，但我们需要对用户意见及其生成机制做一些特定的假设。

准则四：用户并不那么聪明。为何有些视频会出现病毒式传播？因为人们可以影响彼此的行为和决策。在互联网保险中，某些人是否比其他人更具影响力？是的，他们的影响方式并不一定很直观，比如KOL、KOC等。

准则五：分而治之。通过这一概念，互联网保险的规模和功能会得到有效增加（从路径选择到行为纠错）。从地理和功能上，互联网保险都被巧妙地分成了很小的部分，因此每部分都可以被单独管理。

准则六：端到端。这是最后一条准则，主要讨论互联网保险机构如何在巨大的互联网空间里运作。终端设备往往不知道也不需要知道互联网中到底发生了什么，才实现了分配给它们的各种功能，例如拥堵控制。而在互联网中，互联网保险机构执行一项任务的具体位置是一个重要的问题。

六、互联网保险六大思考之风险

风险问题，即互联网保险机构如何利用更加自动化的手段平滑风险波动，降低风控成本，提高风控能力。

（1）风险的科学。要厘清长尾市场的风险和风控。保险定价的基本原则就是大数法则，而对于互联网保险服务的长尾市场，因其数据比较少，风险波动也比较大。此时互联网保险机构对于长尾市场风险要有充分的认识，并具备与此相应的风控手段。

互联网保险虽然发展历史不长，但传统保险业已明显在向蓝海进军，逐渐开拓新的市场，互联网企业也在通过新的技术手段和产品，向传统保险领域渗透。这无疑会使更大的人群成为保险产品的消费者，互联网保险的前景也必将更为广阔。然而，这个更大的人群，将主要来自前文所说的长尾客户，即传统意义上的非主流市场。

以信用保证保险业务为例，长尾客户的典型特征是信贷历史较差（或无）、抵质押物较弱（或难以管理）、未来收入波动较大（或难以预测），因其不确定性较大，故难以成为传统保险业的授信支持对象。而在互联网时代，尽管大数据提供了更多、更好、更新的量化风险解决方案，使得某些特定网络平台针对特定长尾人群开展的授信业务取得了一定的成功，但真正实现对更大范围（长尾）客户行为的精准刻画，尚待时间、数据、技术和实践的积累。可以说，未来的互联网保险风险将更多来自长尾领域，主要包括非理性的个体行为、欺诈和产品设计缺陷、监管环境演变等。

由于当前的竞争格局尚未明确，市场参与者们可能在未来短期内发生商业模式的变化和革新。以下四种风控模式将成为互联网保险风控的方向：全面数字化的全面风险管理、生态圈的全面风险管理、专业领域的全面风险管理、细分市场的全面风险管理等。

（2）风险的艺术。要处理好长尾市场风险和风控的关系。在长尾时代，创新来自各个层面的整合：既有来自不同技术、不同平台、不同数据之间的整合，更有来自不同产品、不同服务甚至不同行业的整合、融合。创新的不断加速和用户体验的不断升级，将成为互联网时代下互联网保险的新常态。互联网保险机构为了控制长尾市场的风险，要处理好以下四种关系：普惠金融与长尾风险、创新加速与相争相容、安全隐忧与维权意识、损失事件与理念回归。

七、互联网保险六大思考之监管

监管问题，即互联网保险机构如何对海量、高频、细小、多样、专业、特殊的风险交易行为进行有效监管。

（1）监管的科学。要厘清长尾市场的内部监管和外部监管。就互联网保险而言，应推动内外部的监管联动：软法治理和柔性监管相结合。内部监管，即软法治理，主要是运用互联网保险机构的内部治理架构，把互联网保险的流程标准提升为一种规则的公约等。只有外部监管（柔性监管）和刚性监管相结合，以市场主体为基础的治理结构才会形成多元共存、良性互动的新局面，才有利于各方得到更大的扶持。

（2）监管的艺术。要处理好长尾市场内部监管和外部监管的关系。具体包括：注重技术监管；注重行为监管和事实监管，弱化行政审批与硬性门槛；注重程序监管；注重规则监管；注重信息监管；注重投资者教育；注重监管方式的多元化；等等。

互联网保险发展的六大趋势研判

一、互联网保险的六大趋势

当前，我们正处在科学技术成为第一生产力、科学思想成为重要的精神力量以及高技术产业在世界范围兴起的时代。在新的世纪，网络将把个人、组织、地域、国家和世界连成一体；机器的智能化、生物化和人性化将使人体和机器实现融合；地球的持续发展要求人与自然、人与人的关系由物竞天择向天人合一、协同进化转化；而在频繁变动、快速演化的环境中，挑战和机遇是并存的。

在新科技、新经济、新社会、新思想下互联网保险六大问题的背后，互联网保险的发展亦存在着六大趋势。无论是否做足了准备，新科技、新经济、新社会、新思想下的新时代已经到来。新时代的关键词是分享、协作、民主、普惠、自由、平等，这些核心思想正悄无声息地改变人类的生活，互联网保险必须顺势而为。

二、互联网保险六大趋势之分享

党的十八届五中全会通过的《中共中央关于制定国民经济和社会发展第十三个五年规划的建议》，首次将共享列为我国五大发展理念之一，共享型发展已被上升至国家战略层面；全民共享、全面共享、共建共享和渐进共享是共享发展理念的四层内涵。

共享理念的提出为共享经济的诞生及发展提供了沃土，优化闲置资源配置是共享经济的本质，满足人的全面发展是共享经济的目标，改善不平衡不充分的经济发展现状是共享经济的诉求。而共享金融作为一种新兴的金融发展方向，必将伴随着共享经济的渗透与发展应运而生。

在共享理念和共享经济的内涵基础上，共享金融是指利用技术、理念等创新方式，实现社会闲置金融资源的优化配置，使人民群众都能公平、高效、便捷地享受金融资源。因此，共享理念和共享经济是共享金融的基石，而共享金融又致力于实现共享型发展、服务于共享经济，共享理念、共享经济和共享金融三者呈现层层递进、环环相扣的逻辑关系。

保险分享化，是指在数字之后，保险将通过共享自己的能力实现连接。在保险产品和服务数字化基础上，保险机构和保险科技公司将通过共享各自的能力实现共赢，即通过万能连接的方式，在科技、风控、支付、营销各环节，助力各方机构共享数字保险红利，保险机构通过搭建开放式平台，从客户层、账户层、数据层与金融科技公司进行合作开放。

共享保险是未来互联网保险的一种发展趋势和方向，它不是保险模式的机械组合，也不是保险业态的简单叠加，其本质在于优化社会保险资源配置，包括保险风控资源、保险数据资源和保险人才资源等。

三、互联网保险六大趋势之协作

保险协作化，是指保险机构与保险科技公司等第三方公司，根据市场需求，在保险账户、场景生态、科技输出等领域进行合作，共同探索大数据、人工智能、区块链等技术在保险领域的系统研发与应用落地，通过社会化协同的保险科技互为赋能，打破技术孤岛，提升保险对底层风险的管控力，增强保险对接风险的效能。

四、互联网保险六大趋势之自由

保险自由化，亦称人人保险，就是人人社会存在的保险业态。在人人社会中，满足个人保险需求的方式，可能与当前的社会存在根本区别。例如，每个人都是自己的保险机构，拥有一系列的保险工具。在某人需要保险时，他只需要在网络中发布需求，网络将自动评估其需求，并自动撮合与之匹配的供给方，保险费率的计算亦不需要人工介入，同样由算法确定。

在可预见的范围内，人人保险将主要表现为自保险和支撑自保险的技术保险和数据保险，保险服务将回归服务本质，不再充当资金融通的中介。每个自由人甚至不再需要保险自由，他们只需决定自己的保险需求，后续的所有服务便会自然发生。

五、互联网保险六大趋势之平等

保险平等化，是一种人人平等的保险服务方式和理念。它让每一个个体或组织都能够享受到公平对等的保险服务。保险平等化是指让小微企业以及其他个人获得同等的保险服务，让他们有机会参与到保险保障中去，实现互助共济和构建和谐社会。实现保险平等化包括保险体系的创新以及产品、机构、制度等各方面的创新。保险平等化需要的制度保障，一是国家法律和政策提供的发展空间；二是允许并鼓励服务于长尾用户的互联网保险机构的创立和发展；三是加强社会信用体系建设，创新长尾市场征信系统。

六、互联网保险六大趋势之普惠

普惠（Inclusive），是指最多数人受益、能够有效惠及社会各阶层的政策或体系。普惠金融（Inclusive Finance）这一概念由联合国在2005年提出，是指以可负担的成本为有金融服务需求的社会各阶层和群体提供适当、有效的金融服务，小微企业、农民、城镇低收入人群等弱势群体是其重点服务对象。

保险普惠化，则是指随着智能科技被大范围地运用到保险领域，迅速崛起的普惠保险成为传统保险的有效补充。当保险遇见科技，保险服务环节中的标的评估、风险管理、核保核赔等将变得更加高效精确，有利于严防金融风险；同时，平民化的保险服务能够满足广大小微企业主和个人的保险需求，让保险脱虚向实，为实体经济造血。

普惠保险体系框架认同的是将包括低收入群体在内的保险服务有机地溶入微观、中观和宏观三个层面的金融体系，这样才能使过去被排斥于保险服务之外的大规模客户群体获益。最终，这种包容性的保险体系能够对发展中国家的绝大多数人，包括过去难以达到的更贫困和更偏远地区的客户开放保险市场。

（1）客户层面。贫困和低收入客户是这一保险体系的中心，他们对保险服务的需求决定着保险体系各个层面的行动。

（2）微观层面。保险体系的脊梁仍然为普惠型保险机构（包括互联网保险机构），它直接向穷人和低收入者提供服务。

（3）中观层面。这一层面包括了基础性的保险设施和一系列能为保险服务提供者实现降低交易成本、扩大服务规模和深度、提高技能、促进透明等要求的事物。它涵盖了保险服务相关利益者和活动，例如审计师、评级机构、渠道网络、行业协会、支付系统、信息技术、技术咨询服务、培训活动等。这些服务实体可以是跨国界的、地区性的或全球性的组织。

（4）宏观层面。如要使可持续性的小额保险蓬勃繁荣发展，就必须有适宜的法规和政策框架。中国人民银行、银保监会、财政部和其他相关政府机构是主要的宏观层面的参与者。

七、互联网保险六大趋势之民主

保险民主化，是指让民众参与保险体系改造，在保险体系改造的过程中，可以自由采取多种方式，比如共同承担保险风险，并且让民众享受保险活动带来的便利。这里的民主并非指选举，而是指民众可以掌控自己的行动。在社会经济发展中推行保险民主化，可以预防出现资本和权力随机分配的现象，让社会向好的方向发展。

就目前我国保险情况来看，保险民主化过程具有多方面的好处：第一，降低市场交易成本，促使社会的保险资源配置提高；第二，有利于多层次保险市场的建立；第三，增加市场竞争，给目前的保险资源垄断带来一定的挑战。理性推进金融民主化的具体措施包括实施有限创新和开展适度监管。

（1）实施有限创新。罗伯特·希勒（Robert J. Shiller）认为，金融民主化可以改善生活且需要通过创新来打破垄断。在理性推进金融民主化时，之所以实施有限创新，是因为要注重创新的质量。简单来讲，创新需要综合考虑民众的承受能力、科技的利用等。比如移动金融，由于信息科学技术与金融业务融合在一起，移动金融呈现出多种特点，包括货币形态数字化、金融服务移动化等。因此，从原则上来讲，应大力鼓励移动金融的创新。但与此同时，还要坚持辩证的观点，考虑多方面的问题，需做到以下三点：一是坚持安全第一，不能打着金融民主化的名号，使其成为跨越监管套利的通道；二是坚持继承式创新，在继承中求创新，最大程度上避免资源浪费；三是坚持为民服务的观点，尽量服务百姓，从中得到实惠。

（2）开展适度监管。近年来，社会经济增速放缓，风险积聚的概率正在不断加大，主要表现在盈利空间压缩、出现债务断裂现象等。目前，决策层出台了相关的扶持政策，旨在防止经济风险的快速积聚。但是，政策作用的发挥需要一定的时间。因此，我们在大力推进金融民主化的同时，需要保持战略眼光，开展适度监管。一方面，需要有战略眼光，以开放、包容的理念来看待金融民主化的推进，实施弹性监管；另一方面，还要坚持监管的公平性，充分发挥一委一行二会的协调作用，在确保风险可控的前提下，促进金融民主化的有序、稳定发展。目前，需要在推进金融民主化时画一条红线，注重金融自律。比如在当今的网络借贷领域，强调不得非法集资和吸收公众存款，平台本身不能担保等。

金融民主化是社会发展的一个必然趋势，保险民主化亦是如此。我国的市场化改革，需要结合自身实际情况，建立一个市场化的保险市场体系。在未来的保险改革过程，需要逐步降低保险的特许权价值；在风险交易市场化背景下，不断加速保险业的分化；对于互联网保险，需保持鼓励态度；重视互联网保险（比如区域型、社区型、专业型、长尾风险型等互联网保险机构）的崛起。此外，还要不断借鉴国外的经验，促进我国互联网保险的健康、稳定发展。

科技、经济、社会、思想均是现代人类研究的重要问题，关系到每个人的生活质量与安全，更关系到金融的稳定与发展。这四者并不是单独的系统，而是在一个复杂的巨系统内相互关联、相互作用的子系统。科技、经济、社会与思想的协调发展是一个动态的过程，科技经济结合的最终结果正是社会的发展与思想的进步。

千万年来人类一路鲁莽地闯进未来，但心智社会时代是第一个需要人类先做好理论准备和能力准备，才有机会安全面对未来的时代；而元界是对未来的一种定义，这个概念将孕育出许多伟大的公司。同样地，互联网保险也将走向保险互联网，成为面向未来金融网的骨干网，互联网保险的伟大公司将出现在科技、内容、人文、工程的四岔路口，眼下还是影影绰绰，等待点火升空。

从互联网保险迈向保险互联网，我们可能会走过物联网保险、智能网保险、心智网保险……这会经过一座陌生的迷雾森林，没有人是这里土生土长的向导。众人都试图极目远眺，寻找穹顶的北极星，并确定前进的方向。

参考文献

一、参考的相关书籍

[1] 陈辉.金融科技：框架与实践[M]. 北京：中国经济出版社，2018.

[2] 陈辉.监管科技：框架与实践[M]. 北京：中国经济出版社，2019.

[3] 陈辉.小数据之美：精准捕捉未来的商业小趋势[M]. 北京：中信出版社，2019.

[4] 陈辉.中国保险业可持续发展报告（2020）[M]. 北京：中国经济出版社，2020.

[5] 陈辉.中国保险业可持续发展报告（2021）[M]. 北京：中国经济出版社，2021.

[6] 陈辉.数说保险[M]. 北京：中国经济出版社，2020.

[7] 陈辉.漫谈保险[M]. 北京：中国经济出版社，2020.

[8] 陈辉.闲叙保险[M]. 北京：中国经济出版社，2020.

[9] 陈辉.相互保险：开启保险新方式[M]. 北京：中国经济出版社，2017.

[10] 陈辉.相互保险：定义保险新方式[M]. 北京：中国经济出版社，2018.

[11] 陈辉.相互保险：创新保险新方式[M]. 北京：中国经济出版社，2018.

[12] 陈辉.相互保险：开创保险新未来[M]. 北京：中国经济出版社，2019.

[13] 陈辉.相互保险：理论与实务教程[M]. 北京：中国经济出版社，2019.

[14] 陈辉，李晓林.寿险公司价值评估研究[M]. 北京：中国财政经济出版社，2017.

[15] 奚玉莉，杨芮，陈辉，等.互联网保险新模式[M]. 北京：中信出版社，2016.

二、参考的其他资料

[1] 公众号：小城不小（iyangcai）和央财国际研究院（eyangcai）。

[2] 中国精算研究院精算科技实验室网站，http://ciaslab.cufe.edu.cn.

[3] 央财国际研究院网站，www.yangcai.org.

[4] 中国人民银行网站，www.pbc.gov.cn.

[5] 中国银行保险监管管理委员会网站，www.cbrc.gov.cn.

[6] 中国证券业监督管理委员会网站，www.csrc.gov.cn.

[7] 国家数据，http:// data.stats.gov.cn.

[8] 国际研究数据库，www.lexis.com.

[9] 百度、谷歌等网站以及微信公众号发表的一些文献，不再详述。